Über das Buch

Der Visionär und Heilige, Franziskus von Assisi, spricht zu Peter Beck über das Leben, über den Übergang und darüber hinaus. Er beantwortet Fragen u. a. zu Familie, Partnerwahl, Lichtnahrung, Giften in Lebensmitteln, Umwelt und vielem mehr. Franziskus gibt ebenfalls konkrete Anleitungen, wie es möglich ist, sich gegen negative, belastende Energien zu schützen, und spricht über die wahren Aufgaben jeder einzelnen Seele. Ein visionäres Buch, das sich auf die wahren Aufgaben unseres Daseins konzentriert.

Der Autor

Peter Beck, geboren 1965 in Stuttgart, lebt in Wien, channelt und arbeitet bereits seit seiner Jugend als schreibendes, später zusätzlich als sprechendes Medium. Peter Beck ist mehrfacher Buchautor, zuletzt erschien der Bestseller „Kraftorte in Wien".

Homepage: www.peterbeck.eu

E-Mail: mail@peterbeck.eu

Peter Beck

Gespräche mit

Franziskus von Assisi

ÜBER DIE LIEBE UND DAS LEBEN IM 21. JAHRHUNDERT

© 2010 Peter Beck

© 2011 Reichel Verlag

91365 Weilersbach, Reifenberg 85

Tel: 0049(0)9194-8900, Fax: 0049(0)9194-4262

E-Mail: info@reichel-verlag.de

www.reichel-verlag.de

Umschlaggestaltung Christian Wolf

Foto Vogel Mella/photocase.com

ISBN 987-3-941435-11-7

DANK

Ich danke euch für euer aufrichtiges Interesse für die geistige Welt und das Leben. Ich freue mich, dass ich die Möglichkeit habe, euch Vertrauter und Lehrer zugleich zu sein.

Franziskus von Assisi

Inhalt

VORWORT

Als ich eines Tages im Channel die Frage stellte, mit wem ich mein nächstes Buchprojekt erarbeiten sollte, antwortete Kuthumi sehr rasch darauf, dass ich mit Franziskus von Assisi, seinem Seelenanteil, channeln sollte. Er könnte zwar für dieses Projekt auch zur Verfügung stehen, aber er gab gleichzeitig zu bedenken, dass Franziskus bekannter sei und dadurch sofort einen weiteren Leserkreis finden würde.

Ich überprüfte in einem nachfolgenden spontanen Channeling, ob Franziskus von Assisi bereit wäre, mit mir die kommenden Monate zu arbeiten und sich für ein gechanneltes Buch zur Verfügung zu stellen. Wie Sie am Ergebnis sehen können, erklärte er sich sehr gern dazu bereit. Wir verbrachten sehr spannende, energetische Stunden, Abende, Tage miteinander. Ich wünsche Ihnen, dass Sie aus diesem Buch für sich so viel mitnehmen können, wie ich während der Channelings von Franziskus erhielt.

Haben Sie viel Freude mit Franziskus von Assisi, mit seiner Herzenswärme, seiner Klugheit, seinen visionären Ansichten und profitieren Sie letztlich auch von seinen Erfahrungen als Heiler und weit gereiste Seele.

Ihr Peter Beck

ÜBER FRANZISKUS VON ASSISI

Franziskus von Assisi wurde 1181 oder 1182, so genau weiß man das nicht, in Assisi, Italien, als Giovanni Bernardone geboren und verstarb 1226 ebendort. Er stammte aus sehr gutem Hause, sein Vater war ein wohlhabender Textilkaufmann. Franziskus führte ein fröhliches, ausgelassenes Leben in großer Opulenz. Er liebte den Genuss, die Frauen, das Leben in seiner Fülle und realisierte seinen Traum, Ritter zu werden.

Nach einer Schlacht zwischen den Städten Assisi und Perugia wurde Franziskus über ein Jahr in Perugia festgehalten. Während der Gefangenschaft litt er an einer schweren Krankheit, die schließlich zu seiner Bekehrung führte. Nach seiner Befreiung kehrte er nach Assisi zurück. Er unternahm eine Wallfahrt nach Rom und kümmerte sich fortan um Leprakranke und generell um Menschen, die vom Leben vernachlässigt wurden.

Als Franziskus im Jahr 1207, zur Wiederherstellung der kleinen Kirche San Damiano, einige Tuchballen aus dem Besitz seines Vaters verkaufte, wurde er von diesem zur Rede gestellt, er überwarf sich mit ihm und entledigte sich vor den Augen seines Vaters und des Bischofs seiner Kleider und entsagte dem Erbe seines Vaters. Er rannte nackt aus der Stadt und legte von diesem Tag an Herkunft und Gesellschaft ab.

In den kommenden zwei Jahren führte Franziskus von Assisi ein Einsiedlerleben und renovierte in dieser Zeit der Reihe nach zwei zerstörte Kirchen. Während einer Messe hörte er eine Stimme, die ihn aufforderte, allem Besitz zu entsagen, Gutes zu tun und in die Welt zu gehen. Er gründete den „Orden der Minderbrüder", den der Minoriten, und versammelte Apostel um sich. Es waren die ersten Brüder des Franziskanerordens. Durch ihn entstanden schon zu seinen Lebzeiten zahlreiche Klöster, die sich der Armenpflege, Seelsorge und Predigt verschrieben.

1224 beschloss Franziskus, vierzig Tage lang am Berg La Verna zu fasten. Am vierzigsten Tag erschien ihm Jesus Christus in Gestalt eines Seraphs und er wurde vom Leidenserlebnis Christi durchdrungen. Die Wundmale an der Seite, an Händen und Füßen verheimlichte er jedoch und sie wurden erst nach seinem Tod gefunden. Somit waren sie die erste bezeugte Stigmatisierung der Kirchengeschichte und führten bereits im Jahr 1228 zu seiner Heiligsprechung durch Papst Gregor IX.

Für alle hatte Franziskus von Assisi die höchste Wertschätzung: Schwestern und Brüder, Menschen, Tiere, Sonne, Mond, selbst den Tod.

GESPRÄCHE MIT FRANZISKUS VON ASSISI

Guten Abend Franziskus, es ist schön, dich hier bei uns zu haben. Wie darf ich dich ansprechen? Worüber wollen wir sprechen?

Guten Abend, ich freue mich, heute und in den nächsten vielen Wochen bei euch zu sein, und möchte euch zuerst einmal über mein richtiges Geburtsjahr aufklären. Ich wurde im Jahr 1182 geboren. Es ist mir eine Ehre, eine aufrichtige Freude, mit euch in einen innigen Kontakt, in einen innigen Austausch zu kommen. Lasst uns über das Leben, über den Übergang, über die vielen Themen dazwischen sprechen. Ich verspreche euch, es wird eine spannende, interessante Zeit, für euch wie für mich. Ich habe bereits zu meinen zahlreichen Lebzeiten sehr viel lernen dürfen, ebenso in den Zwischeninkarnationszeiten ist das Lernen nie beendet. Mein Wissen, meine unerschöpfliche Liebe, mein Verständnis, meine Heilkraft möchte ich euch in den kommenden Wochen anbieten. Nehmet und schöpfet daraus, es wird euch in eurer spirituellen Entwicklung guttun. Unsere Gespräche werden euren Geist schärfen. Sie werden ihn schärfen, das Wichtige wahrzunehmen und das Unwichtige auszuklammern, ihr werdet lernen, dem Wichtigen Bedeutung zu schenken, dem Unwichtigen keine Zeit zu opfern.

Ich möchte wie ein Bruder für euch sein, wie Vater und Mutter zugleich, eine allumfassende, fürsorgliche Liebe soll euch begleiten und umschmeicheln. Konzentriert euch auf meine euch entgegengestreckte Hand und nehmt daraus all das, von dem ihr eventuell gerade zu wenig habt. Nehmt daraus väterliche und mütterliche Liebe, nehmt daraus tiefe, innige, brüderliche

Liebe, aufrichtiges Verständnis, Fürsorge und vieles mehr. Meine offene Hand soll euch Brunnen für alles sein, von dem ihr im Augenblick zu wenig habt. Meine offene Hand soll euch Versorger, Vitalitätsbringer, Heiler sein. Nehmt daraus die Fülle, die ich euch in all meiner Liebe anbiete. Nehmt daraus, ohne darüber lang nachzudenken, wie viel ihr nehmen dürft oder ob ihr aus meinen offenen Händen nehmen dürft. Nehmt einfach und lasst euch durch meine geheiligten, reinen Energien benetzen. Ich umhülle euch mit diesen reinen Energien von eurem Kronenchakra, von eurem Scheitel, bis zu euren Fußchakras, zu euren Fußsohlen. Sie mögen euch in ihrer Reinheit durchdringen, euch vitalisieren und in derselben Zeit alle Energien absorbieren, die nicht in eure Körper gehören.

Auf die Frage, wie du mich ansprechen sollst, hatten wir ja bereits in einem Vorgespräch uns darauf geeinigt, dass ich bei meinem richtigen Namen, nämlich „Franziskus" genannt werden möchte und nicht „Franz", wie er immer wieder überliefert wird, und ich danke dir, dass du diesen meinen Wunsch von Anfang an berücksichtigst.

Das hört sich wunderbar an, vielen Dank für diese ersten Worte, vielen Dank für diese wundervollen Energien, diese unermessliche Liebe und Fürsorge. Wir freuen uns, mit dir zu sein, wir freuen uns, in den kommenden Wochen mit dir, deinen Energien, deiner Liebe verbunden zu sein. Wir freuen uns, mehr zu erfahren, und lauschen auf das Innigste deinen Ausführungen.

Kindheit

Lasst uns bei der Kindheit beginnen, bei der Empfängnis. Sehr bald nach der Empfängnis wird der kleine, heranwachsende Mensch, der erst als, ich möchte beinahe sagen als Häufchen einer Zellteilung wahrgenommen wird, sehr bald wird er mit seiner zukünftigen Seele benetzt. Es ist nicht immer so, wie es von euch angenommen wird. Die Seele sucht sich nicht immer ihre zukünftigen Eltern aus. Oft geschehen auch Zuteilungen und dieses Wort sollte in Anführungszeichen gesetzt werden. „Zuteilungen", um nicht vollendete Aufgaben zu vollenden, um Aufgaben, denen die Seele in ihrem letzten Erdendasein nicht begegnen wollte, neuerlich zu begegnen. Auch Seelen neigen gelegentlich dazu, sich vor Aufgaben zu drücken, und gehen ganz gern einmal auch den bequemeren Weg. Jedes einzelne Leben ist oft eine einzige Aufgabenstellung. Es geht darum, wie ein Kern, der in die Erde eingebracht wird, der anschließend keimt, mit einer winzig kleinen Daseinsbekundung aus der Erde blickt, um anschließend in einem für eine Pflanze atemberaubenden Tempo zu wachsen, so ist es die Aufgabe der Seele, unterschiedlichste Lernziele zu absolvieren. Es hängt sozusagen vom Charakter der Seele ab, welche Lernetappen sie zu absolvieren hat. Jede einzelne Seele hat ihr eigenes, individuelles Lernprogramm zu durchlaufen. Entzieht sie sich diesem Programm, dann wird sie wieder auf diese Welt geschickt, um nachzuholen, was sie im vergangenen Leben versäumt hat.

Und nicht selten werdet ihr das Leben wie einen Hindernisparcours wahrnehmen. Ihr werdet von einer Prüfung zur nächsten begleitet, ihr werdet großen Belastungen ausgesetzt. Wenn ihr das so wahrnehmt, dann befindet ihr euch inmitten einer karmischen Auflösung eurer Aufgaben. Ihr dürft euch glücklich schätzen, es so zu bemerken, denn es erklärt euch vieles, und plötzlich erkennt ihr einen Sinn in den zuvor oft unverständlichen Aufgaben. Plötzlich öffnet sich für euch ein Tor und ihr begreift. Es ist wie wenn ein Wanderprediger einen langen weiten Fußmarsch zu absolvieren hat und nach einer langen Strecke des Hungers, des Dursts vor dem großen Tor seiner Ankunft steht und weiß, nun sind die langen Entbehrungen vorbei, von nun an geht es wieder ohne Pein, ohne Schwere weiter.

In der Erkenntnis eurer Aufgaben liegt ein erträgliches Maß an Erleichterung. Darum stellt euch immer die Frage, warum etwas gerade so verläuft, und versucht hinter die Aufgabe zu blicken.

Lasst mich kurz über die ungeborenen Kinder ausholen. Medizinisch ist es für euch längst belegt, dass die Ungeborenen sehr viel mitbekommen. Die Wahrheit ist, deren Seelen bekommen nicht nur sehr viel, sie bekommen ALLES mit. Es gibt keinen einzigen Gedanken ihrer Umwelt, den sie nicht hören, den sie nicht erhaschen. Darum ist es wichtig, dass sich die Eltern jedes Ungeborenen darüber aufrichtige Gedanken machen, wie, mit wem und wo sie ihre Zeit mit ihrem ungeborenen Kind verbringen. Es ist so wichtig, danach zu trachten, in einer reinen, harmonischen Umwelt zu sein, denn dann ist die Seele des Ungeborenen nicht ausschließlich damit beschäftigt, sich gegen Ängste, Aggressionen, Neid, Konflikte und vieles mehr zu schützen. Die Seele eines Ungeborenen ist hellsichtig und hellfühlig. In Wahrheit könnten die aufmerksamsten Eltern es nicht schaffen, sie ganz vor allen schlechten Energien zu beschützen. Es ist ein Ding der Unmöglichkeit. Ich werde euch aber hier ein Mittel nennen, wie ihr es schafft, der Seele Rückzug vor Unbill zu ermöglichen.

Anleitung zur Reinigungs- und Schutzmeditation

Die Mutter lege sich bequem hin und schließe die Augen. Nun eröffnet sich ihr eine Allee mit wunderbaren Bäumen. Diese Allee ist zu visualisieren, diese Allee soll sie in ihrer Weite, in aller Ruhe und Entspannung, entlanggehen. An ihrem Ende wird sie an einem Haus mit einem großen Tor ankommen. Sie soll das große Tor öffnen und eintreten. In der Mitte des Raumes steht ein großes, weißes Bett, umringt von wunderschönen, weißen Pfauenfedern. Sobald sie auf dem Bett Platz genommen hat, wird sie Kraft des heiligen Hauses mit heilsamen, schützenden, hellvioletten Energien umschmeichelt. Diese Energien nehmen einerseits alle Energien an, die hier keinen Platz haben sollen, andererseits errichten sie einen Schild, um nicht nur das ungeborene Kind zu schützen, sondern auch die Mutter. Jede werdende Mutter darf dieses heilige Haus aufsuchen, jede Mutter darf von diesen wertvollen Energien nehmen, so oft sie es will, so lange sie es will.

Während des Energietransfers gibt es eine Affirmation, die es mehrmals zu wiederholen gilt:

ICH WERDE VON DEN HEILIGEN ENERGIEN GEREINIGT UND GESCHÜTZT.
ALLE ENERGIEN, DIE NICHT ZU MIR UND MEINEM KIND GEHÖREN, ALLE BELASTUNGEN UND BELASTENDEN ENERGIEN WERDEN AUFGELÖST UND GEGEN HEILIGE ENERGIEN AUSGETAUSCHT.

Wenn die Mutter fühlt, dass sie von ausreichend Energien umschmeichelt wurde, und sie die Affirmation mehrmals gesprochen hat, soll sie das Bett und das heilige Haus wieder verlassen. Zuvor soll sie jedoch das hellweiße Licht am Ende des Raumes wahrnehmen und dorthin ihren aufrichtigen, innigen Dank entsenden. Anschließend soll sie das Haus verlassen und das große Tor wieder sorgsam schließen, sie soll die Allee zurückgehen und am Ende angekommen ihre Augen langsam öffnen, um wieder in dem Raum anzukommen, in dem sie ihre Reinigungs- und Schutzmeditation begonnen hat.

Diese Meditation ist eine sehr alte, heilige Meditation und ich möchte sie euch in Erinnerung rufen, weil sie, wie vieles andere auch, längst in Vergessenheit geraten ist. Nur wenige wissen von ihr und mein aufrichtiges Anliegen ist, diese und vieles mehr wieder bekanntzumachen. Es gibt keinen Grund, jahrtausendealtes Wissen, das bereits so vielen geholfen hat, nicht wieder aufzunehmen, es einfach versickern zu lassen. Ich freue mich, hier dazu Gelegenheit zu haben, euch dieses alte und doch so sehr bewährte Wissen wieder zugänglich zu machen. Ich freue mich aufrichtig darüber.

Ein wunderbarer Vorteil der Hellsichtigkeit und Hellfühligkeit unserer Ungeborenen ist, dass dieser Umstand uns ermöglicht, auf einfache Art mit ihnen in Kontakt zu treten. Sie verstehen jeden unserer Gedanken. Umso wichtiger ist es, uns dessen bewusst zu werden. Es weiß ganz genau, was wir denken, es weiß ganz genau, was wir fühlen. Nimmt man diesen Umstand sehr genau, dann würde es für jedes Elternpaar bedeuten, eine Schwangerschaft in Reinheit zu führen. Seht es wie ein Heilfasten auf Ebene der Gedanken, ein Heilfasten auf Ebene der Taten. Und wenn es euch gelingt, den gesamten Zyklus in einer noch nie dagewesenen Reinheit zu leben, dann werdet ihr merken, wie sehr euch diese Reinheit in Worten und Werken ergriffen hat, wie sehr sie von euch Besitz ergriffen hat. Ihr werdet in der Regel selbst nach der Geburt nicht mehr ausbrechen und einen großen spirituellen Schritt gemacht haben. Die an Erdenjahren junge Seele, der ihr auf die Welt geholfen habt, sie wird es euch danken. Denn sie hatte wohl kaum damit zu tun, sich gegen Anfeindungen von außen schützen zu müssen, sie hatte wohl kaum damit zu tun, um ihren ausgleichenden Energiehaushalt ringen zu müssen.

Es hört sich einfach an, aber versucht einmal neun Monate lang in reinsten, keuschesten Gedanken zu leben, eure Worte und Werke neun Monate streng zu kontrollieren. Darum steht es außer Zweifel, dass ihr einen sehr großen spirituellen Schritt geleistet habt, wenn euch das gelingt. Und es wird Rückschläge geben. Lasst euch nicht entmutigen und nehmt diese Rückschläge voller Dankbarkeit an, denn sie weisen euch den Weg und führen euch wiederum einen Schritt weiter. Richtig ist, Rückschläge keinesfalls als schlagend zu erleben, sondern aufmunternd, als Fingerzeig und Wegweisung. Seid dankbar und wenn ihr merkt, dass es einmal nicht klappt, dann erkundigt euch augenblicklich nach dem richtigen Weg und ihr werdet Antwort und Leitung bekommen. Gerade werdende Eltern sind sehr geführt und dürfen immer auf ihre Führung vertrauen.

Erziehung

Sollen wir unsere Kinder in der bisherigen Art und Weise erziehen oder können wir darauf vertrauen, dass die Seelen ohnehin alt genug sind und wissen, was zu tun ist?

Spirituell geschulte Menschen werden annehmen, dass man einer vielleicht bereits mehrfach inkarnierten Seele auch als Kind nicht sagen muss, wie euer Leben funktioniert. Das ist jedoch ein Trugschluss, denn die Seele ist zwar in ihrer ganzen Größe da, sie ist aber erneut auf Erden, um auch das „Kind sein" nochmals zu leben. Und dazu gehört auch der Anfang, nämlich die Erziehung, ganz so wie ihr sie kennt. Würdet ihr auf eine Erziehung verzichten und darauf vertrauen, dass die Seele ohnehin weiß, was ihr guttut und was nicht, dann würden sich sehr ungünstige Entwicklungen abzeichnen.

Mit inniger Liebe leitet ihr das Kind durch seine ersten Jahre. Dabei schadet es natürlich keinesfalls, es an eure Spiritualität heranzuführen. Seine Seele wird ohnehin etwas später entscheiden, ob euer Weg auch ihr Weg ist oder ob sie einen gänzlich anderen Weg einschlagen will. Die Erfahrungsmomente auf Erden sind so vielfältig. Stellt euch einen großen Baum vor mit seinen abertausenden von Blättern. Auf den ersten Blick sehen sie alle gleich aus, und wenn ihr sie näher betrachtet, sind sie doch in ihrer Form und Beschaffenheit immer etwas anders als das jeweilige Blatt links oder rechts, oben oder unten. So ist es auch mit den Seelen. Auf den ersten Blick haben sie alle dasselbe Ziel, sind sie alle in der Einheit und doch sind sie bei näherer Betrachtung so unterschiedlich. Deshalb ist es auch zu akzeptieren, wenn sich Kinder anders entwickeln möchten, als es ihre Eltern für sie vorgesehen haben. So manch elterliche Karriereplanung ist Gift für die Seele der Kinder, denn ihre Wege sehen oft ganz anders aus.

Jedes einzelne Kind ist in seiner vollen Größe, in seiner vollen Wahrheit anzuerkennen. Jede Seele in jedem einzelnen Kind ist in ihrer vollen Größe, in ihrer vollen Wahrheit anzuerkennen. Es ist nicht unser Recht, uns gegen Wege zu stemmen, die unsere Kinder, die Seelen unserer Kinder, gehen möchten. Es ist unser Recht, sie mit unserer Erfahrung, mit Fürsorge zu leiten, mit inniger Liebe, aber es ist nicht unser Recht, unser Ego dem Kind zu übergeben, dass es Zeit seines Lebens unser Ego hütet, bewahrt und pflegt.

Kinder zu bekommen soll generell ein vom Ego befreiter Prozess sein. Wie viele möchten Kinder, um sich ihrer selbst „Unsterblichkeit" zu verleihen. Wie viele bekommen Kinder, um all das in ihnen zu erleben, wozu sie selbst nicht imstande waren. Es erinnert manches Mal an moderne Sklaverei, wie Erwachsene ihre Kinder erziehen und ihnen ihre eigene Zukunft nehmen wollen. Es geht hier nicht darum, dass die Seele des Kindes diese gewünschte Erfahrung genau so machen möchte. Sie kann sich dagegen nicht wehren. Hier geht es ausschließlich darum, dass der verständnislose Erwachsene, vielleicht sogar in bester Absicht, dem Kind seinen eigenen Karriereplan diktiert. Hätten diese Erwachsenen ihr Ego im Griff, käme es nie so weit. Sie wüssten zwar, wie es um die beste aller Förderungen bestellt ist, aber sie würden es dem Kind freistellen, ob es nach links, nach rechts oder geradeaus gehen möchte. Gerade in der Kindererziehung gibt es genügend Potenzial, das eigene Ego mehrfach einer Überprüfung zu stellen, und das täglich. Nicht alles, was wir für unsere Kinder als das Beste annehmen, muss tatsächlich das Beste für das Kind sein.

Befreit euch von euren Egos und ihr seht den Weg des eigenen Kindes wesentlich klarer. – Ich weiß, wovon ich spreche. Als ich als Franziskus von Assisi inkarniert war, da sah mein Vater für mich eine ganz andere Lebensrolle, als ich sie mir schließlich nahm. Wäre mein verehrter Vater damals bereits von seinem Ego weitgehend befreit gewesen, hätte er mich nicht in seine Wunschrolle gedrängt, hätte ich eventuell nicht einem Krieg und der daraus resultierenden Gefangenschaft bedurft, um den Weg in meine Spiritualität zu finden. Aber, und das soll auch für eure Kinder gelten, manche Ziele werden erst über unzählige Umwege erreicht, und wir wissen nie, ob besagte Umwege aus Sinn oder gar Unsinn gepflastert sind. Was uns bleibt, ist, auf unsere Erkenntnisfähigkeit, auf die Erkenntnisfähigkeit unserer Kinder zu bauen und zu hoffen, dass die Qualität des Weges so rasch als möglich erkannt wird. Dass die Qualität des Weges so rasch als möglich, durch eure Erkenntnisfähigkeit, zugeordnet wird und es, so der Weg nicht in Ordnung scheint, zu einer Richtungsänderung kommen darf.

Jeder einzelne Tag bedarf einer Überprüfung durch euer liebevolles Herz. Betrachtet durch euer in reiner Liebe getränktes Herz den vergangen Tag, den gegangenen Weg eurer Kinder und euren eigenen und drängt keines eurer Kinder in Muster, die durch euch vorgefertigt wurden.

Es heißt, die Kinder unserer Zeit kommen zu kurz betreffend Elternliebe, denn es beginnt für die meisten Kinder sehr früh der Kindergarten und somit auch früher denn je die erste Trennung von den Eltern.

Ein Kindergarten ist kein Elternersatz, viele Kinder erleben bereits sehr früh einen ersten Loslösungsprozess von ihren Eltern, den sie nicht verstehen und schon gar nicht verarbeiten können. Ein Trost mag sein, dass für Einzelkinder ein früher Kindergarten sehr förderlich ist. Durch den frühen Kindergartenbeginn wird ihr oft ins Krankhafte wuchernder Ego-Anteil nicht weiter zum Wachstum angeregt. Durch den Kontakt zu anderen Kindern wachsen sie also in einer Art Sippe oder Großfamilie auf, was keineswegs zu ihrem Nachteil ist. Kinder, die Geschwister haben, wären zu Hause behüteter und mitunter unproblematischer, weil sie in der Regel mit mehr Liebe aufwachsen würden.

Ein oder zwei Kindergartenjahre würden genügen und es wäre in diesem Fall unnötig, das Kind bereits im jüngsten Alter fortzugeben. Aber ich weiß, dass es eure Zeiten erfordern, und so soll es sein.

Mir ist bekannt, dass die meisten durch eine rasante wirtschaftliche Entwicklung gezwungen sind, so zu handeln. Seht die Kinder nicht als Besucher in euren Heimen, sondern als eure Kinder, als einen Teil von euch selbst und hört täglich in sie hinein, wie es um sie steht, und ob sie haben, was sie brauchen. Eure Kinder sind oft nicht in der Lage, ihre innersten Defizite zu artikulieren, da habt ihr die Aufgabe zu forschen, ob alles in Ordnung ist und sich das Kind glücklich entwickelt.

Schulsysteme

Es wird weltweit sehr viel über passende Schulsysteme, passende Unterrichtssysteme diskutiert. Teile uns bitte dazu dein Wissen, deine Gedanken mit.

Die Schulen dieser Welt befinden sich seit ihrer Existenz im Wandel ihrer Zeiten. Niemals waren sie unumstritten, jede Regierung, jede Zeit hatte ihren eigenen Vorschlag zum Besten aller Schulsysteme. Was feststeht ist, dass sie trotz aller Bemühungen und Gegenbemühungen immer ein wenig besser wurden. Niemals war es so einfach wie jetzt, an Bildung zu kommen, niemals war es so einfach, sich in seinen Leistungen zu verbessern, wenn etwas schiefgeht. Und doch gibt es auch heute noch massive Verbesserungen, gerade deshalb, weil alle Schulsysteme dieser Welt im Wandel begriffen sind.

Wir sehen natürlich die Kinder im Mittelpunkt, und um das Kind soll das bestmögliche Schulsystem entstehen, frei von Systemmängeln, frei von Systemfallen. Alle politischen Interessen müssen den Interessen der Kinder hintangestellt werden. Gehirnwäsche durch politische Systeme lehnen wir nicht nur in Schulen und an Universitäten ab, wir lehnen sie durchgängig ab. In den Schulen soll es ausschließlich um Bildung und ein wenig auch um Erziehung gehen. Es ist ein Jammer, dass sich gerade aus den Erziehungsfragen immer mehr Eltern zurückziehen und diese viel lieber den Schulen überlassen. Das geht so natürlich nicht. Als Eltern habt ihr eindeutig die Verpflichtung, euch um die Erziehung eurer Kinder zu kümmern. Es kann nicht sein, dass ihr sie aus Zeitgründen Fremden überlasst.

Wir sehen jede Bemühung zu Einheitsschulen als den falschen Weg an. Einheitsschulen machen einheitlich und fördern zu wenig differenziert. Wir begrüßen jedes System, in dem unterschiedlichste Entwicklungspotenziale beachtet werden und ihnen Förderung zuteil wird. Am besten wäre es, wenn jeder junge Mensch einen eigenen Lehrer hätte und dieser jedes Jahr wechselt. Aber das können sich höchstens wohlhabende Menschen leisten. Noch immer passabel wäre es, in Kleinstgruppen zu unterrichten, mit fünf bis acht Schülern pro Gruppe. In Kleinstgruppen kann taktvoll unterrichtet werden, in Achtsamkeit und maximaler Förderung. Der Lehrer hat die Möglichkeit, auf jeden einzelnen Schüler einzugehen und ihm die Förderung zukommen zu lassen, die er für sich so dringend benötigt. Es gibt sogar Schulen, die über so kleine Klassen verfügen, weil es zu wenige Schüler gibt. Leider sind sie jährlich aus Kostengründen vom Zusperren bedroht. Gerade ihnen sollte man es ermöglichen weiterzumachen, und es sollte über Werbung versucht werden, die Schülerzahl Jahr für Jahr konstantzuhalten. Man muss ja nur die Vorzüge des Unterrichts unterstreichen, dann kommen die Schüler von ganz allein.

Einheitsschulen, Massenuniversitäten garantieren keinesfalls prosperierende Intelligenz oder prosperierendes Wissen, denn viele gehen in diesen Systemen kläglich unter. Diese Systeme sind meist fern jeder Qualität, weil sie Quantität fahren, teils fahren müssen, weil es nicht anders geht. Es geht aber nur deshalb nicht anders, weil die Politik verschlafen hat, rechtzeitig auf die sich bereits ankündigende Schülermasse zu reagieren.

An den Universitäten der Quantität abzuschwören heißt keinesfalls, den Zugang zu reglementieren, heißt nicht, Studierwillige nicht mehr zu ihren Studien zuzulassen. Notwendig wäre eine Transparenz der unterschiedlichsten Studienrichtungen, dann würden sich die Ströme der Studierenden besser verteilen können. Es müsste auch in das Bildungssystem klug investiert werden, damit es genügend Schulen, genügend Universitäten gibt. Masse bringt leider keine Klasse. Wenn ich reife Menschen mit einer guten Ausbildung hervorbringen möchte, muss ich auch in deren Bildung investieren. Jeder Staat hat Verantwortung für den Bildungszugang seiner Jugend und hierbei geht es nicht nur um die Zukunft der Jugend, sondern auch immer um die Zukunft des Staates und seiner Bürger. Daher soll nicht nur in kurzfristige Wirtschaftsaktionen investiert werden, sondern auch in die teils veralteten Bildungssysteme.

Pubertät

Franziskus, viele Eltern erleben die Pubertät ihrer Kinder als den Vorhof zur Hölle, als eine Zeit der umbarmherzigen Prüfung. Möchtest du uns zu unserem Trost für diese schwierige Phase der Kindererziehung und für unser Verständnis etwas mitteilen?

Die Pubertät ist eine ganz besondere Phase des Erwachsenwerdens für eure Kinder. In dieser Zeit scheint es mitunter so, als wäre von einem Tag zum anderen die Persönlichkeit des Kindes wie ausgewechselt. Als gäbe es einen Seelentausch und ihr seid plötzlich Eltern eines euch so fremden Kindes. Die Pubertät ist kein gottloser Zustand, auch wenn ihr Erwachsene dies gern so sehen möchtet. In der Pubertät kommt es zu einem besonderen energetischen Zustand, der selbst das betroffene Kind ahnungslos zurücklässt. Es ist wie ein Anlauf in das Erwachsenenleben. Meist erkennen sich die Kinder selbst nicht wieder. Um welchen energetischen Zustand handelt es sich? Bis zur Pubertät verfügen die meisten Kinder nur über einen Bruchteil ihres

Energiepotenzials. Jeder Mensch verfügt über ein eigenes Energiepotenzial mit eigenen Mustern und in unseren Kindern ist dieses Muster, dieses Energiepotenzial, nur zu einem Bruchteil vorhanden. In der Pubertät öffnet sich von oben ein Ventil, und in sehr kräftigen Schüben erhält das Kind auf seinem Weg zum Erwachsenen seine Restenergie und sein Restlebensmuster. Daher kommt es nicht selten in dieser Phase zu massiven Persönlichkeitsveränderungen. Es ist zwar vorgesehen, dass der von mir beschriebene, energetische Schub behutsam verläuft, aber aus unterschiedlichsten Gründen verläuft er oft zu massiv, zu schnell, was große Verwirrungszustände bei den Jugendlichen hervorruft.

Was könnt ihr in Phasen von Überladungen als Eltern tun? Ihr könnt, wenn das Kind schläft, jeden Überschuss an Energie, den das Kind nicht benötigt, ableiten.

Anleitung zur Energieableitung bei pubertierenden Kindern

Ihr setzt euch in das Zimmer, in dem das Kind schläft, oder ihr sitzt im Zimmer nebenan und visualisiert euch das Kind, wie es gerade im Bett liegt und schläft. Dann stellt ihr euch einige Minuten auf das Kind ein und versucht mit ihm in eine Art Gleichklang zu kommen. Ihr seid jetzt EINS. Ihr sagt dem Kind, ohne dass ihr es laut aussprecht:

ICH BEFREIE DICH VON DEINER ÜBERSCHÜSSIGEN ENERGIE, DIE DICH SO SEHR BELASTET.

Dann stellt ihr euch entweder vor das Bett oder ihr visualisiert euer Tun aus der Entfernung und erschafft neben euch ein Abbild der Erde. Dann schöpft ihr mit beiden Händen die überschüssige Energie aus dem Umfeld des Kindes ab. Dabei gleiten eure Hände zum Kind und greifen durch das Energiefeld des Kindes. Dieses Energiefeld umhüllt das gesamte Kind wie eine Schutzhülle und dehnt sich mitunter bis zu eineinhalb Metern aus. Ihr gleitet mit euren Händen durch das Energiefeld des Kindes und schöpft die überschüssige Energie ab. Die überschüssige Energie lasst ihr auf die Erde neben euch gleiten. Damit stärkt ihr das Energiefeld der Erde und das der Menschen, die zur Zeit energielos, schwach oder krank sind. Vergesst nicht während des Vorganges, er kann rund fünf Minuten dauern, die Affirmation in euch leben zu lassen:

ICH BEFREIE DICH VON DEINER ÜBERSCHÜSSIGEN ENERGIE, DIE DICH SO SEHR BELASTET.

Diesen Vorgang wiederholt ihr, wann immer ihr das Gefühl habt, dass das Kind – einem Druckkochtopf gleich – aus allen Öffnungen pfeift. Mit dieser Übung sollte die Pubertät ruhiger, etwas geordneter verlaufen. Zugleich achtet auf den Weg der Liebe, verschließt eure Herzen nicht und bettet eure Kinder täglich darin ein.

Habt also Geduld und blickt euren Kindern durch euer liebendes Herz entgegen, auch wenn ihr ihnen im ersten Moment am liebsten zur Strafe eure Herzen verschließen wolltet. Versteht, dass es sich um vorübergehende Turbulenzen handelt, und geleitet eure Kinder liebevoll und doch erziehend durch diese auch für sie so anstrengende Zeit.

Die Schulwahl

Die Schulwahl und später die Wahl des richtigen Berufes stellen so manche Eltern vor beinahe unlösbare Probleme. Gibt es dazu durch Franziskus von Assisi eine Botschaft?

Hört bei Zeiten in eure Kinder hinein und nehmt auf, was aus ihrem Innersten kommt. Nicht die Eltern sollen sich in den Kindern verwirklicht sehen und in ihnen Versäumtes nachholen wollen. Ich erwähnte es bereits, dass die richtige, die wahre Kindererziehung ohne das Ego der Eltern auszukommen hat. Bedingungslose Liebe ist immer frei von einem Ego, das sich wie eine Last ins Herz des anderen bohrt. Wenn Eltern in ihre

Kinder hineinhören, dann werden sie auch die richtigen Antworten bekommen. Dann werden sie sehr rasch die richtige Schule haben und sehr rasch wissen, was der richtige Berufsweg des Kindes sein könnte. Und selbst hier sind viele Richtungswechsel möglich. Was heute gilt, muss morgen nicht mehr sein. Die heutige Zeit ist wesentlich schnelllebiger geworden. In früheren Jahren lernte man einmal einen Beruf und übte diesen aus bis ins Alter. Dies alles hat heute keine Gültigkeit mehr. Viele Berufswechsel sind nun möglich. Das bedeutet auch, dass nichts verloren ist, wenn die Kinder sich für Berufe entscheiden, die ihnen in wenigen Jahren nicht mehr gefallen. Es soll ihnen gestattet sein, sich zu verändern, ihre Bedürfnisse zu wechseln. Es ist ein Segen der heutigen Zeit, dass vieles nicht mehr in Stein gemeißelt ist und in vielerlei Hinsicht Änderungen möglich sind.

Wenn Eltern mit ihren Kindern gut verbunden sind, dann treffen sie mit ihnen auch die richtigen Entscheidungen. Entscheidungen, die zum Wohle des Kindes ausfallen sollen und nicht zum Wohle der Eltern. Wichtig ist, dass ihr eure Kinder fördert und nicht euch selbst. Zwängt eure Kinder nicht in Schulen, in denen sie jämmerlich zugrunde gehen. Wenn ihr merkt, dass sie sich im absolut falschen Bildungszweig befinden, gebt ihnen doch die Möglichkeit einer Veränderung und haltet nicht aus Eitelkeit an familiären Dogmen fest. Das soll in diesem Zusammenhang auch die mir wichtigste Botschaft sein.

Kreuze in Klassenzimmern

In manchen Ländern wird darüber debattiert, ob es Kreuze in den Klassenzimmern geben soll, ob Mädchen Kopftücher tragen dürfen, ob es ein Burka-Verbot geben soll und vieles mehr.

Ich besprach dieses Thema mit Jesus-Sananda, denn wer könnte zu dieser Frage des Kreuzes besser Stellung nehmen als er. Jesus-Sananda meinte dazu, dass er es für keineswegs nötig hält, das Kreuz als Symbolik für ihn, für den Glauben heranzuziehen. Er meinte, nicht der Tod, nicht der Übergang war es, sondern die Auferstehung verlieh seinem Wirken auf Erden den Glanz des Besonderen. Somit gibt es mit der Zurschaustellung des Kreuzes sogar so etwas wie eine Verfehlung des Themas. Er meinte außerdem, dass gerade das Kreuz keine positiven Energien ausstrahlt. Das Kreuz wäre vielmehr als Energiefresser zu sehen, als ein Instrument, das Ängstlichkeit auslöst. Man würde doch eine Peitsche oder eine Guillotine auch nicht ausstellen und anbeten. Genau deshalb sollte künftig das Kreuz nicht als Objekt der Anbetung gelten. Daher würde er das Kreuz in Ämtern, in Schulen, selbst in Klöstern überall abnehmen lassen und dem Feuer zuführen. Alles, was einmal damit verbunden war, soll sich im Feuer auflösen.

Auf meine Frage hin, ob statt der Kreuze etwas anderes aufgehängt werden solle, musste Jesus-Sananda lächeln. Er antwortete, dass es genüge, wenn in Kirchen auf die Geschichte seiner Familie und auf ihn selbst in Erinnerung hingewiesen würde. Es sei aber keinesfalls notwendig, außerhalb von Kirchen oder Klöstern davon Zeugnis abzulegen. Wer ihn finden möchte, wird ihn finden, da bedarf es keiner Bildnisse.

Mit Kopftuch und Burka soll aus unserer Sicht so umgegangen werden, dass jeder, der ein Kopftuch oder eine Burka tragen möchte, das Kopftuch oder die Burka auch tragen soll. Es sollte nicht nur in westlichen Ländern auf Freiwilligkeit basieren, sondern auch dort, wo die Burka oder das Kopftuch beheimatet ist. Es geht nicht an, dass Frauen gegen ihren Willen gezwungen werden, sich verhüllen zu müssen. Es geht nicht an, dass sie bestraft und geschlagen werden, wenn sie sich weigern, sich zu verhüllen. Es ist eine unendliche Anmaßung der Religion, eine unendliche Anmaßung der Männer, ihre Frauen zu verstecken, sie unsichtbar zu machen. Und das, während den Männern die Welt offenbleibt. Dieses Ungleichgewicht muss SOFORT beseitigt werden, denn es ist nicht rechtens. Jede Frau soll sich

FREI entscheiden können, ob sie ein Kopftuch oder eine Burka tragen möchte oder nicht. Die Entscheidung muss frei sein und absolut ohne Zwang, aber mir ist bewusst, dass es noch ein weiter Weg bis dorthin ist. Ich fordere alle Frauen auf, sich zu befreien und die Ketten der Vergangenheit abzulegen.

Ebenso verhält es sich mit den Mädchen in westlichen Schulen, wenn sie ihr Kopftuch tragen möchten, sollen sie es tragen. Sind sie von ihren Eltern gegen ihren Willen gezwungen, soll man sich für die Mädchen einsetzen, damit sie es künftig nicht mehr tragen müssen. Jede Zwangsausübung ist künftig zu unterlassen. Es entspricht keineswegs der Vernunft, die Entwicklung der Frauen zu unterdrücken. Die Frau der Zukunft soll in allen Ländern genau so frei sein wie der Mann.

Entwicklung von Kindern

Verrohen unsere Kinder? Es wird ja in jeder Generation über die Jüngsten diskutiert und meist heißt es, dass die Kinder nicht wiederzuerkennen sind und früher alles ganz anders war.

Dass Kinder sich in jeder Generation weiterentwickeln und dadurch nicht wiederzuerkennen sind, ist ein durchaus gewöhnlicher Prozess. Das bedeutet, ihre Eltern und Großeltern schaffen den Anschluss an die Entwicklung meist nicht mehr und idealisieren ihre eigene Jugend im Vergleich zu dem, was augenblicklich passiert. Der Grund liegt in der jeweiligen Schwingungserhöhung, an die sich die Kinder anpassen müssen. Es ist ihnen unmöglich, sich nicht an die Schwingungsebene anzupassen. Ja und dann kommen natürlich noch Randerscheinungen dazu, die der aktuelle Markt zu bieten hat, Computer, Spielekonsolen und vieles mehr. Das heißt, die Kinder verändern sich und spielen zudem noch mit Spielzeug, das es vor zwei Generationen so noch nicht gab. So fällt es den Großeltern immer schwerer, die Aktualität anzunehmen.

Die Kinder verrohen nicht, sie werden nur unmittelbarer und treten offensiver aus ihrer Rolle heraus. Kinder von heute, mit der neuen Schwingung, sind unerschrockener und somit direkter. Das wirkt auf viele grob, ist es meist aber nicht. Natürlich wollen Kinder geleitet werden, und wenn ihr als Erwachsene euch zurückzieht, dann wird es zu Auswüchsen kommen, die unter normalen Bedingungen nicht erst entstanden wären. Eltern sollen als Korrektiv auftreten. Woran sollen sich Kinder sonst orientieren?

Dass sich für Kinder ab und zu Realität mit Fantasie vermischt, war schon immer der Fall. Durch ihre Veränderung in der neuen Zeit können Unfälle passieren, die das Kind nicht wollte. Umso wichtiger ist das zitierte Korrektiv der Eltern. Eltern dürfen sich niemals zurücklehnen und darauf vertrauen, dass sie bereits kleine Erwachsene vor sich haben, an denen man nicht arbeiten muss.

Grundsätzlich verändert sich die junge Generation von Mal zu Mal, sie wird sensitiver auf Einflüsse jeder Art, sie wird immer früher geistig und körperlich reif, sie möchte dadurch immer früher auch gehört werden, aber ich sehe keine Verrohung oder Entgleisung. Die Veränderungen sind absolut normal und sehr gut mit der Erhöhung der Schwingungsebene in Einklang zu bringen.

*

Franziskus, was bedeutet es, dass vor dreißig, vierzig Jahren noch so viele Kinder körperlich misshandelt wurden? Gerade jetzt kommen immer wieder haarsträubende Fälle in die Medien, vorwiegend aus Kinderheimen.

Früher war der Ton allgemein viel rauer als heute, und Kinder in Heimen waren so gut wie rechtlos. Sie wurden misshandelt, vergewaltigt, ihnen wurde Schreckliches angetan, sie wurden, wenn es ihren Peinigern passte, auch umgebracht. Das Recht war immer auf der Seite der Peiniger, weil sie es so hinbogen, dass ihnen nichts passieren konnte. Heimkinder waren an der untersten Leiter der Akzeptanz, sie waren Diener ihrer zahlreichen Herren und mussten froh sein, wenn sie endlich das Alter erreichten und aus der staatlichen Verwaltung entlassen wurden. Meist ging es ihnen in Freiheit viel besser.

Nun, warum war das so? Wie ich schon sagte, der Ton damals war rauer, die Menschen in den Heimen waren mitunter Geistliche, Menschen der Kirche, aber auch weltliche, ganz normale Dienstnehmer. Damals war die Welt in ihrer Entwicklung, in ihrer Grundschwingung sehr weit unten. Die Menschen waren gemein im Umgang zueinander, sehr grob, ein Menschenleben war nicht besonders viel Wert, man hatte wenig zu teilen und viele billige Arbeitskräfte überschwemmten den Arbeitsmarkt. Selbst die Kirchen vertraten damals raue Positionen. Gutherzigkeit war ein mangelndes Gut, sie zu finden glich dem Zustand und Ertrag einer Diamantenmine. Es war für jedes Kind ohne Eltern ein Glücksgriff, auf gutherzige Personen zu treffen. Nur gab es sie so selten.

Selbst in den Familien war der Ton despotisch. Die Kinder mussten ihre Eltern gelegentlich noch siezen und zollten ihnen gespenstischen Respekt. Es ist alles noch keine Ewigkeit her, denn die Eltern eurer Eltern befanden sich als Kinder noch tief in dieser Zeit verwurzelt. Es handelte sich um eine grausame Zeit, mit wenig Liebe und Respekt, gekennzeichnet durch einen groben Umgangston. Und doch, wenn man sich die Entwicklung der Erde und seiner Menschen darauf ansieht, ist es eine verhältnismäßig kurze Zeit. Der Fortschritt war alles andere als langsam, wenn man die Entwicklung über den Gesamtzeitraum betrachtet. Es kam, wie es kommen musste, immer wieder zu spürbaren Schwingungsanhebungen und sie dauern natürlich an bis zur heutigen Zeit. Mit jeder Schwingungsanhebung besserte sich der Umgang der Menschen untereinander, der Ton wurde ein feinerer, ein differenzierterer.

Je höher die Schwingungsebene, umso weniger Schatten, umso weniger Unrecht. Leider breitet sich die Schwingung nie gleichmäßig über die Erde aus, sondern ist von ihren Erzeugern und Trägern abhängig. Gibt es zu wenig Schwingungsträger, findet wenig Grundschwingung statt. So entstehen Phänome, dass sich oft mit den Grenzen unterschiedlicher Länder die Schwingungen verändern. Daher sollte es ein Anliegen eines jeden Landes sein, auch Projekte zur Erhöhung der Schwingungsebene einzurichten, denn erhöht sich die Schwingungsebene, verändert sich vieles zum Vorteil des jeweiligen Landes. Letztlich kommt der lichtvolle wie auch finanzielle Wohlstand von selbst, wenn danach getrachtet wird, die Grundschwingung kontinuierlich in eine höhere, lichtvolle Schwingung zu versetzen.

Wenn Kinder mit dem Gesetz in Konflikt geraten

Franziskus, was sollen wir tun, wenn unsere Kinder mit dem Gesetz in Konflikt kommen und generell sehr schwierig sind? Wenn wir ihnen dabei zusehen können, wie sie in ihr Verderben rennen?

Bleibt mit eurem Herzen, bleibt in eurer Liebe zu eurem Kind. Verschließt euer Herz den Kindern nicht, auch wenn sie in vielen Momenten so leben, wie ihr es euch niemals von ihnen erträumt hättet. Auch wenn sie vom Weg der Tugend abweichen, auch dann sollt ihr nicht euer Herz verschließen und ihnen nicht eure Liebe entziehen. Die Liebe zu euren Kindern sollte bedingungslos und an keinerlei moralische Bedingungen geknüpft sein. Das ist die wahre Liebe. Ich weiß, es ist viel verlangt, aber bleibt in der wahren, reinen Liebe. Nur dann begleitet ihr euer Kind mit euren Energien, mit eurer Liebe und das Kind wird wesentlich sanfter fallen, wenn es fallen muss. Es wird wesentlich sanfter landen, wenn es fällt. Bleibt in eurer bedingungslosen, reinen, wahren Liebe und begleitet euer für den Augenblick problematisches Kind. So führt ihr es zuverlässiger auf den Weg der Tugenden zurück.

Was passiert, wenn ihr eurem Kind eure Liebe entzieht? Es ist so, als würdet ihr in einen Wasserstrudel weiteres Wasser gießen. Ihr würdet den Lauf beschleunigen und euch mitschuldig daran machen, dass euer Kind hart fällt. Dem eigenen Kind die Liebe zu entziehen heißt, es zu verstoßen. Dem eigenen Kind die Liebe zu entziehen bedeutet, es zu blenden, ihm den Blick auf die elterliche Liebe zu verwehren. Dem eigenen Kind die Liebe zu entziehen, ist ein grausamer Vorgang und mit einer hohen, beiderseitigen Eigenbelastung erfüllt. Bleibt in der wahren, reinen Liebe und begleitet eure Kinder auch durch schwere Zeiten, begleitet sie auch durch unwegsames Gelände.

Ihr seid aufgerufen, eure Kinder zu lieben, und ihr dürft durchaus durch eure Zurufe immer wieder versuchen, sie auf den richtigen Weg, den schöneren, besseren Weg zu lotsen. Es ist auch eure Aufgabe, euren Kindern den euch eigenen Weitblick zu verleihen, um sie aus dem unwegsamen Gelände, in dem sie sich befinden, zu lotsen. Es ist eure Verantwortung, bei euren Kindern zu sein, und aus ihr sollt ihr euch nicht stehlen.

Natürlich kann es vorkommen, dass euch alles zu viel wird, dass ihr einfach nicht mehr weiterwisst, dass ihr nicht mehr weiterkönnt. Dann habt ihr das Recht, euch für Momente zu erholen und zurückzunehmen. Versucht für diese kurze Ruhepause einen Stellvertreter aus der Familie oder aus dem engsten Freundeskreis zu finden, der eure Rolle einstweilen übernehmen kann. Der Stellvertreter soll sich auf die besten Eigenschaften des Jugendlichen konzentrieren und versuchen, so gut es geht, ebenso in die reine, wahre, bedingungslose Liebe zu kommen. Nur dann ist die Stellvertretung mit Sinn erfüllt, wenn sie in den Zustand der reinen, wahren, bedingungslosen Liebe findet.

Nehmt euch die Auszeiten, die ihr braucht. Es ist nicht damit getan, dass ihr euch selbst vor Kraftlosigkeit aus dem Fokus verliert. Es ist nicht damit getan, dass ihr selbst zu Schaden kommt. Nehmt euch die Auszeiten die ihr braucht, um wieder neue Energien zu schöpfen, um dann wieder mit weit geöffnetem Herzen für eure Kinder da zu sein.

Generell möchte ich sagen, dass es kaum eine größere Aufgabe im Leben eines Einzelnen gibt, als die Förderung von Kindern und Jugendlichen. Auch wenn man es im Umgang mit ihnen nicht immer merkt, aber es handelt sich um eine ganz besondere Aufgabe. Insofern werden gute Lehrer oft unterschätzt. Wenn sie in Liebe arbeiten, wenn sie inmitten ihrer Spiritualität leben, so vermögen sie immens viel den Kindern und Jugendlichen, die sie unterrichten, mitzugeben. Die geistige Welt möchte sich nicht nur bei den Eltern für ihre Mühen bedanken, sondern auch denjenigen unter den Lehrern, die ihre Arbeit als Berufung sehen und die Kinder und Jugendlichen allumfassend fördern, auch im spirituellen Bereich. DANKE!

Partnerwahl der Kinder

Die Partnerwahl der Kinder ist mitunter ein Punkt mit großen Reibungen. Viele Eltern wünschen sich für ihre Kinder andere Partner und können einfach nicht mit ansehen, dass sie sich welche aussuchen, die so augenscheinlich überhaupt nicht zu ihnen passen.

Natürlich dürfen Eltern ihre Meinung und ihre Ansicht den Kindern sagen. Aber sie sollen keinesfalls vergessen, diese durch ihr geöffnetes, liebevolles Herz zu sagen. Herrische Besserwisserei ist Gift in der Beziehung zwischen Eltern und Kindern. Sprecht durch euer Herz, reinigt eure Gedanken über das Herz und reichert sie mit Offenherzigkeit und warmherziger Liebe an, so werdet ihr auch viel besser gehört. Jeder andere Versuch lässt die Worte an euren Kindern abprallen und sie werden niemals gehört.

Es ist mir vollkommen klar, dass ich oft viel zu viel verlange. Wie soll es möglich sein, dass ich mich in reiner, bedingungsloser Liebe meinem Kind gegenüber befinde, wenn es sich nicht so entwickelt, wie ich es mir vorstelle? Wie ist es möglich, es so anzunehmen, wie es ist, wie ist es möglich, seinen Partner so anzunehmen, wie er ist? Das ist eben die große Herausforderung einer lichten Spiritualität, dass man sich nicht mehr von „niederen", egoistisch eingefärbten Gedanken leiten lässt. Die Kunst ist, seine eigene Schwingung so sehr zu erhöhen, dass diese Gedanken keinen Einlass in das eigene Denken finden.

Falsch wäre es natürlich aus Sicht der Spiritualität, sich jeder Meinung zu enthalten und nur noch alles zu bejahen. Richtig wäre es, alles anzusprechen, das einen bewegt, aber dabei sollt ihr die Töne zwischen euren Worten sehr genau hören und die Schwingungen zwischen euren Worten genau beachten. Als spirituell gereifter Mensch darf ich alles sagen, ich muss keinesfalls alles für gut und richtig befinden, ich darf Kontrapunkte einbringen, aber ich bin aufgefordert, darauf zu achten, wie ich was sage. Ich bin aufgefordert, darauf zu achten, in meiner reinen, heiligen Spiritualität zu bleiben.

Ich muss immer wieder etwas schmunzeln, wenn Menschen, die sonst so weit sind und so rein sind, wenn sie von einer Sekunde auf die andere wieder in ihre uralten Muster verfallen und ihre langen Lehrjahre plötzlich über Bord werfen, um so menschlich in ihren Fehlern zu sein. Und ich gebe es gern zu, es handelt sich um eine der schwierigsten Übungen überhaupt, in seiner eigenen spirituellen Mitte zu ruhen, wenn es hart auf hart geht, wenn man so richtig gefordert wird. In solchen Momenten ist es wichtig, auch kurz mal von sich auszusteigen, sich zwei, drei Schritte neben sich zu stellen und die Situation von außen auf sich einwirken zu lassen. Ihr werdet staunen, wie rasch ihr wieder in eurer Mitte seid. Probiert es aus!

Oft hat die Partnerwahl eurer Kinder einen tieferen Sinn, einen tieferen Hintergrund, der so auf den ersten Blick natürlich verwehrt bleibt. Auch euer Kind hat eine Anzahl von Aufträgen, und vielleicht ist es ja einer der Aufträge, sich um einen Menschen und seine Entwicklung zu kümmern – und das im Rahmen einer Partnerschaft. Von außen wirkt es natürlich so, als würden die beiden überhaupt nicht zusammenpassen, und doch gibt es den Hintergrund der Entwicklungshilfe. Dein Kind hat den Auftrag, diesem Menschen zu helfen. Das kann bei entsprechender Reife gut gehen, oder auch nicht. Wie viele ungleiche Partnerschaften hat es gegeben, wo der, den es zu entwickeln galt, den anderen ins Ungleichgewicht brachte. Wie viele Partnerschaften hat es gegeben, wo es ausschließlich Rückschritte und keine Entwicklung nach oben gab. Natürlich ist der Fortschritt keine Selbstverständlichkeit. Wenn ich um meine Spiritualität weiß und mich durch diese leiten lasse, dann wird es wohl kaum passieren, dass ich ins Wanken komme, zumindest nicht auf Dauer. Aber wenn ich mir meines Auftrages und meiner spirituellen Herkunft nicht bewusst bin, dann kann mein Entwicklungsauftrag natürlich auch schiefgehen. Daher ist es so immens wichtig, um seine eigene Spiritualität zu wissen, daher ist es so immens wichtig, seine eigene Spiritualität, sein eigenes Licht zu entwickeln, ständig, täglich, immerfort.

Wenn ihr merkt, dass euer Kind mit seinem Auftrag nicht fertigwird, es zu wanken beginnt und sein Partner in seiner vielleicht negativen Energie eine gewisse Dominanz erhält, dann dürft ihr eure Beobachtung dem Kind mitteilen. Bleibt dabei in eurer Liebe und sagt, was ihr beobachtet. Diskutiert darüber und pfropft dem Kind nicht eure Sichtweise auf. Teilt euch einfach auf eine sehr zwanglose Art mit und bringt den Samen eurer Beobachtung ein. Ihr werdet sehen, ob er angenommen wird, ob er in die Erde eures Kindes eingebracht wird und zu gedeihen beginnt. Sobald euer Kind sich gewisser Vorgänge in der Partnerschaft bewusst wird – dabei ist ihm die Sicht von außen sehr behilflich –, wird es an diesen Vorgängen drehen. Nicht jeder Entwicklungsauftrag muss zu einem augenscheinlichen Ende geführt werden. Oft dauert die gemeinsame Zeit nur eine kurze Weile, vielleicht nur ein paar Monate, nur ein oder zwei Jahre. Nicht selten werdet ihr in der Partnerschaft eurer Kinder, in den eurer Meinung nach schlecht gewählten Partnern, jeden Fortschritt vermissen – und doch gibt es Entwicklungen, die so sanft passieren, dass sie Außenstehenden meist verschlossen bleiben.

Gleichgeschlechtliche Partnerschaften

Franziskus, manche Eltern haben Probleme damit, wenn sich ihre Kinder zu gleichgeschlechtlichen Partnerschaften hingezogen fühlen.

Ich habe Tränen in den Augen, wenn ich daran denke, wie viel Ungerechtigkeit ab dem Augenblick geschieht, in dem viele Eltern von der Homosexualität ihrer Kinder erfahren. Wäre sie nicht gottgewollt, gäbe es sie nicht. Es geht um die REINE LIEBE, es geht um die REINE HERZENSLIEBE und hier spielt das Geschlecht keine Rolle. Es geht vielmehr um die Auswirkungen, wie die Sexualität gelebt wird, und das beziehe ich keinesfalls ausschließlich auf die Homosexualität, sondern ich schließe die Heterosexualität mit ein. Es geht viel mehr um grenzenlose Zügellosigkeit, es geht viel mehr um Missbrauch, um Falschheit und Unehrlichkeit – diese Dämonen sind keinesfalls homosexuell, sie sind intersexuell.

Es steht keinem heterosexuellen Menschen zu, sich über seine homosexuellen Mitmenschen zu erheben und davon auszugehen, dass ausschließlich er richtig liebt und die anderen nicht. Ich habe Tränen in den Augen, wenn ich erlebe, mit welcher Anmaßung viele Heterosexuelle leben. Es handelt sich um einen grenzüberschreitenden Prozess. Auch die Weltkirchen tun ihr Übriges dazu, dass es hier haarsträubende Fehlentwicklungen gibt. Von Seiten der Weltkirchen erlebe ich Anmaßungen, die so nicht stattfinden dürfen. NIEMAND, niemand darf sich über einen anderen Menschen erheben, schon gar nicht Menschen, die angeblich im Auftrag von Jesus Christus, seinem Vater und seiner Mutter sprechen.

Lasst die Kinder frei und nehmt sie nicht in eure Geiselhaft. Lasst sie sich frei entwickeln, lasst sie lieben und fördert sie in ihrer spirituellen Entwicklung. Es steht niemandem zu, die Sexualität des eigenen Kindes vor die Person zu stellen. Es steht niemandem zu, über die Sexualität des eigenen Kindes zu urteilen. Ich sage euch, es ist niemals, niemals, niemals verboten worden, gleichgeschlechtlich zu lieben. Es war niemals Absicht, ausschließlich heterosexuelle Verbindungen als die einzig richtigen Beziehungen hervorzuheben. Hier handelt es sich um eine entsetzliche Anmaßung gewisser Kreise, die jedem von euch am liebsten alles diktieren würden.

Es geht um die wahre Liebe, um die bedingungslose Liebe und nicht um die Frage der ausgelebten Sexualität. Die ausgelebte Sexualität ist eine Begleiterscheinung der wahren Liebe, der bedingungslosen Liebe zwischen zwei Partnern, nicht mehr und nicht weniger. Und es steht Eltern nicht zu, über die Sexualität ihrer Kinder zu urteilen. Es steht Eltern nicht zu, anmaßende Positionen zu ergreifen und ihre unrichtigen Ansichten ihren Kindern aufzuzwingen.

Ich wünsche mir spirituelle Entwicklung für ALLE Eltern. Es soll allen Eltern möglich sein, sich weiterzuentwickeln, um ihre Kinder nicht in falsche Wahrheiten zu drängen.

Kinder waren mir zu meinen Lebzeiten immer sehr wichtig, denn ich erkannte bereits damals, dass es wunderbare Geschöpfe sind. Geschöpfe, die unmittelbar mit der göttlichen Energie verbunden sind – auch, wenn es manchen vielleicht nicht anzumerken ist. Kinder sollen uns das Allerheiligste, Allerförderungswürdigste in unserem Leben sein.

Haben wir selbst keine Kinder, dann sollten wir uns in irgendeiner Form mit Kindern, mit deren Förderung beschäftigen. Wer überhaupt keine Kinder in seinem Umfeld hat, wird vielleicht nicht bemerken, dass es eine gewisse Unerfülltheit ist, eine gewisse Leere. Viele Jahre werden vergehen, bis diese Unerfülltheit zu Tage tritt. Lange wird man nicht verstehen, warum vieles nicht im Lot zu sein scheint. Es gehört gleichsam zum göttlichen Gleichklang, dass wir uns auch um die Kinder dieser Welt sorgen. Über ehrenamtliche Tätigkeiten, über Spenden, über Adoptionen und vieles mehr. All jene, die bisher keine Kinder in ihrem Umfeld hatten und dies nun doch zulassen, werden merken, wie viel Erfüllung die Fürsorge für Kinder bringt. Dazu reichen bereits kleinste Impulse, es ist keinesfalls nötig, gegen seine Überzeugung Kinder aufzunehmen, es ist keinesfalls nötig, sehr viel Zeit mit ihnen zu verbringen. Wir, die geistige Welt, sind schon für kleinste Impulse zur Förderung von Kindern dankbar und sie werden es all jenen danken, die sich ihrer in warmherziger, offener Liebe annehmen. Es gibt zwei Menschengruppen, die aus Sicht der geistigen Welt schutz- und förderbedürftig sind, das sind die Kinder und die sehr alten Menschen. Und jedes Engagement in nur einer der beiden Gruppen bringt euch sehr viel Segen und Dank.

Kinder in die Selbständigkeit entlassen

Wann ist der geeignete Augenblick, seine Kinder in die Selbständigkeit zu entlassen? Ab wann darf, soll man sich als Eltern von den Einmischungen, aus der Erziehung im engsten Sinn, zurückziehen?

Klarerweise spätestens dann, wenn die eigenen Kinder erwachsen sind. Um sie das Erwachsensein üben zu lassen, ist es auch in jüngeren Jahren immer wieder gut, sie selbst entscheiden zu lassen – überwacht natürlich –, aber sie selbständige Schritte machen zu lassen. Wie soll ein Kind erwachsen werden, wenn es bis zuletzt streng behütet wurde? Es sollte ein Rückzug mit Fingerspitzengefühl sein, in kleinen, aber stetigen Schritten. Dabei soll man sich jedoch seinen Kindern keinesfalls entziehen. Als Eltern soll man ihnen immer Ansprechpartner bleiben. Eltern sind ihren Kindern immer so etwas wie eine höhere Instanz, deren Rat, deren Weisheit wichtig ist. Kluge Eltern erkennen die Momente, in denen sie sich zurückziehen sollen, Momente, in denen sie ihren Kindern mehr Raum als gewohnt schenken sollen. Kluge Eltern führen ihre Kinder an unsichtbaren Fäden in ihre Selbständigkeit.

In der heutigen Zeit geht alles viel unkomplizierter, unkonventioneller, rascher, denn waren früher Kinder mit zwölf Jahren tatsächlich noch Kinder. Heute sind es bereits frühreif anmutende, kleine Erwachsene, die meist sehr genau wissen, was sie wollen. Das hat auch mit dem höheren Schwingungsbereich zu tun, in den wir kommen. Das führt dazu, dass sich die Erwachsenen weiter entwickeln und unsere Kinder einen rasanteren Entwicklungsverlauf durchleben, als noch vor vielleicht zwanzig oder dreißig Jahren.

Heute verfügen Kinder bereits in sehr jungen Jahren über ein geistiges Potenzial, das ihr Erwachsene viel später hattet; die Entwicklung ist tatsächlich rasant. Es heißt aber nicht, dass eure Kinder deshalb früher erwachsen sind. Sie sind in vielen Dingen reifer, sie sind weiter, aber nicht unbedingt rascher erwachsen. Es ist ein Trugschluss, der viele Familien begleitet. Eltern gehen von einer falschen Basis aus, ziehen sich viel zu früh zurück, überlassen ihre Kinder viel zu früh ihrer augenscheinlichen Selbständigkeit, die sie ja auch haben, ABER, sie kommen trotzdem zu kurz, weil sie mangelnde elterliche Liebe erhalten.

Durch den zeitigen Rückzug der Eltern kommt es zu Liebesdefiziten, die Eltern-Kind-Beziehung kühlt zu rasch ab und die Kinder bleiben emotional auf der Strecke. Wenn ein Kind reif ist, vielleicht frühreif, und vorgibt, erwachsen zu sein, heißt es nicht, dass sich die Eltern bereits zurückziehen sollen. Hier leben zweierlei Realitäten parallel zueinander. Die eine als Kind, die andere als sehr viel wissender, kleiner Erwachsener. Oft können diese beiden Realitäten nicht einmal erfolgreich miteinander kommunizieren. Das Kind versteht weder sich noch seine

Umwelt und auch die Eltern nicht mehr. Daher darf man als Elternteil immer Präsenz zeigen, aber jede Hilfestellung sollte unaufdringlich geschehen, mit Fingerspitzengefühl, mit Weisheit. Denn die neuen Kinder lehnen im Affekt oft die Hilfe von den Eltern ab, weil sie sich nicht länger als abhängige, kleine Kinder sehen möchten. Daher ist es so außerordentlich wichtig, als weise Instanz immer für sie da zu sein, ihnen Spiegel zu sein, damit sie sich selbst nie aus den Augen verlieren.

Das Sterben eines Kindes

Eltern sind verständlicherweise besonders betroffen, wenn ihr Kind vor ihnen stirbt, vielleicht sogar sehr jung stirbt. Möchtest du dazu etwas sagen?

Es gilt wohl als einer der schmerzlichsten Augenblicke, wenn man sein eigenes Kind hinüberbegleiten muss. Außenstehenden bleibt es verschlossen, wie viel Schmerz, wie viel Leid in diesen Augenblicken liegt. Schmerz und Leid sind unermesslich und für viele Momente scheint es ganz so, als würde man von einer starken Welle mitgerissen und keinerlei Halt unter den Füßen finden. Mein Mitgefühl liegt bei all jenen, die ihre Kinder verloren haben, die diesen Schmerz, dieses Leid erleben mussten. Mein Mitgefühl liegt bei all jenen, die ein schwerkrankes Kind pflegen, mein Mitgefühl liegt bei jenen, denen die Leichtigkeit des Elternseins verwehrt bleibt.

Es ist schwer, Eltern eines verstorbenen Kindes Trost zu spenden, denn die Sinne sind verstopft von Trauer und Leid. Es braucht eine geraume Weile, bis sie wieder erreichbar werden. Zuvor hören sie zwar, dass etwas gesagt wird, aber es erreicht sie nicht in der Deutlichkeit, in der die Botschaften abgesetzt werden. Deshalb ist es oft besser, mit ihnen zu schweigen, als auf sie einzureden. Schweigen und Berührung sind in diesen Augenblicken oft Trost und Stärkung zugleich. Es bedarf weniger Worte in diesen Momenten.

Wenn Kinder sehr früh gehen müssen, wobei sich das „müssen" sehr auf die irdische Sicht bezieht, dann haben sie bereits sehr früh alle ihre Aufgaben erfüllt. Ihre Seele wusste von Anbeginn an, dass sie nur kurz auf eurer Erde verweilen würde. Oft geht es nur um ein Geburtserlebnis beziehungsweise um das Erlebnis eines Ungeborenen. Ich weiß, es ist kein Trost zu wissen, dass die Seele, deren Wiedergeburt ihr ermöglicht habt, ihren Weg so rasch vollendet hat. Es wiegt den Schmerz kaum auf. Aber es soll euch etwas Trost sein, zu wissen, dass es ein von dieser Seele bestimmter Weg war.

Ihr werdet euch zu Recht fragen, warum hatte dann mein Kind noch so viele Pläne, warum stand es so prosperierend im Leben?

Wie ihr wisst, ist Seele und Ratio nicht immer eins. Das heißt, die Seele ist unser altes, großes, spirituelles Gewissen, hier sind alle alten Erinnerungen gespeichert, ohne dass die Ratio davon Kenntnis hat. Natürlich gibt es Methoden, an diesen Speicher zu Lebzeiten zu gelangen, um ihn zu erschließen. Aber in der Regel ist dieses Wissen, das in den Seelen schlummert, tief vergraben, eingeschlossen, unzugänglich.

Die Seele, sie weiß, dass ihr Weg hier auf Erden ein kurzer sein wird. Die Ratio kann es ahnen, aber nicht wirklich wissen. Die Ratio hat viele Pläne und Wünsche und sieht das Leben noch lange nicht abgeschlossen, dabei befindet sich die Seele bereits in der Loslösung und weiß, dass es kein Morgen hier auf Erden geben wird.

Hoch entwickelten, spirituell tätigen Menschen ist es möglich, ihre Seele mit ihrer Ratio, mit ihrem Denken, kurzzuschließen. Sie werden denken und fühlen, was die Seele denkt und fühlt. Sie werden hören, was die Seele zu ihnen spricht.

Wenn Kinder früher hinübergehen, dann lebt nicht im Schmerz. Lasst sie los und bindet sie nicht mit eurem Schmerz hier auf Erden. Eure Trauer lässt sie trauern. Eure Tränen, lassen sie bitterlich weinen. Liebt sie in aller Reinheit und ermuntert sie, ihren Weg weiterzugehen, und bindet sie nicht mit eurer Trauer an euch. Lasst sie frei, lasst von ihnen los. Bedankt euch, dass sie euch als Eltern auserwählt haben. Dass ihr diejenigen wart, die ihnen für diese kurze Zeit Hilfe und Liebe zugleich sein konnten. Aber lasst sie frei und bindet sie nicht über Gebühr mit eurer Trauer. Ich weiß, es ist nicht einfach, was ich hier von euch verlange. Aber wenn ihr eure verstorbenen Kinder aus ganzem Herzen liebt, dann gebt sie frei und bindet sie nicht an euch.

Es ist möglich, mit eurem Kind auch nach seinem Tod Kontakt aufzunehmen, einen Kanal zu öffnen und es zu hören, zu fühlen. Diese Kontaktaufnahme sollte jedoch wiederum frei von eurem Ego sein und frei von übermäßiger Trauer. Ihr tut dem Kind nichts Gutes, wenn ihr Kontakt zu ihm sucht, weil ihr nicht loslassen könnt. Aber es ist erlaubt, immer wieder hineinzufühlen, es zu spüren und für viele Momente bei sich zu haben. Es ist wie ein gegenseitiger Besuch. Fragt aber auch jedes Mal, ob es für die Seele des Kindes in Ordnung ist, zu euch zu kommen. Wenn ihr einen Widerstand spürt, dann lasst den Kontakt sein und gebt der Seele die Freiheit. Ruft das Kind nicht mehr zu euch und akzeptiert es, dass seine Besuche auf dieser Erde für den Augenblick abgeschlossen sind.

Partnerschaft und Sexualität

Als wir die Themen für mögliche Fragen vor einigen Tagen durchgingen, da war dir die Sexualität ein Anliegen. Möchtest du jetzt darüber sprechen?

Ich möchte unser Gespräch nicht auf die Sexualität allein reduzieren, sondern auch Partnerschaften mit einbeziehen. Denn nirgends gibt es so viele Missverständnisse und Missverhältnisse wie in der Sexualität der Partnerschaften. Unterschiedliche Erwartungshaltungen, ungleiche Verlangen, Unausgesprochenes, hier passiert sehr viel, und das bedrückt oft beide.

Sexualität zu leben ist gut und wichtig. Sie ist ein wichtiger Teil des Lebens. Seine Sexualität nicht auszuleben würde bedeuten, auf einen Teil seines Lebens zu verzichten, obwohl auch dieser Teil ins Leben mitgegeben wurde. Daher ist der Zölibat der katholischen Kirche falsch, denn die Sexualität ist gottgegeben und darf daher ausgelebt werden. Wie viele Probleme hätte die katholische Kirche weniger, wenn es den Zölibat nicht gäbe! Aber das ist ein anderes Thema. Ich möchte keinesfalls wieder abschweifen.

Sexualität soll frei von Zwängen gelebt werden, auch in Partnerschaften. Niemand hat das Recht, seinen Partner unter Zugzwang zu setzen, umgekehrt soll sich auch niemand seinem Partner auf Dauer verweigern. Über die Sexualität werden in Beziehungen Stolpersteine ausgelegt, meist unbewusst, selten bewusst. Besagte Stolpersteine werden tragend, wenn es mit den Beziehungen bergab geht. Dann wird meist mit bisher Unausgesprochenem abgerechnet.

Sexualität soll frei und ohne jeden Hintergedanken in der Partnerschaft ausgelebt werden. Geheimes Fremdgehen vergiftet die Partnerschaft, und es ist ein schleichendes Gift. Ist der Giftstachel erst einmal gesetzt, setzt das Gift seinen Weg fort und findet sein Ziel im Herzen des Partners. Fremdgehen zu beichten, um sich selbst zu erleichtern, ist mit einer Schuldübergabe gleichzusetzen. Mit der Beichte übergibt ein Partner dem anderen seine Last und glaubt damit alles aus der Welt geschaffen zu haben. In Wahrheit ist der Betrogene schwer belastet und hat die Aufgabe, die Schuld des anderen aufzuarbeiten.

Offene Partnerschaften können über eine Zeit sehr gut funktionieren, aber das ist ein Zeichen der heutigen Zeit. Offene Partnerschaften führen meist ebenso zu schleichenden Vergiftungen, denn keine der offenen Partnerschaften ist befreit von Eifersucht, Neugierde oder Rache. Eine Partnerschaft offen zu leben, also seine Sexualität in der Hauptsache außerhalb der Beziehung auszuleben, bedeutet in der Regel ein Ende auf Raten.

Meist sind es wirtschaftliche Gründe, die den bescheidenen Kitt des Zusammenhalts darstellen. Aber er wird mit der Zeit trocken, bröckelig und seiner Qualität als Kitt nicht mehr gerecht. Ist nicht eine Trennung als aufrechter, initiativer Akt zu sehen, als ein Spiel mit Verletzungen, in dem man am Ende verliert?

Beziehungen, Partnerschaften zu leben ist eine hohe Kunst. Früher war es einfacher, wir Menschen wurden nicht sehr alt, daher war der Segen „Bis, dass der Tod euch scheidet." ein realistischer Segen. Heute wird der Mensch dreimal älter, und es ist beinahe eine Unmöglichkeit, Partnerschaften fair und aufrichtig über gut fünfzig Jahre zu führen, inklusive einer funktionierenden Sexualität. Wie viele Partnerschaften gibt es, die bereits nach fünf Jahren nur eine böse Karikatur ihrer selbst sind, in denen die Liebe von Rücksichtslosigkeit und Egoismus abgelöst wurde.

Eine gute Beziehung zu führen ist zugegebenermaßen überhaupt nicht einfach. Es ist wie die Pflege eines Feuers in einem Ofen. So wie das Feuer in dem Ofen gehegt und gepflegt werden muss, muss es auch eine Beziehung. Lebe ich sie mit einer Selbstverständlichkeit und missbrauche ich sie als Selbstbedienungsladen, wird sie mir sehr bald nichts mehr geben können. So bin ich täglich eingeladen sie zu pflegen, mit ihr im positiven Sinne zu spielen, sie zu hegen und zu pflegen. Ich darf sie also nie aus den Augen verlieren und muss immer für sie da sein, mit all meiner Aufmerksamkeit, in all meiner Intensität, in all meiner Spiritualität.

Ein paar wichtige Worte zur Sexualität. In ihr seid ihr mit der Göttlichkeit verbunden, mit ihr kostet ihr unmittelbar aus der Mitte des Universums, aus der Unendlichkeit, aus der Zukunft. Der sexuelle Akt kann ein sehr lichtvoller Akt sein mit einer Anbindung an das Allerhöchste. Je spiritueller ihr und euer Partner seid, umso angebundener seid ihr an das göttliche Sein. Das indische Volk verbindet seit unendlichen Jahren Sexualität mit dem göttlichen Sein im Tantra. Gebt euch dem Tantra hin und ihr werdet Höhen sehen, die ihr davor für unmöglich gehalten habt. Gebt euch dem Tantra hin und ihr werdet mit Gott eins sein.

Ihr habt es verdient, eure Sexualität in hoher Intensität zu leben, in göttlicher Intensität. Sexualität ohne Spiritualität ausgelebt ist wie ein Kirchenbesuch ohne Gebet, ohne Messe, oder um es ein wenig weltlicher zu gestalten, wie ein Restaurantbesuch ohne Essen. Natürlich ist es möglich, Sexualität animalisch auszuleben, ohne einen spirituellen Hintergrund, aber es wird nur einen Hauch von dem darstellen, was tatsächlich möglich ist, und immer wieder einen etwas schalen Geschmack hinterlassen.

Und noch einmal möchte ich zu den Beziehungen zurückkehren. Jede Seele hat ihr Lebensbuch und in machen Lebensbüchern ist festgesetzt, dass sich zwei Seelen nur auf eine bestimmte Zeit miteinander verbinden. Es geht um eine gemeinsame Zeit des Lebensstudiums. Auch wenn danach eine Trennung mit großen Schmerzen verbunden ist, ist eine Trennung im Hier und Jetzt vorgesehen.

Meist wird die Trennung von einem der Partner herbeigeführt, selten von beiden gleichzeitig. Die Erkenntnis, dass es nun so sein muss, ist oft nicht einfach zu akzeptieren. Und es gibt kein einziges Mittel, um die Beziehung zu retten. Woher weiß ich, dass das Ende der Beziehung bestimmt ist? Das dies das vorgeschriebene Ende der Beziehung ist? Gewissheit darüber besitzen ausschließlich die Seelen der beiden Beteiligten. Nur sie wissen es genau, wie weit ihr gemeinsamer Weg geht. Je besser ihr also an eure Seele angebunden seid, umso sicherer seid ihr in eurem Tun, umso sicherer seid ihr auf eurem Weg. Je besser ihr an eure Seele angebunden seid, umso besser könnt ihr aus ihrem Lebensbuch lesen und wisst, ob es sich lohnt, die Beziehung weiter zu verfolgen oder nicht.

Was würde passieren, wenn beide Partner die Trennung ignorieren? Die einst so lodernde Beziehung würde in eine Art Wohngemeinschaft verflachen. Sie würden sich auseinanderleben, um irgendwann einmal gemeinsam erkennend und lächelnd festzustellen, dass sie sich eigentlich einen Partner wünschen. Vielleicht fällt eine Trennung in dieser Ebene dann leichter.

Ich wünsche euch, dass ihr in eurer Beziehung mutig seid und Entscheidungen trefft, die getroffen werden sollen. Ich wünsche euch, dass ihr eure Beziehung hegt und pflegt, als wäre sie sensibles Feuer. Ich wünsche mir, dass ihr in eurer Beziehung eine ehrliche, offene und reine Kommunikation pflegt und mit eurem Partner gemeinsam den Pfad der hohen Spiritualität gehen könnt.

Meditation für eine glückliche und spirituelle Beziehung

Ich danke dir, dass ich dich kennenlernen durfte. Ich blicke dir in die Augen und sehe deine Seele. Ich sehe ihre Schönheit, ihre Reinheit, ihre Tiefen und Höhen. Ich danke dir, dass wir gemeinsam ein bedeutendes Stück unseres Weges gehen. Ich danke dir dafür, dass wir gemeinsam unser Leben tragen und uns in Gemeinsamkeit dem Himmel, seinem Licht, seinen Sternen nähern. Mit dir aus der Mitte des Universums kosten, ist mehr als ich mir jemals erträumt habe.

Ich danke dir, dass ich dich kennenlernen durfte. Ich danke dir und deiner Seele, dass wir zueinander gefunden haben. Ich danke für die wunderschöne, unwiederbringliche Zeit, die wir gemeinsam bis jetzt verbringen durften. Mit dir habe ich aus der Mitte des Universums gekostet. Ich danke dir und überflute dich mit meiner reinen, selbstlosen Liebe. DANKE.

Wenn beider Partner-Egos innerhalb der Beziehung klein bleiben und in Selbstlosigkeit leben, sich unendliche, selbstlose Liebe schenken, dann sehe ich darin eine fruchtbare Möglichkeit einer wunderschönen, wohltuenden Verbindung. Sagt

DANKE zueinander und schenkt euch täglich, was ihr euch so sehnlich wünscht – reine Liebe und Aufmerksamkeit.

Späte Mutterschaft

Immer mehr Erwachsene bekommen sehr spät Kinder. Ein neuer Trend ist überhaupt, dass sich Frauen weit über fünfzig künstlich befruchten lassen, um sehr spät noch einmal Mutter zu werden. Die älteste Mutter der letzten Zeit war weit über sechzig Jahre alt. Wie findest du diese Entwicklung?

Weit über sechzig ist für ein eigenes Kind zu alt. Wie soll ein Kind mit zwanzig damit umgehen können, wenn es die Eltern aufgrund ihres Alters bereits verliert. Hier wird kaum an die Kinder gedacht, vielmehr entspringen die Wünsche großer Egos und der Angst dieser besonderen Mütter, allein zu sein. Dass später ihre Kinder allein sein könnten, bedenken sie kaum oder schieben Gedanken wie diese weit von sich, denn es geht nur um sie selbst.

Nun drehen wir die Uhr ein wenig zurück, eine Mutterschaft mit fünfzig soll in Ordnung sein. Diese Mütter werden noch immer ausgezeichnete Mütter sein. Sie entsprechen keiner Norm und sind doch, wenn auch in einer Minderzahl, seit einigen Jahren vorhanden. Es steht niemandem von euch zu, über diese Personen zu urteilen, denn sie sind es, die für das Kind und schließlich für sich selbst zu urteilen haben. Solange sie einer Gesetzgebung Folge leisten, hat niemand das Recht, den Zeigefinger zu erheben. Generell ist es eine Entwicklung, die mit der Erhöhung des Lebensalters zunehmen wird. Es werden sich immer mehr Frauen, aber auch Männer die Frage stellen, ob es nicht noch einmal ein Kind in ihrem Leben geben soll. Die eigenen Kinder sind längst erwachsen und gerade jetzt sind die Möglichkeiten vorhanden, einem Kind so viel mitzugeben. Verglichen mit früher gibt es jetzt schon viel ältere Mütter, und verglichen mit heute werden die Elternschaften in Zukunft noch ein wenig nach hinten verrückt, zumindest, wenn es darum geht, „Zusatzkinder" zu zeugen. Dies sind besondere Kinder, denn sie waren nie und nimmer vorgesehen und doch drängen sie auf diese Welt. Es sind Kinder, die bereits in sehr jungen Jahren mit unendlicher Weisheit, mit unendlichem Wissen aufwachsen, weil sie sozusagen durch eine großelterliche Elterngeneration aufgezogen werden. Diese Kinder können schon in sehr jungen Jahren ordentliche Wissensvorsprünge aufbauen, wenn man sie lässt und entsprechend fördert.

Den richtigen Lebensweg finden

Franziskus, kommen wir zu neuen Themenbereichen. Wieso dauert es manchmal so lange, bis man seinen eigenen Weg gefunden hat, und wieso ist man dann auch immer wieder skeptisch, ob es überhaupt der richtige Weg ist?

Es liegt in der Natur des Menschen, in der Natur jeder einzelnen Seele, in der Natur jeder einzelnen Ratio, dass beinahe täglich hinterfragt wird, ob der Weg, den du gehst, der ideale, der richtige ist. Das ist so und wird auch in den nächsten 2000 Jahren so bleiben. Ein ganzes Menschenleben ist täglich im Fluss und täglich kann sich vieles, manchmal alles mit einem Mal verändern. Es ist rechtens zu hinterfragen, es ist rechtens, sich die Gewissensfrage zu stellen, ob der Weg in diesem Moment oder morgen noch immer richtig ist. Stellt euch ruhig diese Frage. Versucht allerdings nicht, immer und immer wieder hartnäckig zu bohren, skeptisch, ohne Selbstbewusstsein, ohne Stärke und Selbstsicherheit. Denn sonst wird euch diese Frage hemmen, zum Rückschritt veranlassen und blockieren. Macht euch frei von allen Selbstzweifeln, sucht eure Mitte und ruhet darin, dann kann euch nichts geschehen. Denn dann wisst ihr auf AL-LES eine Antwort, denn dann kennt ihr euren Weg. Sobald ihr eure Mitte gefunden habt, kann euch von außen nichts mehr anhaben.

Eure Mitte ist der Sitz der Seele, euer heiliges Inneres. Wenn ihr dort hineinfühlt, dringt ihr in große Weiten, ihr erreicht große Tiefen, immense Stille, Liebe, Fürsorge, Geborgenheit. Fühlt hin und lasst es euch dabei gutgehen.

Die Frage, warum es manchmal so lange dauert, bis jeder Einzelne seinen „richtigen" Weg gefunden hat, diese Frage höre ich oft. Es könnte ja alles viel leichter gehen und wie viel Zeit würden wir uns ersparen, wenn wir den richtigen Weg sofort nehmen und nicht erst viele Jahre des Umweges vertun.

Zeit spielt in unserer Dimension keine Rolle. Hier ist ein Jahr wie zehn Jahre oder zehn Jahre wie ein Jahr. In unserer Dimension gibt es keine Ungeduld und Langeweile. Die Zeit fließt, und wir fließen mit ihr. Wenn es euch zu lange dauerte, bis ihr den richtigen Weg erkennen und gehen konntet, dann darf ich euch Trost sprechen: es war euch möglich, noch in diesem Leben den richtigen, euren Weg zu finden. Denn es gibt zahlreiche Seelen, die benötigen ein oder mehrere Leben, um ihren eigentlichen Weg zu finden. Betrachtet euch als privilegiert, wenn es euch ermöglicht ist, bereits jetzt EUREN Weg zu finden.

Aus eurer Perspektive wäre es natürlich begrüßenswert, keine Zeit zu verlieren, um so rasch wie möglich an euer Ziel zu gelangen, aber wie schon erwähnt, eure Seelen ticken in unserer Dimension, und in ihr spielt Zeit keine Rolle. Aber versucht, jeden Weg, den ihr beschreitet, sorgsam und in größter Aufmerksamkeit zu gehen, denn es gibt kein Wegstück, das völlig umsonst begangen wird. Viele Wege sind nicht der endgültige, richtige Weg, sondern Lernabschnitte, die zuvor zu absolvieren sind. Erst, wenn diese endgültig bewältigt wurden, hebt sich in weiter Ferne so etwas wie eine Nebelwand und plötzlich seid ihr in der Lage, EUREN Weg zu erkennen. Und es wird kein Vergleich zu den bisherigen Wegen zu ziehen sein. Plötzlich erscheint euch alles sehr vertraut und richtig. Ihr werdet euch fragen, warum ihr erst jetzt auf diesem Weg seid, und warum es so lange gedauert hat, bis ihr hierhergekommen seid. Ihr werdet euch fragen, warum so viel davor zu erleben war. Es ist, wie ich bereits erwähnte, oft nötig, Lernabschnitte zu absolvieren. Ihr erarbeitet euch sozusagen euren persönlichen Weg. Ihr wäret ohne diese besagten Lernabschnitte nicht in der Lage, EUREN Weg zu erkennen. Ihr würdet achtlos darüber hinweggehen oder an der entscheidenden Kreuzung eine andere Richtung einschlagen.

Alles, was für euch bestimmt ist, erreicht ihr zu seiner Zeit, zu eurer Zeit. Vertraut der spirituellen Wegfindung, eurer Wegfindung.

Beschleunigung der eigenen Entwicklung

Ist es möglich, seine persönliche Entwicklung zu beschleunigen, und wie geht das?

Ihr habt durchaus die Möglichkeit, eure persönliche Entwicklung zu verdichten und dadurch, wenn es so vorgesehen ist, zu beschleunigen. Die Einschränkung rührt daher, weil viele von euch eben auch eine gewisse Anzahl an bestimmten Lernabschnitten zu absolvieren haben. Sie werden euch nicht abgenommen, ihr müsst euch eine Art Labyrinth vorstellen, durch das ihr gehen müsst, um schließlich das Ziel zu erreichen. Manche werden sehr rasch durch das Labyrinth finden und keine Umwege gehen müssen. Andere wiederum werden manche Wege sehr oft zu wiederholen haben, um die richtige Abzweigung zu finden und das Ziel letztlich zu erreichen. Manche werden aufgeben und bitten, man möge sie herauslotsen. So wie es spirituelle Begleiter tun, wenn sich Menschen drehen und drehen und nicht in der Lage sind, ihren Weg zu finden. Mit etwas Glück werden orientierungslose Menschen auf ihren spirituellen Begleiter stoßen, der sie in potenzielle Richtungen weist.

Damit möchte ich auch sagen, dass ihr ruhig auf spirituelle Menschen um euch herum zugehen könnt, um durch sie klarer zu sehen, um durch sie weiter zu sehen. Jeder von euch hat nicht einen, sondern mehrere Förderer und Begleiter um sich geschart, ihr müsst sie nur finden. So wie wir unsere Kinder an den Händen nehmen, um sie ein Stück des Weges zu führen, so lasst euch von euren spirituellen Begleitern ein Stück des Weges begleiten. Es schafft Vertrauen für den Weg, den ihr beschreitet.

Noch einmal zur Erinnerung: KEIN STÜCK WEG IST VERGEBLICH!

Um rascher vorwärts zu kommen, ist es oft notwendig, den richtigen Begleiter zur Seite zu haben. Durch ihn, so er über die für euch nötige spirituelle Qualität verfügt, habt ihr einen Wegbegleiter, der euch nicht nur zielgerichteter begleitet, sondern auch über weitere Blickwinkel verfügt, die euch allein entgangen wären.

Das bedeutet nicht, dass ihr unbedingt einen Begleiter braucht oder euch über den Begleiter ausruhen sollt. Es kann sehr bequem sein, sich darauf zu verlassen, dass der Mensch meines Vertrauens mich richtig leitet. Es würde dazu führen, abzustumpfen und unselbständig zu werden, wenn ich immer jemanden benötige, der mir erzählt, was ich vor mir, links und rechts sehe. Sich einem Begleiter anzuvertrauen heißt nicht, in die Unselbständigkeit zu verfallen. Es soll vielmehr einem geistigen, spirituellen Wettkampf gleichen, in dem einer den anderen herausfordert und stärkt. Alles andere würde euch degenerieren und noch weiter vom Ziel wegführen.

Anleitung zur Wege-Meditation

Überprüft stets den Weg, auf dem ihr euch befindet. Versenkt euch in Meditation und fühlt in euer heiliges Inneres. Prüft im Gespräch mit eurer Seele die Qualitäten des aktuellen Abschnitts eures Lebensweges. Wie fühlt er sich an? Ist es der richtige Weg? Gibt es eine Botschaft, die er euch sagen möchte?

Wenn es nicht der richtige Weg ist, wo ist die nächste Abzweigung, die ihr nehmen müsst? Worauf müsst ihr diesbezüglich achten?

Wenn ihr in euren Lebensweg hinein meditiert, dann seid ihr in der Lage, mit ihm in eine sehr aufregende Kommunikation zu treten. Er spricht zu euch, als wäre er einer von euch. Er wird lebendig und gibt euch wertvolle Hinweise. Meditiert hinein und nehmt ihn an, sendet ihm offene, liebevolle Gedanken.

Die Affirmation dazu:

DU BIST MEIN LEBENSWEG, UND ICH MÖCHTE NUN MIT DIR GEMEINSAM ÜBERPRÜFEN, WIE DIE QUALITÄT UNSERER GEMEINSAMKEIT BESCHAFFEN IST, WO ICH EVENTUELL EINE ABZWEIGUNG ÜBERSEHEN HABE UND WIE ES WEITERGEHT.

Wenn ihr eine Zeit der Prüfungen hinter euch habt, eine schwierige, herausfordernde Zeit, dann meditiert auch dort hinein und versucht, eine Antwort zu finden, warum ihr so geprüft worden seid, und ob es der richtige Weg für euch war.

DU BIST MEIN LEBENSWEG UND ICH MÖCHTE NUN MIT DIR GEMEINSAM ÜBERPRÜFEN, WARUM DU MIR SO INTENSIVE LERNAUFGABEN STELLST. WORIN BESTEHT DER SINN DIESER AUFGABEN UND WAS SOLL ICH DARAUS LERNEN?

Weniger Geübte werden vielleicht nicht sofort in direkte Kommunikation mit ihrem Lebensweg treten können. Versucht eure Egos aus den Antwortsequenzen zu streichen. Lasst keinesfalls eure Egos sprechen. Wenn es nach mehreren Versuchen noch immer nicht funktioniert, dann tretet mit eurem spirituellen Begleiter in Kontakt, er soll euch in der Kommunikation mit eurem Lebensweg behilflich sein. Euer spiritueller Begleiter kann für euch LAUT die Fragen stellen und für euch ebenso LAUT die Antworten geben. Es gleicht unserem gemeinsamen Channeling. Natürlich bedarf es dazu einiger Übung, um reine, unverfälschte Antworten zu erzielen.

Depressionen

Viele von uns sind so sehr damit beschäftigt zu überleben, ich denke im Speziellen an Freunde, die depressiv sind, manche sind manisch depressiv. Wie kommt es, dass manche von uns solche enormen Rucksäcke mit sich schleppen und eher mit einem Überleben beschäftigt sind als mit einem Leben?

Nicht jede Aufgabe, die ihr gestellt bekommt, entpuppt sich von Anbeginn an als eine solche. Es heißt immer wieder, die Seele des Betroffenen möchte diese Erfahrung machen und hat sie sich selbst ausgesucht. Das ist zu kurz gegriffen, denn nicht jede Seele sucht sich die Pein, die sie erlebt, auch tatsächlich selbst aus. Vielfach ist es auch eine, sagen wir aufgezwungene Lerneinheit, durch die hier gegangen werden muss. Daher ist es auch in jeder Lebenssituation wichtig zu hinterfragen:

- Warum passiert mir das gerade jetzt?

- Was ist die Aufgabe dahinter?

- Wie absolviere ich diese Einheit sinnvoll?

- Wie löse ich diese Aufgabe?

Es ist immer wichtig, den Kern jeder Aufgabe zu erfragen. Egal, was gerade passiert, ob es eine Krankheit ist, ein Unfall, ein schlechter Tag mit vielen unangenehmen Vorkommnissen, es gibt immer einen Kern, und den gilt es zu finden. Dazu bedarf es mitunter einiger Meditationen, um die Antwort darauf zu finden. Es bedarf einer klaren Sicht, um den Kern zu finden. Wenn ich mit Medikamenten eingenebelt bin, werde ich nicht klar in der Erkenntnis sein. Woran erkenne ich den „wahren Kern"? Ich erkenne ihn daran, dass sich mit der Erkenntnis bereits etwas löst. Sobald der Kern gefunden wurde, bin ich mitten in der Lösung meiner Aufgabe. Sobald die Antwort gefunden wurde, bin ich am Weg der Erlösung, und es kann nur noch bergauf gehen.

Den Kern zu finden heißt, sich auch die Frage zu stellen, was die Aufgabe hinter meinem Problem ist. Was soll es mir sagen, was soll entwickelt werden, wohin soll ich mich bewegen. Es ist mitunter ein aufwendiger Prozess, verbunden mit viel Schmerz, denn es gilt hineinzugehen in das wunde Fleisch, es gilt, alles mit Klarheit zu betrachten. Es ist ein aufwändiger Prozess, weil es so viele Antworten auf so wenige Fragen gibt. Und es gibt nicht immer nur ein „links", „rechts", „geradeaus", es gibt nicht immer nur „schwarz" und „weiß".

Jeder Einzelne muss seine eigenen Antworten und seinen Weg finden. Und es ist der eigene Weg, nicht der von einem Freund oder einer Freundin vorgezeichnete Weg, nicht der von einem Guru vorgezeichnete Weg. Du kannst Helfer bitten, dir die Wege zu beleuchten, du kannst die Wege erkennen, aber du musst für dich selbst entscheiden, welchen Weg du gehst, welcher der richtige ist. Und manchmal scheinst du dich im Kreis zu bewegen. Auch das hat in diesem Moment seine Richtigkeit.

Sich im Kreis zu bewegen heißt nichts anderes, als all das näher zu betrachten, was dich umgibt. Es gibt Lebenssituationen, in denen es uns offensichtlich nicht gestattet ist, zügigen Schrittes nach vorn zu eilen. Es gibt Lebenssituationen, in denen wir im Kreis gehen, im vermeintlichen Kreis, und es wird nie ein reiner Kreis sein, sondern ein offener Kreis, der sich nach außen hin weitet. So wie der Bauer im Frühjahr seine Saat ausbringt, in engen Linien oder engen Kreisen, so gibt es Lebensabschnitte, in denen wir sehr eng gehen, vermeintlich andauernd im Kreis und doch ist es ein offener Kreis. Wir kommen voran, aber eben nur langsamer.

Diese Phasen sollen genau betrachtet werden. Jeder einzelne Schritt soll sehr genau bedacht sein, denn gerade in solchen Etappen passieren Fehler, wenn darauf leichtfertig verzichtet

wird. Wenn dem sanften Drang „im Kreis gehen zu müssen"
nicht entsprochen wird, passieren Fehler. Es hat seinen Sinn,
zwischendurch eine Saat auszubringen und die Geschwindigkeit
zu verlangsamen. Vielen erscheint es wie eine Prüfung, denn ihr
seid es gewöhnt, in Geschwindigkeit zu leben. Und doch ist es
immer wieder notwendig zu säen, zu verlangsamen, bewusst zu
werden, Lernaufgaben zu lösen. Dann darf wieder geflitzt werden, aber alles zu seiner Zeit.

Nun, ihr werdet euch zu Recht die Frage stellen, warum sich so
viele Menschen, die ihr kennt, so lange in depressiven Zustän-
den befinden.

Auch hier sind nicht alle über einen einzigen Kamm zu streifen.
Aber in der Regel ist es so, dass sie sich ihrer Aufgabe verweigern und es oft ab einem bestimmten Punkt einfacher ist, das
bereits eingeschlagene, oft reduzierte Leben weiterzuleben, als
es aufzuarbeiten. So zu handeln erscheint oft einfacher, als
einige Schritte weiterzugehen, um den eigenen Kern der Geschichte zu finden, zu analysieren, aufzuarbeiten. Es schmerzt
mich in meiner innersten Seele, wenn ich manche unter euch
beobachte, wie sie sich quälen und doch zu bequem sind, um
sich weiterzuentwickeln. Qual muss nicht sein, sie kann sein,
sie darf sein, aber sie muss nicht sein. Niemand auf dieser Welt
muss sich quälen oder quälen lassen. Auch wenn finstere Mäch-
te zuschlagen, darf die Qual nur von kurzer Dauer sein, sie darf
keinesfalls in einer Endlosschleife laufen und kein Ende finden.

Natürlich gibt es auch Seelen, die sich sehr bewusst ihre Lernaufgaben suchen und sie bewusst durchleben wollen. Es klingt
unverständlich, dass sich jemand wissentlich eine schwere
Krankheit oder Unglück wünscht. Und doch handelt es sich gelegentlich um eine bewusst in die Wege geleitete Lernaufgabe
der Seele. Wie erkenne ich nun, ob es sich um eine solche Aufgabe handelt oder ob es einen anderen Hintergrund gibt? Indem
wir uns auf die „Kernsuche" begeben, denn nur der wahre Kern
kann uns Auskunft darüber geben.

Ich wurde auch immer wieder gefragt, ob es möglich ist, aus einem Seelenvertrag auszusteigen, also, die anfangs durch die Seele frei gewählte Aufgabe doch nicht übernehmen zu müssen. Wenn es ein Seelenwunsch ist, darf sie sich der Aufgabe entziehen, denn sie war diejenige, die sich die Aufgabe wünschte und sie ist es, die sich der Aufgabe vorzeitig entziehen darf. Unsere Seele ist unser oberstes ICH, mit einem enormen Potenzial an Durchsetzungskraft. Ihre Wünsche werden gehört.

*

Franziskus, ich habe den Eindruck, dass depressive oder manisch depressive Freunde oft so unerreichbar sind, wenn es um eine Änderung ihres Zustandes gehen soll.

Etwas zu hören ist das eine, etwas zu hören und anzunehmen ist das andere. Wenn ein Wanderer das Gefühl hat, noch lange nicht am Ziel angelangt zu sein, nützt es nichts, wenn Menschen einem sagen, er könne umkehren, weil da vorne nichts mehr von Bedeutung käme. Manche Wanderer müssen den Weg bis zum Ende der Erkenntnis gehen. Erst dann sind sie in der Lage, sich zu verändern, erst dann sind sie in der Lage, wieder zu hören, bewusst zu hören, bewusst aufzunehmen. So lange sie auf ihrem Weg bleiben, leben sie in ihrer eigenen Wahrnehmung. Selbst wenn sie immer wieder nach dem rechten Weg fragen, bleiben sie in ihrer Wahrnehmung gefangen und werden auf dem Weg bleiben, den sie momentan für richtig halten. Das heißt, sie konsultieren Ärzte, Psychotherapeuten, hören diese und Freunde, aber eben nur durch einen gewissen Nebel, und sie werden ihren Weg bis zum Ende weitergehen, bis sie Erkenntnis erlangen. Erst dann werden Vorschläge angenommen, erst ab diesem Zeitpunkt werden sie tatsächlich hören.

Bereits mit der Erreichung des Ziels und der Erkenntnis ist eine rasante Veränderung zu bemerken. Die Kommunikation mit ihnen wird klarer und frischer, eindeutiger. Ab diesem Zeitpunkt sind sie erreichbar. Aber vergiss nicht, dass sie ihrem Weg folgen und nicht dem deinen. Nicht alles, was dir logisch und klar erscheint, muss für sie logisch und klar sein. Gerade bei Menschen, die von den üblichen Wegen abweichen, die so sehr ihr eigenes aber unverstandenes Leben führen, gerade bei diesen Menschen soll das Wort Toleranz vor jedem Besuch, vor jedem Gespräch mehrmals klar und deutlich angedacht und ausgesprochen werden. – Was ist auch die Norm? Ist die Norm meine Welt, deine Welt, ihre Welt, seine Welt? In gewisser Weise schafft sich jeder seine eigene Norm und wird dann auffällig, wenn er zu sehr von dem Gewohnten abweicht – deshalb ist er aber keinesfalls abnorm. Viele Menschen, die von gewohnten Normen abweichen, sind in der Regel zu bewundernde Menschen, weil sie in ihrer Eigenständigkeit, in ihrer Entwicklung weiter gingen als andere, oder vielleicht auch nur früher abgebogen sind als andere. Deshalb müssen sie nicht automatisch krank sein oder Freaks, wie ihr sie oft benennt. Eigentlich sollte jedem Menschen unendliche Bewunderung zufließen, wenn er imstande ist, sich der breiten Masse zu entziehen.

Der Lebensweg

Siehst du eine eindeutige Linie zwischen der Jugend und dem Erwachsensein, eine Linie, ab der man die Gewissheit hat, „jetzt passt es", „jetzt kenne ich meinen Weg". Eine Linie, ab der man vielleicht nicht mehr so herumschlingert.

Diese von dir angesprochene Linie gibt es nur in etwa. Allgemein liegt spätestens nach zwei vollendeten Jahrzehnten der Weg ganz klar vor einem. Davor wird oft sehr viel ausprobiert und getestet, um festzustellen, ob die Richtung zu einem passt oder nicht. Nach zwei Jahrzehnten beginnt sich der Lebensweg erstmals zu festigen, klarer zu werden. Richtungen sind gut erkennbar und man ist erstmals in der Lage, die unterschiedlichen Wegpotenziale abzuwägen, sie einer sinnvollen Prüfung zu unterziehen. Es hängt sehr vom eigenen Schicksal ab, ab wann man über diese Klarheit verfügt. Manche verfügen darüber früher, manche eben erst ab der von mir soeben zitierten Marke. Davor ist es ein Testen von Möglichkeiten, ein Orientierungsparcours. Es fühlt sich an wie die letzten Vorbereitungen auf das tatsächliche Leben, ein wenig wie eine Generalprobe.

Plötzlich werden die Potenziale vor einem klar, und es gibt kaum ein Zögern, die Schritte werden bestimmter und viele holen jetzt auf, was sie in ihrer Probezeit davor aus ihrer Sicht versäumt haben. Spätestens nach dem zweiten vollendeten Lebensjahrzehnt treten die meisten in ihr „richtiges" Erwachsenenleben ein und verfügen erstmals über die Gabe, mit großer Bestimmtheit darüber Auskunft geben zu können, wohin es für sie künftig gehen soll. Menschen, die bis hier nie genau wussten, was sie wollen, vieles ausprobierten, nichts zu Ende brachten, sehen plötzlich ganz klar IHREN Weg und führen Dinge zu Ende.

Alter

Franziskus, wir sind ja noch in unserem Lebenszyklus, auch wenn wir immer wieder ein wenig andere Themen berühren. Wir haben die Kindheit gestreift, das Erwachsenenleben, kommen wir nun zum Alter. Dürfen wir dich um deine Gedanken zum letzten Lebensabschnitt bitten.

In Wahrheit seht ihr das Alter als letzten Lebensabschnitt, der letzte Lebensabschnitt ist jedoch das Hinübergehen, nicht das Alter. Im Alter habt ihr nochmals die Möglichkeit, sehr bewusst zurückzublicken und eine Art Lebensinventur zu machen. Im Alter stellt sich noch einmal sehr klar die Frage des momentanen Standpunktes und ob bis hierher alles mit rechten Dingen geschehen ist oder ob es Punkte in meinem Leben gibt, die offen und unbeantwortet blieben, die Wunden schlugen und nie richtig vernarbt sind. So habt ihr im vorletzten Lebensabschnitt, dem Alter, noch einmal die Möglichkeit, auf euer bisheriges Leben zurückzublicken und da und dort Korrekturen anzubringen.

Viele von euch sind der Ansicht, dass die Dinge im Alter unverrückbar sind. Alles, was bis hier nicht stattfand, ist unverrückbar nicht geschehen und kann nicht mehr nachgeholt werden. Welch ein Irrtum!!! Es gibt nichts auf der Welt, das ihr nicht nachholen könnt. Natürlich, wenn ihr ein versäumtes Studium nachholen wolltet, dann werdet ihr es in der Regel auch im Alter nicht mehr machen. Darum geht es jetzt nicht. Es geht vielmehr darum, Ordnung in eurem Leben zu schaffen und Unerledigtes zu Ende zu bringen. Entweder real, in der Tat, draußen, oder sollte dies aus irgendwelchen Gründen nicht mehr möglich sein, dann habt ihr die Möglichkeit, im Rahmen diverser Zeremonien offene Dinge einer gütlichen Erledigung zuzuführen. Das Alter darf ein Zeitabschnitt sein, an dem ihr euch zurücklehnt und feststellen könnt: es ist alles in Ordnung, es geht euch gut, alles ist abgearbeitet, nichts ist offengeblieben, ihr seid mit euch, mit eurer Seele im Reinen.

Ihr werdet sehen, es beruhigt ungemein, wenn ihr Unerledigtes zu Ende bringt. Wenn ihr schlecht verheilte Lebenswunden nochmals innig betrachtet, um sie einer vernünftigen Wundheilung und einer guten Narbenheilung zuzuführen. Es ist auch nie zu spät, sich bei Menschen zu entschuldigen, wo ihr Schuld auf euch geladen habt. Generell ist es nie zu spät, eine Reue, eine Entschuldigung anzubieten und auszusprechen. Wenn ihr dies nicht persönlich oder direkt machen könnt, nehmt den schriftlichen oder den spirituellen Weg. Alles ist möglich, alles ist in Ordnung, es muss nur aus eurem liebenden Herzen kommen und aufrichtig in aller Demut gemeint sein.

Das Alter ist der Zeitpunkt der letzten Hausaufgaben. Spätestens jetzt ist es wichtig, dass du dich als die Person erfasst, die du darstellst. Spätestens jetzt ist es wichtig, dass du dich selbst kennenlernst, solltest du es bisher versäumt haben, dich mit deinen blinden Flecken vertraut zu machen. Spätestens jetzt ist es wichtig, von dem Thron herabzusteigen, auf dem du dein ganzes Leben gesessen hast und von dem aus du regiert hast. Im

Alter soll man den Menschen auf gleicher Augenhöhe begegnen können. Ruhig zu werden, innere Ruhe zu gewinnen, damit meine ich keinesfalls träge zu werden. Durch Trägheit Ruhe zu gewinnen ist der falsche Zugang zum Alter.

Trägheit ist nur ein gemütliches Deckmäntelchen, das offene Aufgaben verdeckt und unter der Oberfläche verschwinden lässt, dort werden sie aber munter weiter existieren. Die Trägheit steht der Aufgabenerfüllung im Wege, sie macht sich breit und macht den Geist müde. Träge lässt es sich vielleicht gut leben, aber nicht klug. Viele Aufgaben werden unerledigt bleiben, und es wird garantiert einmal der Zeitpunkt kommen, an dem man sich wünschen würde, doch mehr von den unerfüllten Aufgaben aufgearbeitet zu haben. Es kommen Zeitpunkte, an denen liegengebliebene Aufgaben so richtig aufkochen, präsent werden – mitunter unangenehm –, einen nicht mehr loslassen und immer verfolgen, weil sie gelöst und aufgearbeitet werden möchten.

Es ist möglich, immer wieder über größere Lebensabschnitte in der Hängematte zu liegen, aber diese Abschnitte müssen einmal ein Ende finden und durch Aktion, durch Aktivität abgelöst werden. In der Hängematte ist gut ruhen, alles zu seiner Zeit, aber es muss auch ganz deutlich die Abschnitte der Arbeit, des Aufarbeitens, des Fortschritts und der Entwicklung geben. Es gibt durchaus Seelen, die in ihren früheren Leben sehr intensive Leben hatten und im aktuellen Erdenaufenthalt eine Anhäufung von ruhigen Lebensabschnitten haben, aber selbst sie sind aufgefordert, ein gewisses Maß an Aktivität zu entfalten und ihre Hausaufgaben zu machen.

Ich sprach über „Wundheilung" und „Narbenheilung". Dabei geht es mir in erster Linie darum, dass irgendwann in deinem Leben Dinge geschahen, die dich sehr verletzten und noch immer nicht verheilt sind. Sie sind noch immer präsent, und es gibt noch immer Tage oder Nächte, an denen sie dich schmerzen. Spätestens im Alter ist der Zeitpunkt gekommen, dich davon zu verabschieden, ihr nennt es „reinen Tisch zu machen". Spätestens im Alter ist der Zeitpunkt gekommen, sich von allen Belastungen, die das Leben lang wie ein Klotz an dir hingen, zu entledigen. Lieber wäre mir gewesen, wenn du dich jeden Ballasts bereits früher entledigt hättest, aber spätestens im Alter solltest du es tatsächlich tun, so du es zuvor verabsäumt hast.

Anleitung zur seelischen Wund- und Narbenheilung

Es gibt Vorkommnisse aus deinem Leben, die dich verletzt haben, die dich begleiten und deren Schmerzen du seit vielen Jahren mit dir trägst. Meist sind sie weit unter der Oberfläche, gelegentlich kommen sie hervor und lassen dich erneut Tränen vergießen und den Schmerz so deutlich spüren, als wäre es erst kürzlich passiert. Lass ihn los, den Schmerz, und verabschiede dich von der Ursache, verabschiede dich vom Ausgangspunkt deines Schmerzes. Du sollst nicht weiter leiden, du sollst nicht weiter deinen Schmerz tragen müssen.

Nimm eine meditative, für dich bequeme Haltung ein, schließe die Augen. Höre in die weite Welt deines ICHs. Fasse Vertrauen und sage zu dir selbst: „ICH LIEBE DICH!" Gehe in die vollkommene Annahme deines Selbst und sage dir immer wieder, ganz sanft und liebevoll: „ICH LIEBE DICH!"

Höre weiter in dich hinein und spüre, was deine liebenden Worte, von dir ausgesprochen, in dir bewirken. Eine wohlige, liebevolle Wärme steigt in dir auf und umschmeichelt dich. Ein großes SELBST-Vertrauen steigt in dir auf und umschmeichelt dich, es stärkt dich und macht dich mutig – mutig, um den nächsten Schritt zu tun.

Nun entsinnst du dich nochmals der Situation, in der du so sehr verletzt wurdest. Keine Angst, es kann dir dabei nichts mehr geschehen. Es geht lediglich um die Wund- und Narbenheilung, um die Verabschiedung dieser Sequenz. Du entsinnst dich der besagten Situation und nährst sie nochmals mit deiner Energie.

Du durchschreitest die Situation von Beginn an. Du darfst dabei weinen, wenn dir danach ist. Kurz fühlst du noch einmal die gesamte Schwere der Situation, der damalige Schmerz steigt nochmals in dir auf und wird sehr präsent.

Du gehst weiter ans Ende der Situation und nimmst dir dabei die Zeit, die du dafür benötigst. Lasse dich durch nichts in der Welt drängen, und sieh dir nochmals alles in Ruhe an. Es kann dir nichts passieren. Du bist von deiner eigenen Liebe und von deinem eigenen SELBST-Vertrauen beschützt und genährt.

Am Ende der Situation siehst du einen goldenen Thron vor dir. Auf diesen darfst du dich nun setzen. Der Thron symbolisiert deine heutige Basis, deinen heutigen Stand. Du sitzt also im HEUTE und hast dir die Situation angesehen, die dich damals so sehr verletzt hat, dass noch heute die Wund- und Narbenheilung nicht abgeschlossen ist. Nun visualisierst du jede einzelne Person vor deinen Thron, die Urheber deiner Verletzungen waren. In dem Augenblick, in dem du dir diese Person visualisierst, wird ein Seelenfunken von ihr eingeladen. Du kannst ihr nun all das sagen, was noch offen und unausgesprochen geblieben ist. Du hast nun die Möglichkeit, offene Dinge auszusprechen, die Punkte anzusprechen, die dich in den vergangenen vielen Jahren so gequält haben.

Am Ende wirst du der Person, die dich so sehr verletzt hat, die Absolution geben, du wirst ihr verzeihen und ihr ganz deutlich sagen, dass du ihr verzeihst. Ich weiß, es ist nicht einfach, jemandem zu verzeihen, der einem so weh getan hat, und doch ist es nötig, dies zu tun. Auch dabei darfst du weinen, wenn dir dazu zumute ist. Um deine Last endgültig abzulegen, musst du zuvor die Last dieser Person abnehmen. Du hattest zuvor die Möglichkeit, die Person, die es betrifft, zu belehren, ihr alles zu sagen, was dich so sehr beschäftigt und verletzt hat. Doch nun ist der Zeitpunkt gekommen, darüber das ewige Licht des Friedens zu entzünden. Nun ist der Zeitpunkt gekommen, allen die

Last der Vergangenheit abzunehmen, dir und allen daran beteiligten Personen.

Die Affirmation dazu:

DU WEISST, ES WAR NICHT AUFRICHTIG, WAS DU GETAN HAST.
DU HAST MICH ÜBER VIELE JAHRE SEHR VERLETZT, NUN BIN ICH
ZU DIR GEKOMMEN, UM DIR ZU VERZEIHEN.

Ich weiß, diese Zeremonie kostet dich sehr viel Kraft und Überwindung. Und nun ist der Zeitpunkt gekommen, dass du die Zeremonie zu Ende führst. Du hast verziehen und hüllst nochmals die visualisierte Szene vor dir in helles, reinigendes, geheiligtes Violett. Die anwesenden Seelenfunken der beteiligten Personen werden wieder an ihren ursprünglichen Ort zurückkehren, sobald du sie aus der Zeremonie entlässt.

Zum Abschluss besinnst du dich wieder deiner eigenen Person, du lauschst erneut in die Weite deines geheiligten Inneren und sprichst erneut die Worte: „ICH LIEBE DICH!". Wenn du die Sicherheit gewonnen hast, dass dich deine Worte, deine Liebe auch tatsächlich erreicht hat, darfst du wieder aus der Meditation aussteigen und zurückkehren.

Ich weiß, es handelt sich um eine sehr starke, sehr mächtige Zeremonie, aber auch um eine sehr wirkungsvolle. Wenn du dir unsicher bist, ob du diese Zeremonie allein machen möchtest oder nicht, dann ist es auch möglich, dich von einer Person deines Vertrauens begleiten zu lassen. Sie soll sich mit dir in die Meditation begeben und dich, während du die Zeremonie durchschreitest, mit ihrer liebevollen Energie begleiten und überstrahlen. Sie soll dich erst nach deinem Ausstieg aus der Zeremonie umarmen, sonst würde es dich von deinem Vorhaben ablenken und es beeinflussen. Mit Begleitung sprichst du die Zeremonie laut, wenn du allein bist, ist es auch möglich, sie nonverbal durchzuführen.

Das Alter ist also einerseits ein Abschnitt der Rückschau, der Reparatur, des Verzeihens – auch sich selbst gegenüber. Es soll aber auch weiterhin ein aktiver, fordernder Lebensabschnitt sein. Wie oft höre ich, dass sich etwas nicht mehr lohnen würde, man sei schon zu alt dazu. Welch ein Irrtum! Es ist nie zu spät für die Realisierung einer Idee, für die Erfüllung eines Herzenswunsches, der oft nach Jahrzehnten wieder aufkeimt. Die Aufgabe ist es, sich nicht älter zu machen, als man tatsächlich ist. Die wahre Aufgabe ist es, sich der Aktivität zu verschreiben, allerdings nicht der alles verdeckenden Aktivität. Wie viele Menschen sind nur deshalb sehr aktiv, um sich nicht mit sich selbst, mit ihrem Leben beschäftigen zu müssen. Sie lenken sich durch Aktivität ab und sind abends zu müde, um sich selbst zu spüren. Wenn ich also von „Aktivität" spreche, dann von einer sinnvollen, zielgerichteten Aktivität, die dir auch die Energie, die Spiritualität, die Zeit, die Luft lässt zu spüren, wo du stehst und was du tust.

Wer sich Zeit seines Lebens durch falsche Aktivität zuschüttet und damit verhindert, sich mit seinem eigenen Kern, mit seinem eigenen Leben auseinanderzusetzen, wird eines Tages aufwachen und vor einer Welle stehen, die einem den Grund unter den Füßen wegreißt und fortspült. Von einer Sekunde zur anderen verliert man den Boden unter den Füßen und wird mit quälenden Sinnfragen bombardiert. Es entsteht ein Durcheinander, eine Vernebelung, eine Panik. Wer seine Aufgaben in seinem Lebens und aktiv, wachsam ins Alter geht, wird sehr bewusst altern und diesen Prozess als weniger schmerzhaft empfinden als Menschen, die sich bis zuletzt mit falsch verstandener Aktivität zuschütten. Wer bewusst mit beiden Beinen im Leben steht, wird nicht umgerissen. Wer seine Beine nicht fühlt und sich deren schon lange nicht mehr bewusst ist, wird möglicherweise seinen Halt verlieren und letztlich nicht mehr wissen, wo oben und unten ist.

Auch im Alter ist man als Mensch nicht fertig entwickelt. Richtig ist, dass du bis zum letzten deiner Tage lernst, aufnimmst, dich weiterentwickelst. Du durchschreitest unterschiedliche Stufen deiner inneren Weisheit und deiner Lerneinheiten. De facto werden sie nie abgeschlossen sein. Die Frage, die sich in den Jahren stellt, ist immer nur diese: WIE WEIT BIST DU IN DEINER ENTWICKLUNG? Und die Stufen sind so mannigfaltig. Visualisiere dir einen Baum mit seinen vielen Blättern. Siehst du die Unzahl der Blätter? So viele Blätter dieser Baum hat, so viele Entwicklungsschritte gibt es in einem einzigen Menschenleben. Sei also nie verwundert, wie viel du noch im Alter dazulernst, sei vielmehr dankbar, dass du noch immer imstande bist zu lernen. Der Prozess der Weiterentwicklung ist bis zu deinem letzten aller Tage nie abgeschlossen. Sei also bereit zu lernen, sei also bereit zu erkennen und öffne dein Herzchakra, um zu empfangen, was für dich bereitsteht.

Im hohen Alter merkt ihr, wie euch die Kräfte verlassen, wie ihr für Dinge, die früher ganz einfach waren, plötzlich viel länger braucht. Gerade im hohen Alter ist eine äußerst bewusste Energiearbeit vonnöten. Gerade im hohen Alter ist es nötig, sich täglich der bewussten Energieaufnahme zu widmen. Über gute Energiearbeit ist es möglich, den Verfall des Körpers zu bremsen und rüstig sehr alt zu werden. Ich zeige euch jetzt eine Möglichkeit, eure Energien sehr rasch zu potenzieren.

Meditation zur Potenzierung deiner Energien

Nimm eine bequeme Körperhaltung ein und schließe deine Augen. Mit geschlossenen Augen blickst du dich nun um. Vor dir befindet sich ein Berg. Er steht so, dass du den Gipfel gut erkennen kannst, ohne starr nach oben zu blicken. Auf dem Gipfel erkennst du einen Kuppelbau. Nun breitest du deine Arme aus und du fliegst gleitend nach oben zu dem Kuppelbau. Dein Flug dauert nur wenige Sekunden. Jetzt landest du vor dem geheimnisvollen Bau, und sobald du vor seinen Toren stehst, öffnen sie sich. Du betrittst eine wunderschöne Halle. Sie ist in deinen Lieblingsfarben ausgestattet, einfach, minimalistisch und doch sehr kostbar. In der Mitte des Raumes befindet sich genau unter der Kuppel ein hohes Bett, es sieht beinahe aus wie ein Altar. Es ist beides, ein Energiealtar und ein Bett aus Edelsteinen. Erhebe dich nun wieder sachte in die Luft und lande auf dem Bett. Lege dich hin und drehe deine Handflächen nach oben.

Deine Affirmation dazu:

Ich öffne meine Chakras und beginne mit dem Energietransfer. Ich spüre, wie meine Chakras nun die reine Energie, die mir geschickt wird, aufnehmen.

Nun gibst du dir zehn, vielleicht fünfzehn Minuten Zeit und nimmst weiterhin wahr, wie du mit wertvollen Energien beschickt wirst. Wenn du merkst, dass eine Sättigung eintritt, affimierst du folgenden Satz:

Ich bin gestärkt und voller wertvoller Energien. Meine Chakras dürfen nun wieder wie gewohnt laufen. Ich danke für die stärkenden Energien und verneige mich. Danke!

Du bleibst nun noch ein wenig auf dem Energiealtar, deinem Bett liegen. Wenn du möchtest, kannst du dich etwas umblicken. Genieße die wundervolle Atmosphäre dieses Tempels, und gib dich ihr hin. Lasse dich bewusst noch ein wenig von den Edelsteinen unter dir umschmeicheln. Sie richten dich und deine Energien aus. Der Vorgang kommt einer raschen, effizienten, spirituellen Reparatur gleich.

Wenn du bereit bist, erhebst du dich wieder fliegend von deinem Bett und fliegst in Richtung Tor. Es wird sich wieder öffnen. Du fliegst weiter zu deiner Ausgangsposition und siehst jetzt wieder den Berg und seinen Kuppelbau vor dir. Nun darfst du die Augen öffnen und in den Raum zurückkehren, in dem du dich gerade befindest.

Wenn du diese, von mir beschriebene, so einfache Übung einmal täglich gewissenhaft durchführst, dann wirst du nie und nimmer ohne Energien sein. Dann wirst du dir deine Vitalität bewahren und sehr viel Freude an deinem Leben haben – auch im hohen Alter.

Es ist so einfach, sich eine gute, wertvolle Basis zu schaffen, es bedarf nur des alten, geheimen Wissens, und es ist unsere Aufgabe, euch dieses Wissen immer wieder zu vermitteln. Würde dies nicht geschehen, müsstet ihr immer wieder von vorn anfangen. So kann eine gewisse Kontinuität aufrechterhalten werden, und die Entwicklung jedes Einzelnen von euch schreitet rascher voran.

*

Es ist mir ein großes Anliegen, zum Elternverhältnis einige Worte zu sagen. Wie oft bleiben Prozesse zwischen deinen Eltern und dir unausgesprochen. Jeder denkt sich seinen Teil, deine Eltern, du dir, und niemand spricht an oder aus, was ihn bewegt. Ich schätze Familien, die einen sehr offenen Umgang miteinander pflegen und in der Lage sind, die Dinge beim Namen zu nennen. Ich schätze Familien, in denen ein aktiver, offener, verständnisvoller und kommunikativer Austausch stattfindet. Es entstehen dadurch weniger Missverständnisse, und wenn man mit seinen Worten achtsam ist, wird man auch selten verletzen.

Wie viele unter euch haben ein schlechtes Elternverhältnis. Vieles wird nicht angesprochen, dabei wäre es oft hilfreich, bestehende Unklarheiten zu beseitigen. Wie oft gehen die Eltern ins Jenseits hinüber und plötzlich fehlt die unmittelbare Auseinandersetzung mit ihnen, es fehlt jede Möglichkeit, das Versäumnis nachzuholen. Interessant dabei ist, dass dich diese Versäumnisse bis ins hohe Alter begleiten, bis zu deinen letzten Stunden. Gerade die Versäumnisse zwischen deinen Eltern und dir lassen dich nicht los und geben dir viele Denkaufgaben. Selbst wenn deine Eltern schon bei uns im Jenseits sind, ist es keinesfalls notwendig, auf eine Kommunikation mit ihnen zu verzichten. Selbst jetzt hast du alle Chancen, mit ihnen Unausgesprochenes zu besprechen und Missverständnisse geradezurücken. Du hast auch die Möglichkeit, um Vergebung zu bitten. Nachstehend möchte ich dir eine wichtige Zeremonie mitteilen. Mit dieser kannst du in Bezug auf deine Eltern vieles zurechtrücken. Zögere nicht, tu es!

Anleitung zur Harmonisierung der Elternteile

Du befindest dich in einer bequemen Position, schließt deine Augen und begibst dich in deinen innersten Raum. Dort fühlst du Frieden, Stille, Wärme und Liebe. Um diese Liebe, genauer gesagt, um die Elternliebe geht es nun. Die Liebe, die du in harmonischen Stunden für deine Eltern empfunden hast. Dabei spielt nun keine Rolle, ob es danach unverrückbare Zwistigkeiten zwischen euch gegeben hat. Du spürst nun die Liebe, die du ausschließlich für deine Eltern in dir hast.

Du visualisierst nun deine Eltern und nimmst dir dabei genügend Zeit. Das Bild deiner Eltern wird immer stärker, so stark, dass du direkt ihre Präsenz spürst. Dies ist der Zeitpunkt, an dem je ein Seelenfunken von ihnen bei dir angekommen ist. Und nun bist du in der Lage, nonverbal oder wenn du es möchtest laut und deutlich mit ihnen all das zu besprechen, was dir noch am Herzen liegt. Sprich alles an, sprich alles aus, behalte nichts zurück. Nun hast du die absolute Möglichkeit, alles zu klären. Nimm dir auch dazu genügend Zcit und halte inne, wenn du innehalten möchtest, sprich, wenn dir nach sprechen ist. Deine Eltern stehen vor dir und hören dir geduldig zu. Wenn du Fragen hast, werden sie dir auf deine Fragen antworten. Manchmal wirst du die Worte von ihnen klar und deutlich hören, manchmal musst du die Fragen so stellen, dass sie mit einem „JA" oder „NEIN" zu beantworten sind, dann werden sie entsprechend der Antwort mit dem Kopf ein „JA" oder ein „NEIN" nicken.

Diesen Vorgang, diese Einladung an deine Eltern kannst du so lange wiederholen, bis du das Gefühl hast, dass jetzt alles gesagt wurde, es keine Unstimmigkeiten mehr gibt, dass das Verhältnis genau so zwischen euch ist, wie du es dir immer erträumtest.

Am Ende der Harmonisierungszeremonie hast du nun die Möglichkeit, so du es wünschst, deine Eltern in den Arm zu nehmen. Gehe in deinem innersten Raum zu ihnen und umarme sie, gib ihnen einen liebevollen Kuss, streiche ihnen über das Haar und sag ihnen, wie sehr du sie liebst. Lass den Quell der Elternliebe so richtig sprudeln, halte ihn nicht zurück und du wirst merken, welche Kraft ihr innewohnt. Du wirst merken, wie viel Energie du dir aus dieser, deiner Elternliebe mit in dein Leben holst.

Und wenn beim ersten Treffen noch so viel gesagt werden muss, dass es dir unmöglich ist, deine Eltern zu umarmen, ihnen deine Liebe zu schenken, dann wiederhole die Zeremonie Tag für Tag und so lange, bis ALLES ausgesprochen ist. Die Zeremonie ist dann zu Ende, wenn es zur finalen Umarmung kommen kann, wenn du in der Lage bist, deinen Eltern die wahre Liebe zu schenken.

Gleichzeitig werden dich auch deine Eltern in den Arm nehmen und dir ihre Liebe schenken. Es ist ein so unglaubliches Erlebnis, es ist ein so unglaubliches, unvergessliches Gefühl. Lasse dich darauf ein und versäume es nicht.

Gerade in einem der letzten Lebensabschnitte ist es äußerst wichtig, mit den eigenen Eltern Frieden geschlossen zu haben. Und wenn du dies viel früher tust, umso besser. Du wirst spüren, welche Energien sich dabei freisetzen und wie viele unzählige Blockaden plötzlich verschwunden sind. Mit den eigenen Eltern in Unfrieden zu leben heißt auch, viele Blockaden zu errichten. Du blockierst dich in deinem eigenen Leben, und es ist nicht eine Blockade, es sind mannigfaltige, die sich wie Wurfgeschosse über dein gesamtes Leben ausbreiten.

Genieße die Liebe, die du deinen Eltern schenkst und umgekehrt.

Schließe mit folgender Affirmation:

ICH LIEBE EUCH! UND ICH DANKE EUCH FÜR EURE LIEBE, DIE IHR MIR SO BEDINGUNGSLOS SCHENKT. DANKE!

Zu einer bedingungslosen Harmonie gehört auch oft eine Aussprache. Harmonie heißt keinesfalls, alles mit dem Mantel einer süßlichen Harmonie zu bedecken und damit vielleicht zu ersticken. Wir alle haben mit den Gaben unserer Kommunikation und unseres Verstandes auch die Pflicht übernommen, Dinge klar anzusprechen, nicht zu manipulieren, nicht zu tarnen, nicht zu täuschen und schon gar nicht unausgesprochen zu lassen. Wenn ich in der Lage bin, klar und unmissverständlich über die Dinge, die mich bewegen, zu sprechen, dann werden sie auch verstanden. Natürlich gibt es Menschen, die mit klarer Kommunikation nicht oder nur schwer umgehen können, sie haben die Lerneinheiten der Annahme und der klaren Kommunikation noch vor sich. ABER sei dir immer bewusst, dass klare Kommunikation bedeutet, mit großer Achtsamkeit zu sprechen. Ich verstehe unter klarer Kommunikation keinesfalls Brachialmethoden und ein Wegschieben der eigenen Verantwortung. Klare Kommunikation heißt, meinem Gesprächspartner mit Umsicht meine Sicht der Dinge darzulegen. Durch Kommunikation können Verletzungen entstehen. Es ist also deine Aufgabe, darauf zu achten und sie nicht entstehen zu lassen – so es in deiner Hand liegt.

Ich habe schon erwähnt, das Alter ist ein geeigneter Zeitpunkt, Versäumnisse nachzuholen. Auch wenn ich der Meinung bin, dass es erst gar nicht zu Versäumnissen kommen soll. Aber ihr seid Menschen und keine Maschinen und daher werden gerne anstehende Vorhaben zurückgestellt, vor allem, wenn sie sich als unangenehm herausstellen. Eine der größten Gaben der Menschheit ist die Möglichkeit, Unliebsames zu verdrängen, Dinge so lange in Schubladen zu verstecken, bis diese überquellen und ein Verstecken nicht mehr zulassen. Es bricht alles unbarmherzig auf, und für jeden Einzelnen besteht spätestens dann die Notwendigkeit, sich damit zu befassen. Ein weiteres Ignorieren würde dazu führen, dass der aufzuarbeitende Punkt immer stärker Besitz von euch ergreift und euch zu manipulieren beginnt. Das geschieht durch gedankliche Intensität, die euch die Kraft raubt, euch mit der Auflösung des anstehenden Punktes zu beschäftigen, und ihr letztlich Hilfe von außen braucht.

Übergang ins Jenseits

Franziskus von Assisi, wir waren bereits beim Alter, kommen wir an dieser Stelle zu den letzten Lebenstagen, kommen wir zum Tod. Teile uns bitte deine Gedanken zu diesem so wichtigen Lebensabschnitt mit.

Die letzten Tage des Lebens würde ich nicht differenzierter sehen als die Tage davor, die Tage, die das hohe Alter bezeichnen. Es ist dieselbe Qualität, derselbe Hintergrund, dieselbe Lebensaufgabe. Leben im „Hier und Jetzt" und doch auch immer wieder Rückschau halten, um zu bereinigen, was einer Bereinigung bedarf. Es gibt Menschen, die genau spüren, dass sie nur noch wenige Tage zu leben haben. Sie haben dadurch die Möglichkeit, sich mit ihrer gesamten ihnen innewohnenden Spiritualität auf den Übergang vorzubereiten. Ich nenne es nicht „Tod", ich bezeichne es als Übergang. Wäre es ein „Tod", dann würden wir nicht hinübergehen, sondern uns auflösen, auflösen in ein NICHTS. In Wahrheit ist es ein spiritueller Übergang von einer irdischen Grobstofflichkeit in eine sehr sehr sanfte Feinstofflichkeit. Es ist mir allgemein so ein großes, wichtiges Thema, dass ich mich jetzt und zu einem späteren Zeitpunkt nochmals dazu äußern möchte. Es kann nicht oft genug darüber gesprochen werden. Wir sprechen über alle Themen des Lebens beinahe unentwegt und nur dieses Thema, das Thema des Übergangs wird meist ausgespart. Es ist ein Abschnitt, über den nicht gern gesprochen wird, der in der Öffentlichkeit ein Tabu darstellt. Mir persönlich und allen aufgestiegenen Meistern ist dieser Abschnitt nicht minder wichtig als das Leben davor.

Du wirst mir zu Recht die Frage stellen, wie man sich auf den Übergang vorzubereiten hat, wenn man von ihm, dem Übergang, Kenntnis nimmt. Nun, die Antwort ist vielschichtiger als vermutet. Viele werden noch einmal Genüsse erleben wollen, die sie in guter Erinnerung haben. Sie möchten sie in ihrer Intensität noch einmal zelebrieren. Manche werden noch einmal mit einer bestimmten Person ein langes Gespräch führen wollen, sie noch einmal berühren und spüren wollen. Noch einmal mit ihr gewohnt Vertrautes erleben wollen. Noch einmal festhalten am Irdischen, noch einmal Eintauchen in alte, liebgewonnene Gewohnheiten.

Dies ist nicht die Vorbereitung, die ich meine, aber ich sage keinesfalls, dass diese Möglichkeiten keinen Platz finden sollten – im Gegenteil, wem genau danach ist, der soll es so erleben dürfen.

Meine Vorbereitung auf den Übergang sieht etwas differenzierter aus, sie erstreckt sich über mehrere Tage und endet mit dem erwarteten Übergang in das neue „Leben".

Zeremonie für den Übergang

Wenn du weißt, du hast nur noch wenige Tage zu leben, dann fasse in erster Linie Vertrauen zu dir, zu deiner Umwelt, zu den Menschen, die dich umgeben. Nachdem sie nicht wissen, was und wie du etwas möchtest, bist du gerade in den letzten Stunden aufgefordert, klare Anweisungen und Wünsche zu äußern. Alle Anweisungen und Wünsche können auch in einer Patientenverfügung festgehalten werden und sollen von einer Person deines Vertrauens vollzogen werden. Wichtig ist es, dass du dich darauf verlassen kannst, dass es genau so geschieht, wie du es zuvor festgelegt hast. Wichtig ist es, dass du eine Person deines Vertrauens hast, die dein zuverlässiger Interessenvertreter ist.

Woher weißt du, dass du nur noch wenige Tage zu leben hast? Durch Traumbotschaften, durch Besuche von vor dir hinübergegangenen Personen, und die dir nahestanden. Du weißt es durch eine immer manifester werdende Ahnung, die über wenige Stunden zu einer glasklaren, gut sichtbaren Erkenntnis mutiert und dann zur Bestimmtheit wird.

Nun beginnt ein wichtiger Abschnitt. Das physische Leben verliert nach und nach an Bedeutung, Psyche, Seele, die Astralebene gewinnen an Stärke und Wichtigkeit. Du beginnst, dich nach und nach in deinen innersten Kern zurückzuziehen, in deinen innersten, heiligen Raum, in dein persönliches Seelen-Zentrum.

Gerade in diesen Tagen wäre es wichtig, ausschließlich leichte Nahrung zu dir zu nehmen, meide Fleisch, erhöhe den Gemüseanteil und trinke lichtvoll. Es wird nicht lange dauern, und du wirst nur noch trinken wollen und dann auch das Trinken einstellen wollen. Wenn du bereits die Türe nach drüben vor dir hast, ist dir nicht mehr nach irdischer Kost, nach irdischen Getränken.

Stärke dich mit Gebeten. Es müssen keinesfalls Gebete sein wie dir in den Kirchen gelehrt wurden. Es können deine eigenen, ganz persönlichen Gebete oder Meditationen sein. Rufe zur Verstärkung die Personen zu dir, die vor dir den Übergang vollzogen haben. Sie sollen dir den Weg weisen und dich dabei unterstützen, angstfrei hinüberzugehen. Wie auch auf Erden ist es hier hilfreich, beim „ersten Mal" einen routinierten Begleiter um sich zu wissen. Du hast zwar aus deinen Vorleben sehr viel Wissen, es wird dir aber erst nach dem Übergang wieder zugänglich sein. Vor dem Übergang und im Übergang bist du eine rein menschliche Seele und in der Regel ohne der unmittelbaren Verbindung zu deinen Vorleben.

Wichtig ist dein unerschütterliches Vertrauen zu dir selbst und zu deiner Umgebung. Lasse dich durch nichts irritieren und bleibe stets bei dir. Manche Menschen auf dem Weg zum Übergang sind irritiert, sie haben Angst und bekommen Panik, sie können sich nicht auf das Wesentliche konzentrieren.

Als weltlicher Begleiter kannst du Unterstützung schenken, indem du sanft eine Hand dessen berührst, der gerade hinübergeht. Als weltlicher Begleiter ist es dir möglich, in Meditationen Erzengel, Lichtwesen, Vertraute anzurufen, um Unterstützung auf dem Weg hinüber zu geben.

Der tatsächliche Übergang beginnt, wenn sich vor dir eine Türe, ein Tor, ein Durchgang befindet. Er hat niemals dasselbe Äußere und ist sehr von Individualität geprägt. Wenn du bereit bist, gehst du auf das Tor zu und versuchst es zu öffnen. Es wird sich problemlos öffnen lassen, wenn deine Zeit gekommen ist. Es wird sich noch nicht öffnen lassen, wenn deine Aufgaben noch nicht gänzlich abgeschlossen sind. Habe Geduld und versuche es immer wieder. Habe Geduld und stelle ruhig die Frage: „WELCHE AUFGABE IST NOCH OFFEN?" In der Regel wirst du spätestens jetzt eine klare Antwort darauf bekommen. Es ist meist eine Angelegenheit, die dich sehr oft beschäftigt hat, der du dich aber nicht nähern wolltest, ein offener, wunder Punkt, eine Vergebung oder Ähnliches. Nun hast du zum vorläufig letzten Mal die Möglichkeit, dich diesem Punkt zu nähern und ihn von allen Seiten zu betrachten, ihn zu lösen.

Nütze die Zeit bis zum Übergang damit, dich immer wieder in deinen innersten Raum zurückzuziehen. Sieh ihn als deine persönliche Kapelle an, in der du dir noch Energien holst für den Übergang. Hier kannst du in Ruhe meditieren, hier kannst du dir in Ruhe einen lichtvollen, energetischen Mantel umlegen, der dich für den Übergang stärkt und dir Schutz gibt. Wenn du so weit bist, näherst du dich wieder dem Tor und vergewisserst dich, ob es sich öffnen lässt.

Der Zeitpunkt des Überganges ist gekommen, wenn du das Tor vor dir öffnen kannst oder es von denjenigen geöffnet wird, die du um Unterstützung gebeten hast und die dich jetzt abholen. Das ist der Zeitpunkt, von allem irdischen Leben loszulassen. Das ist der Zeitpunkt, an dem du eine enorme Leichtigkeit in dir verspürst. Eine Leichtigkeit, die dich schweben lässt, die dir all die Lasten, die du vielleicht noch spürtest, von einer Sekunde zur nächsten von dir nimmt.

Jede Seele erlebt den Übergang ein wenig anders. Es hängt von zahlreichen Faktoren ab, von der eigenen Spiritualität, jede Biografie malt ihre eigenen Bilder und zieht ihre eigenen Erkenntnisse aus dem, was sie gerade vor sich sieht. Hier ein Beispiel: Wenn du etwas betrachtest, ein Bauwerk, ein Gemälde, ein Kunstwerk, dann siehst du es oft mit ganz anderen Augen als deine Begleitung. Dies fällt besonders auf, wenn es darum geht, es zu beschreiben oder die Eindrücke, die beim Betrachten in einem auftauchen. So ist es auch beim Übergang. Mein Tor war ein sehr einfaches Tor aus dunkelbraunem, leicht abgeschlagenen Holz, mit einer sehr einfachen, leicht rostigen Türklinke. Ich lebte mein Leben einfach und dementsprechend eröffnete sich mir das Tor zu meinem Übergang. Ich hörte von Menschen, dass ihr Tor ein sehr opulentes war, eines aus Gold und Edelsteinen, andere sahen eine einfache Glastüre vor sich mit mattem Glas und einer sehr zarten Klinke.

Was ich damit sagen möchte ist, dass du dem vertraust, was du siehst, dass du dir selbst vertraust und du mit dir selbst nicht in Widerspruch gerätst. Bleibe stets bei dir und mit dir im innigen Vertrauen. Vertraue darauf, was du siehst, vertraue darauf, was du tust, und öffne das Tor, die Türe vor dir im gefestigten Vertrauen, in gefestigter Liebe.

Hinüberzugehen ist leichter, als zur Welt zu kommen, denn bei der Geburt bist du auf Helfer angewiesen. Zum Zeitpunkt deines Überganges bist du so gereift, dass du es allein schaffst. Und wenn es dir leichterfällt, dann liegt es in deinen Händen, dir Helfer zu rufen, die mit dir diesen Weg gehen. Es liegt in deinen Händen, wie du diesen spannenden, einzigartigen Schritt gehen möchtest. Es bedarf keines besonderen Wissens, keines Trainings, vertraue einfach deiner Spiritualität und deiner Intuition. Generell möchte ich sagen, dass Spiritualität und Intuition als wunderbare Einheit, als wunderbares Paar anzusehen sind, sie gehören untrennbar zusammen. Wenn du ihnen Vertrauen schenkst, werden sie dich in allem, in allen Lebenslagen gut beraten.

Ich möchte noch einige Gedanken zum Übergang mitteilen. Es ergibt keinen Sinn, auf der Erde zu leben und eine immer größer werdende Sehnsucht nach dem Übergang in sich zu tragen. Es ergibt keinen Sinn, das Leben hier auf Erden zu vernachlässigen, weil der Übergang und das Danach das große Ziel ist. Jeder Einzelne von euch ist aufgefordert, im „Hier und Jetzt" zu leben. Jeder Einzelne ist aufgefordert, voll Freude, Liebe, Vertrauen, Zuversicht und Hoffnung in der Gegenwart zu leben. Es ist keinesfalls sinnvoll, das Leben zu versäumen mit Blick auf den Übergang. Dazu ist das Erdenleben nicht gedacht. Lebt voller Freude und Zuversicht, lebt vorausblickend und im Glauben. Dabei ist nicht der Glaube eurer Kirchen gemeint, sondern der persönliche Glaube, die persönliche Spiritualität, denn diesem Glauben, dieser Spiritualität wohnt die Kraft inne, sich nicht nur mit Gleichgesinnten auf Erden zu verbinden, sondern über alle ihre Grenzen hinaus.

Die wahre Aufgabe im Leben besteht darin, mit Freude und Zuversicht zu leben, mit Vertrauen und Liebe. Eine der wahren Aufgaben des Lebens ist es auch, aus dem Egoismus zu treten und Mitmenschen in sein Vertrauen und seine Liebe einzubeziehen. Auch wenn wir am Ende unserer Erdentage im Übergang vielleicht allein durch das Tor gehen, so sind wir niemals allein, wir sind immer eine Gesamtheit, eine gemeinsame große Energie.

Um diese gemeinsame Energie zu leben, entschloss ich mich damals, nicht allein durch das Tor zu gehen. Ich versammelte einige Menschen, Vertraute um mich, die mich mein Leben lang begleiteten und den Schritt in den Übergang vor mir vollzogen hatten. Diese Menschen versammelte ich um mich, und wir wurden uns unserer Gemeinsamkeit bewusst. Was ich damit keinesfalls sagen möchte ist, dass wir ausschließlich in der Gemeinsamkeit sind, NEIN, jeder von uns ist bei sich, in seinem innersten Kern, lebt in seinem innersten Raum und doch soll man sich der Gemeinsamkeit nicht verschließen. Es soll keinesfalls bedeuten, sich selbst zu verlieren und der Gemeinsamkeit Herberge zu sein. Es soll keinesfalls bedeuten, sich selbst nicht zu spüren, sich selbst nicht zu sehen, seinen eigenen Worten kein Gehör zu schenken. Gemeinsamkeit heißt NICHT sich zu vergessen. Gemeinsamkeit heißt vielmehr, sich in einer Gemeinsamkeit einzubringen, mit all seinen Facetten und aus vielen Einzelteilen ein Gemeinsames zu schaffen.

Denkt einfach daran, wie ein Haus aufgebaut ist. Aus vielen verschiedenen Materialien, aus zahlreichen unterschiedlichen Teilen, die zu einem Ganzen zusammengefügt werden, zu einem wunderschönen Haus. Viele der Teile könnten auch für sich wirken und ihren Sinn erfüllen. Den weitaus schöneren Sinn erfüllen sie jedoch in der Gemeinsamkeit, in diesem Haus.

Der Übergang soll fürs Erste beendet sein. Ich möchte mich nun anderen Themen widmen und gegen Ende noch einmal das Übergangsthema für euch aufnehmen.

Eigenliebe

Kürzlich begegnete mir eine Frau. Sie meinte, dass ihr Leben nicht so verläuft, wie sie es sich wünscht. Sie war sehr

*traurig, ratlos, orientierungslos. Ohne sich explizit in ihr
Leben einzuklinken, was möchtest du Menschen in ähnlichen
Situationen mitgeben?*

Ich möchte doch auch kurz etwas zu besagter Frau sagen, die
ich über ihre Schwingungen bis zu dir erfasse. Sie leidet an einem Syndrom, an dem Frauen sehr oft leiden, wenn sich ihre
Kinder verselbständigen, die Partnerschaft, aus welchen Gründen auch immer, nicht richtig rund läuft und der Partner nicht in
dem Maß greifbar ist, wie sie es benötigen. Es gilt, wieder einen
eigenen Lebenssinn zu finden. Es gilt, sich selbst wieder zu
spüren, wie ich es schon oft erwähnte, den eigenen Kern, sein
Innerstes zu erspüren, ganz bei sich zu sein, sich selbst die Liebe entgegenzubringen, die man über viele Jahre den Kindern,
dem Partner entgegenbrachte und sich selbst meist dabei aus
dem Fokus verlor.

Wenn die eigenen Kinder flügge werden, dann ist es ein Abna-
belungsprozess von einer langen, gemeinsamen Zeit, ein Abna-
belungsprozess in die Selbständigkeit auch auf Seiten der Mütter. Es gilt, sich wieder selbst zu entdecken, seine eigenen Bedürfnisse zu entdecken, Pläne zu haben, sich selbst weiterzuentwickeln und vieles mehr. Es ist ein umfangreiches Thema,
sein Leben über viele Jahre anderen Menschen zu verschreiben,
um nach einer langen Zeit wieder in die Eigenverantwortung, in
die Eigenliebe zu gehen. Die größere Übung wäre gewesen,
sich selbst nie aus den Augen zu verlieren, nie darauf zu vergessen, sich das notwendige Maß an Eigenliebe zu schenken. Ist es
doch so, dass ich von außen nur bekomme, was ich mir selbst
auch Wert bin. Liebe ich mich nicht, werde ich meist auch von
außen keine Liebe erhalten. Es ist eine Art energetischer Kreislauf, der bei dir selbst beginnt, und du tickst den Kreislauf an,
indem du dich selbst in die Arme nimmst und aufrichtig liebst.
Damit signalisierst du automatisch nach außen, es ist alles in
Ordnung, ich liebe mich, und ich bin bereit, auch von dir geliebt
zu werden.

Menschen, die sich ihrer Eigenliebe verwehren, signalisieren meist Distanz, auch innerhalb der Familie. Es ist unmöglich, jemanden im übertragenen Sinn in die Arme zu nehmen, der fortwährend signalisiert: „Komm mir nicht zu nahe." Es beginnt immer bei einem selbst. Wenn du merkst, es klemmt irgendwo und du kommst nicht weiter, dann beginne mit einer ausführlichen Eigenbeschau, sieh dich an und geh bis nach innen. Stelle dir die Frage, warum es klemmt, warum gerade nichts weitergeht, warum es so viel Stillstand um dich herum gibt, obwohl du Entwicklung möchtest. Du wirst sehr rasch einige Bremsklötze um dich herum finden, die du nur noch aufheben und neutralisieren musst. Sind die Bremsklötze erst entfernt, kann langsam aber stetig von dir Fahrt aufgenommen werden.

Wenn du einen Garten besitzt und ihn freudlos bestellst, vielleicht davon ausgehst, dass dieses Jahr ohnehin nicht viel wachsen wird, dann setzt du damit unbewusst Programm-Muster. Sie werden dazu führen, dass es ein freudloses Gartenjahr wird, vielleicht mit wenig Ertrag. Genauso verhält es sich mit der Einstellung zu dir selbst. Wie sollst du dich gut entwickeln, wenn du dich so skeptisch betrachtest und so viel an dir zu kritisieren hast. Eigenkritik ist gut, denn sie ist mitunter der Motor zur Veränderung, aber es soll eine realistische Eigenkritik sein, keine krankhafte, Blockaden schaffende. Du darfst vor dem Spiegel stehen und dich, deinen Körper, deine Seele annehmen. Du darfst vor dem Spiegel stehen und dich herzen. Du darfst vor dem Spiegel stehen und dich anlachen.

Merkst du, was passiert, wenn du dich anlachst? Es öffnen sich viele Blockaden gleichzeitig, denn Lachen öffnet, sich anzulachen bedeutet, sich anzunehmen, sich selbst gut zu verstehen. Jeder sollte am besten ein Duplikat von sich gegenübersitzen oder -stehen haben, um die vollständige Selbstannahme zu üben. Sich selbst annehmen zu können, mit allem, was an einem hängt, ist der Beginn der aufrichtigen Eigenliebe, der aufrichtigen Annahme. Wenn du in der Lage bist, dich selbst anzunehmen, dann wirst du dich mit einem Mal auch besser verstehen.

Grundlos Trauer in sich zu tragen, ratlos zu sein, ohne Energie, Mutlosigkeit, das sind Symptome, die durchaus einmal auftauchen. Für ein, zwei, vielleicht drei Tage ist das in Ordnung, viel länger aber nicht. Dauert es wesentlich länger, zieht dieser Zustand tiefe Furchen in dir. Diese vertiefen sich mit jedem zusätzlichen Tag und werden immer tiefer, bis es kein Heraus mehr gibt. Danach gilt es, sich ordentlich zu strecken, um eine Stelle zu finden, an der du dich herausziehen kannst. Bevor es so weit kommt, solltest du dir die Frage stellen, was denn der Grund der Trauer und Mutlosigkeit sein kann. Erforsche dein Innerstes, dein Gewissen sehr genau. Suche nach einer potenziellen, schlüssigen Antwort, hebe sie wie einen Schatz und nimm sie an dich, arbeite mit ihr, baue die Antwort in dein Verständnis ein. Nun sollte es dir möglich sein, wie an einer Leiter empor, in angenehmere Seinszustände zu gelangen. Oft reicht allein die Erkenntnis, um eine Besserung herbeizuführen.

Orientiere dich stets am Licht, denn wenn du nur ein wenig Licht in dir trägst, reicht es, um jeden Schatten zu beseitigen. Hüte die kleinste Lichtquelle in dir wie einen Schatz und halte sie gegen den Schatten, der dich so sehr bedrückt. Grundloser Niedergeschlagenheit ist mit einer bewusst eingeleiteten Energieaufnahme leicht entgegenzuarbeiten. Es muss nicht sein, dass du tagelang Trauer in dir verspürst und denkst, du müsstest dich jetzt ihr hingeben. Du bestimmst selbst, wer in dir haust, und es soll keinesfalls die Trauer sein. Freude und Zuversicht sollen dir Gesellen sein. Betrachte dich im Spiegel, nimm dich wahr und lächle dir zu. Gehe in die Selbstannahme und Selbstliebe und lächle dir fortwährend zu.

Zerstreuungen

Der moderne Mensch möchte unterhalten werden, wobei ich schätze, es gibt wenig Unterschied zu deiner Zeit, denn auch damals hast du dich in deinen jungen Jahren gern unterhalten lassen. Würdest du Unterhaltung in gut und schlecht einteilen wollen?

In meinen jungen Jahren ging es mir um pure Unterhaltung. Was zählte das Morgen, meine Freunde und ich lebten intensiv das Heute, als gäbe es keine Nacht, keine Ruhe, kein Morgen. Unterhaltung in „gute" oder „schlechte" Unterhaltung einzuteilen ist durchaus möglich, viel wichtiger ist mir jedoch der Umstand, dass es sinnvoll ist, nicht nur schwere, getragene Tage zu verleben, sondern sich auch ein wenig Unterhaltung zu gönnen. Es darf sein, dass man die Nacht zum Tage macht, es darf sein, dass man kurzfristig den Morgen vergisst. Was aber vermieden werden sollte, sind zweifelhafte Unterhaltung, die ihr am folgenden Tag bedauert. Ihr sollt durchaus feiern, euch unterhalten, frei und fröhlich leben, aber keinesfalls so enthemmt, dass ihr Dinge tut, die euch am nächsten Tag reuen, oder die euch an eurem Verstand zweifeln lassen.

Was gibt es Schöneres, als mit Menschen, die einem nahestehen, ein ausgelassenes Fest zu feiern. Was gibt es schöneres, als sich an Speise und Trank zu laben, wunderbare Gespräche zu führen und das Jetzt zu vergessen. Liebend gern würde ich nun mit erhobenem Zeigefinger vor euch stehen und dazu sagen „mit Maß und Ziel".

In eurer Zeit ist es sehr einfach, an Unterhaltung zu gelangen. Ihr setzt euch vor den Fernseher und lasst die ganze Welt zu euch kommen. Stunden könnt ihr davorsitzen und euch dem hingeben, was euch vorgesetzt wird. Hier bitte ich euch, so ihr willige Opfer der Sendeanstalten seid, von eurem Fernsehkonsum etwas Abstand zu nehmen und äußerst selektiv bei der Auswahl eures Programms vorzugehen. Ihr verliert wertvolle Zeit für sehr wenig Angebot, das sollt ihr euch vor Augen halten.

Ich sehe Menschen, die Tage vor ihren Fernsehern sitzen oder liegen und ihr eigenes Leben dabei vergessen. Oft ist es bequemer, leben zu lassen, als selbst zu leben. Es kommt dann allerdings eines Tages der Punkt, an dem es notwendig ist, das Leben wieder in die Hand zu nehmen, und dies erfolgt dann mit viel Mühen. So wie man früher den Völkern „Brot und Spiele" zur Verfügung stellte, um sie bei Laune zu halten, gibt es jetzt bei euch Fernseher, deren Programm vieles vergessen lässt.

Selbst das Internet soll bewusst benutzt werden. Viele Stunden über Tage auf Seiten zu verbringen, die es nicht Wert sind, belebt zu werden, lohnt nicht. Auch hier empfehle ich eine äußerst selektive Vorgehensweise. Generell ist besagte selektive Vorgehensweise auf das gesamte Unterhaltungsspektrum umzulegen.

Unterhaltung ja, aber bewusst erlebt. Es soll nicht sein, dass Monate und Jahre eines Lebens für so wenig Wertvolles verschwendet werden. Die Aufgabe ist eine andere, denn eure Seele ist nicht hier auf Erden, um sich via Fernsehen oder Internet im Dauerzustand berieselnd unterhalten zu lassen.

Auszeit

Zum vorhergehenden Thema passt ja ganz gut die nächste Sinnfrage. Für viele stellt sich jährlich die Frage, wo und wie der kommende Urlaub verbracht werden soll. Gibt es aus der geistigen Welt darauf eine Antwort, wie der ideale Urlaub auszusehen hat?

Die Antwort steckt in Wahrheit in jedem von euch. Urlaub ist so typabhängig und so unterschiedlich, wie auf einer Wiese Pflanzen wachsen. Nahezu jeder von euch hat ein anderes Urlaubsbedürfnis. Geht es nach mir, würde ich jedem einen spirituellen Lehrgang mit lichtvollen Menschen empfehlen. Für manche wäre es allerdings. wie ein Gefängnisaufenthalt, denn sie sehnen sich nach Sonne, Meer, Faulenzen, gutem Essen. Urlaub darf auch banal sein, denn es gilt doch, innerhalb kurzer Zeit die Batterien aufzuladen.

Doch wie oft gelingt es gerade im Urlaub nicht, sich zu erholen und sich die notwendige Aufladung zu sichern? Selten verbringt ihr so viel Zeit mit euren Partnern wie im Urlaub und gerade dies kann ein ordentlicher Knackpunkt für den Urlaubsfrieden sein. Im Urlaub brechen unausgesprochene Punkte unbarmherzig auf, die während der Zeit zu Hause bequem unter den Teppich gekehrt werden konnten. Im Urlaub sind sie da und wollen besprochen werden. Das geht wiederum kaum, denn Urlaub bedeutet Müßiggang, Urlaub bedeutet, die Seele baumeln zu lassen und gerade in dieser Zeit können unmöglich Partnerprobleme bearbeitet werden, noch dazu, wenn vielleicht Kinder anwesend sind. Für die meisten Partnerprobleme ist gerade der Urlaub tatsächlich der schlechteste Zeitpunkt, sich ihnen anzunähern, um sie zu lösen. Dazu ist die Erwartungshaltung „in die schönste Zeit des Jahres" zu hoch. Richtig wäre es, Probleme in der Partnerschaft anzusprechen, wenn sie präsent sind, also sofort. Aber ich schweife ein wenig ab, es geht doch um den Urlaub.

Jeder fühlt sich zu „seinem" Urlaub hingezogen und den soll er erleben, denn es ist der richtige für ihn. Vielleicht habt ihr einmal das Experiment gewagt und eure Partner zu Urlauben überredet, die sie nicht wollten. Sie werden auch in der ihnen fremden Umgebung gut ausspannen können, aber sie werden diese Zeit nicht als „ihren" Urlaub betrachten. Nicht selten verläuft quer durch eine Partnerschaft eine Linie, die nach unterschiedlichen Urlauben verlangt. Der eine möchte eher Städteurlaube, der andere viel lieber Sonne, Sand und Meer. Und ich befinde mich schon wieder mitten in den Partnerschaften, und das resultiert vermutlich daher, weil man doch selten allein auf Urlaub fährt.

Eine Urlaubsempfehlung, ganz aus meinem Herzen, wäre folgende: Wenn gebummelt werden möchte, dann soll ein Urlaub verbummelt werden, egal wo. Der nächste Urlaub, er kann ohne weiteres kürzer sein, soll der persönlichen Weiterentwicklung dienen und „etwas mühevoller" sein. Zum Beispiel in Form des zitierten Städteurlaubes, ein interessantes Seminar für die Persönlichkeitsentwicklung, der Besuch von „Kultstätten" (Himalaja-Region, Indien, Peru, Brasilien, Australien, Island u. v. m.).

Urlaub soll ab und zu ein klein wenig auch Verpflichtung sein. Die Verpflichtung, sich weiterzuentwickeln, die Verpflichtung, neue Ebenen der eigenen Persönlichkeit zu erforschen. Die meisten von euch kennen in Wahrheit nur einen kleinen Bruchteil von sich selbst. Oft ist gerade einmal ein gutes Drittel erforscht, alles andere liegt in einem dicken, zähen Nebel, ganz so, als wäre hier nichts mehr vorhanden. Aber dies soll am besten Gegenstand einer neuen Frage sein.

Persönlichkeitsentwicklung

Dann bleiben wir gleich bei dem von dir vorgeschlagenen Thema und widmen uns den Nebelregionen unserer Persönlichkeiten, unseres Lebens, unserer Seele.

Es soll euch Auftrag sein, mehr von euch zu wissen. Wie gerade erwähnt, ihr kennt oft gerade erst einmal ein gutes Drittel eurer Person. Der Rest existiert für euch nicht. Ihr wisst nicht, dass direkt im Nebel, der so dicht wie eine Wand wirkt, so viel mehr von und über euch versteckt ist. Andere, die diese Schritte längst gegangen sind, wirken auf euch wie Übermenschen mit außergewöhnlichen Fähigkeiten. Dabei wirken diese aus denselben Ressourcen, die den meisten von euch auch zur Verfügung stehen.

Was ist der Beginn? Mauern, nichts als Mauern zu betrachten und sich die Frage zu stellen, was sich hinter den eigenen Mauern verbirgt. Ich fordere jeden Einzelnen von euch auf, Mauern mit Neugierde und Aufgeschlossenheit zu begegnen. Es gäbe niemals Entwicklung und Fortschritt, wenn Wissenschaftler und

Forscher Mauern akzeptieren würden. So bitte ich auch euch, blickt immer dahinter. Wenn ihr glaubt, an einem Ende angekommen zu sein, schärft euren Blick, schärft eure Sinne, blickt und fühlt dahinter, setzt einen Schritt nach dem anderen und geht weiter. Bleibt keinesfalls stehen.

Ihr nutzt nur einen kleinen Bruchteil eures Ichs. Glaubt ihr, dass nur ein unglaublich kleiner Teil der Menschen mit uns in Verbindung treten kann? Glaubt ihr, dass nur dieser kleine Teil die Anlage dazu hat, mit uns zu sprechen? Glaubt ihr, es ist ausschließlich ausgewählten Menschen erlaubt zu heilen und „Wunder" zu wirken? Glaubt ihr, es ist eine Ausnahme, bewusst Astralreisen zu unternehmen? Dies alles liegt in euch, ihr müsst es nur entdecken, indem ihr die Mauern vor euch nicht als solche akzeptiert. Geht in kleinen Schritten weiter und macht euch mit dem, was in euch liegt, vertraut. Jeder von euch hat es in Händen, förmlich über sich selbst hinauszuwachsen. Das geschieht automatisch, so wie ihr im täglichen Leben Schritt für Schritt vor euch setzt. Vertraut euch selbst, vertraut unseren Auskünften, vertraut dem Leben und der geistigen Welt.

Wie sollt ihr konkret vorgehen, um euch zu erforschen? Oftmals benötigt ihr Hilfe und Inspiration von außen. Ihr lasst euch sozusagen von Menschen an die Hand nehmen, die schrittetechnisch gesehen weiter sind als ihr. Überprüft, vielleicht sogar über Dritte, die Zuverlässigkeit derer, die euch begleiten sollen. Lasst euch dann von ihnen entwickeln und inspirieren. Schreitet dabei ohne Zweifel voran. Zweifel hemmen, Zweifel machen blind, Zweifel lassen euch stagnieren. Möglicherweise wird jedes neue Kapitel einen neuen Helfer, einen neuen Führer brauchen. Werdet nicht müde darin, für jede einzelne Etappe den passenden Begleiter zu finden. Sie werden euch wie „zufällig" begegnen, ihr müsst sie nur bemerken und ansprechen und für euer Vorhaben gewinnen.

Ist es möglich, sich und die unbekannten Welten in einem selbst zu erforschen? Ja, natürlich ist dies möglich! Aber: ihr braucht jemanden für eine Art der Supervision. Ihr benötigt einen Gesprächspartner, der euch an Erfahrung überlegen ist und euch Auskunft über eure Forschungen und Erlebnisse geben kann. Sich selbst zu erforschen bedeutet in erster Linie, sich der Meditation hinzugeben. Sich selbst zu erforschen bedeutet in zweiter Linie, in „inneren Reisen" sich selbst kennenzulernen. Sich selbst zu erforschen bedeutet weiter, neugierig wie ein erwachsenes Kind zu sein und sich nicht davor zu fürchten, neues Terrain zu betreten. Stellt euch zuvor die Frage, welches Thema ist mir heute wichtig? Wohin möchte ich mich entwickeln? Welche Menschen haben die mir bekannten Fähigkeiten? Wie möchte ich diese Fähigkeiten in mir entdecken?

Um dich besser orientieren zu können, stelle es dir einfach so vor: In dir selbst sind unzählige Räume. Viele davon sind dir bekannt, ein Vielfaches der Räume in dir hast du jedoch in diesem Leben noch nie betreten. Sie sind dir unbekannt und warten darauf, von dir erforscht zu werden. Sie sind nicht einmal abgeschlossen, du besitzt also die Möglichkeit, sie zu betreten, du musst sie lediglich aufsuchen. Nun liegt es an dir, dir darüber Gedanken zu machen, welche deiner Fähigkeiten du kennenlernen möchtest, welche deiner Fähigkeiten du dir erschließen möchtest.

In einer „inneren Reise" – ich werde sie später näher schildern – begibst du dich auf den Weg zu der Tür, hinter der diese Fähigkeit liegt. Wenn du sie durchschritten hast, betrachtest du den Inhalt des Raumes, du gehst spielerisch auf die darin enthaltenen Inhalte und Fähigkeiten zu. Und so, wie du dich bei neuen technischen Geräten damit vertraut machen musst, wie sie funktionieren, bist du auch hier und jetzt aufgefordert, dich mit der Funktion dessen bekanntzumachen.

Manche von euch werden „plug and play"-Anhänger sein, manche gehen analytischer an die Sache. Suche dir deinen eigenen, persönlichen Weg, wie du dir das neue Wissen in dir erschließen möchtest. Sei nicht scheu, es ist ein Teil von dir, ein bis jetzt noch unbekannter Teil, aber du bist es selbst. Scheue dich nicht, dich anzunehmen. Es ist unnötig, gehemmt zu sein, es ist unnötig, den Glauben „du hättest es nicht verdient" in dir zu tragen. Ich darf mich nochmals wiederholen, alles ist ein Teil von dir und wartet nur darauf, endlich von dir entdeckt zu werden. Es bedarf keinesfalls vieler Leben, um alle Türen geöffnet zu haben, es darf viel rascher gehen. Es liegt ausschließlich an dir, an deiner Neugierde, an deinem Abenteurertum, an der Selbstverständlichkeit, in deren Maßen du bereit bist, mit deinem Innersten umzugehen und die dir innewohnenden Gaben anzunehmen. Überwinde etwaige Zögerlichkeit und bereite dich auf eine spannende Reise in dein Innerstes vor.

Anleitung zur inneren Schulungsreise

Bevor du dich aufmachst zu einer inneren Reise, überlegst du dir, welche deiner Fähigkeiten du entdecken möchtest. Sind es Fortschritte in deiner spirituellen Energie, sind es heilerische Qualitäten oder andere Gaben? Es kann zum Beispiel auch eine innere Reise in die Kammer der Selbstreinigung sein. Es ist dir und deinem grenzenlosen Denken überlassen, wohin die Reise führen und niemals enden soll, weil du das, was du entdeckst, mit dir nimmst.

Wenn du dein Ziel vor Augen hast, nimmst du eine bequeme Position ein. Ich möchte dir empfehlen, dich auf den Rücken, auf die Erde zu legen. Liege bequem und so, dass du es mindestens eine Stunde aushalten kannst. Nun lässt du dein Alltagsbewusstsein hinter dir und gleitest in einen angenehmen Entspannungszustand, indem du von eins bis zwanzig zählst und mit jedem Zählen etwas stärker in die Entspannung rutschst. „Eins, ich bin entspannt, zwei, ich bin entspannt ... usw." Bei zwanzig bist du absolut entspannt und befindest dich plötzlich vor einer Türe, es ist ein Lift. Die Türe öffnet sich und du trittst in den Lift ein, du fährst viele Stockwerke nach oben. Dabei merkst du auch, wie du leichter wirst, unbeschwerter, voller Freude und Neugierde. Der Lift bleibt stehen und die Lifttüre öffnet sich. Vor dem Lift erwartet dich dein spiritueller Begleiter. Er beschützt dich. An ihn kannst du dich mit jeder deiner Fragen wenden, es ist ihm erlaubt, dir Auskunft zu geben. Er wird dich immer zu deinen Räumen begleiten, die es von dir zu erforschen gilt. Dein spiritueller Begleiter wird dir in Krisensituationen beistehen und dich wieder sicher zum Lift zurück begleiten. Vertraue ihm und lasse dich von ihm in aller Liebe führen.

Nun geht ihr gemeinsam einen Gang entlang, es ist ein Gang mit unzähligen Türen. Vor der Türe deiner Wahl bleibt ihr stehen. Du hast dein Interessenthema zuvor festgelegt und findest hinter dieser Türe deine Einführung in das Thema. Den Raum betrittst du allein, dein Begleiter wartet vor der Türe und wird nur eintreten, wenn du nach ihm verlangst. Du öffnest die Türe zum Raum und siehst in der Mitte des Raumes eine Edelsteinliege. Der Rest des Raumes ist verhältnismäßig nüchtern. An den Wänden befinden sich energetische Zeichen und Formen. Sie werden dafür Sorge tragen, dass die Energien in deinem Raum sehr hoch sind. Hohe energetische Schwingungen tragen dich durch dein persönliches Lernziel.

Jetzt nimmst du auf der Liege Platz und machst es dir bequem. Die meisten liegen in ihren Lerneinheiten auf dem Rücken, du darfst dir aber deine Position selbst aussuchen, es kann der Rücken sein, eine embryonale Stellung oder was auch immer. Wenn du deine Position gefunden hast, besinnst du dich nochmals auf dein Thema und bittest um Antworten. Du besinnst dich wiederholt auf dein Thema und bittest um Führung. Bleibe unverkrampft und warte, was geschieht.

In der Regel wird ein sanftes Lernprogramm abgespult werden, das von seiner Struktur unterschiedlich ist, je nachdem für wen es gerade reproduziert wird. Es wird sehr stark auf die einzelnen

Bedürfnisse des Schülers eingegangen. Einmal ist es ein intuitives Programm, dann wieder ein sehr klares, analytisches. Jeder bekommt es in einer Form, in der er es am besten versteht und verarbeiten kann.

Wenn du meinst, eine Wiederholung zu benötigen, oder du viel zu wenig Zeit hast, um die gesamte Lerneinheit durchzugehen, gibt es die Möglichkeit zu unterbrechen und genau diesen Raum mit demselben Wunsch und Thema neuerlich aufzusuchen. Du kannst immer wieder herkommen, so lange, bis du dir sicher bist, diese Schulung verstanden und umgesetzt zu haben. Die Übermittlung erfolgt entweder intuitiv, in Bildern, in Filmen oder in Worten.

Am Ende bedankst du dich für die Führung und für das Vertrauen, das dir entgegengebracht wird. Du erhebst dich von der Edelsteinliege und begibst dich wieder zur Türe. Du öffnest sie und siehst wieder deinen freundlichen Begleiter. Er bringt dich den Gang entlang zum Lift und lässt dich allein einsteigen. Wenn du die Liftfahrt nicht allein machen möchtest, darfst du ihn bitten, dich zu begleiten. Du fährst mit dem Lift wieder hinunter, und wenn du den Lift verlässt, beginnst du wieder mit dem Countdown, diesmal umgekehrt: „Zwanzig, ich kehre wieder zurück und werde wach, neunzehn, ich kehre wieder zurück und werde wach, achtzehn ..." Am Ende des Countdowns befindest du dich zu hundert Prozent wieder in deinem Körper.

In den darauffolgenden Tagen besinnst du dich immer wieder deiner Lerneinheit und versuchst mit Geduld umzusetzen, was du gelernt hast. Habe etwas Geduld, meist steht ihr euch mit eurer Skepsis etwas im Weg und braucht erst kleine Erfolge, um zu sehen, wie gut die „Akademie der geistigen Welt" funktioniert. Du bist zudem immer wieder eingeladen, dich von uns nachschulen zu lassen. So lange, bis du dir vollständiges Vertrauen schenkst und umzusetzen verstehst, was du gelernt hast. Bleibe im Vertrauen und beseitige all deine Blockaden, damit du weitergehen kannst.

Eines wirst du sofort bemerken, dass die geistige Arbeit und das Studium, wie ich es dir soeben beschrieben habe, dich nicht müde macht. Ganz im Gegenteil, der Aufenthalt in jedem einzelnen Raum, auf den unzähligen Edelsteinliegen, wirkt auf dich wie ein Vitalitäts- oder Jungbrunnen. Generell empfehle ich dir auch, den Raum der energetischen Selbstreinigung in gewissen Abständen aufzusuchen, um dich von den Alltagslasten zu befreien. Es ist ein wunderbarer Service für deinen Körper, für deinen Geist und mit jedem dieser Services wird sich dein Schwingungsbereich verbessern und reinigen. Du machst es wie zuvor beschrieben, legst dich auf die vorbereitete Edelsteinliege und bittest um spirituelle Reinigung. Es ist dir dabei erlaubt, Probleme anzusprechen und sie ebenso der Reinigung zuzuführen.

Grundsätzlich sollte kein Thema existieren, das du nicht mit dir auf die innere Schulungsreise nehmen darfst. Dieses Programm eignet sich zur Bearbeitung vieler Disharmonien, auch jenen in Partnerschaften. Sei kreativ und probiere vieles aus. Du wirst verblüfft sein.

Haustiere

Kommen wir zu einem anderen Thema. Vor kurzem wurde ich von einer mir bekannten Frau gefragt, ob es sinnvoll ist, in der Stadt ein Haustier zu halten. Sie wünscht sich so sehr eines und ist sich nicht sicher, ob es einer Tierquälerei gleichkommt.

Wenn sie es sich so sehr wünscht, dann wird sie das Tier auch gut zu versorgen wissen, dann wird sie eine gute „Tiermutter" sein. Innige Wünsche sollt ihr euch erfüllen. Ist der Wunsch so innig, dann hat sich die Seele längst entschieden, aber euer Kopf kämpft noch. Du wurdest ja von dieser Frau nicht nur dazu befragt, sondern hast dieses Thema auch gechannelt und meine Aussagen von damals haben natürlich auch heute noch Gültigkeit. (Fanziskus schmunzelt sichtbar.)

Es gibt weniger die richtige oder falsche Wohnung für ein Haustier, es gibt aus meiner Sicht nur den geeigneten oder ungeeigneten Tierfreund und hier gilt es anzusetzen. Nicht jeder ist für eine Tierfreundschaft geeignet. Für manche ist ein Tier eine Prestigesache, das hat mit Tierfreundschaft wenig zu tun. Wenn das Tier nicht unmittelbar der Natur entnommen wurde, gibt es keinen Grund, es nicht in einer Wohnung zu halten. Natürlich meine ich Haustiere und keine Wildtiere aus Zuchtprogrammen. Es wird immer Wildtiere geben, die niemals für enge Räume geeignet sind. Daher kommt es hier auch immer wieder zu Tragödien, die meist darin enden, dass Wildtiere in der Natur ausgesetzt werden und dort unter schrecklichen Bedingungen zugrunde gehen. Ein Tier zu halten ist eine Verantwortung, und dieser müsst ihr euch bewusst sein. So wie ihr eure Kinder nicht abgebt, solltet ihr die Tiere nicht einfach abgeben, weil irgendetwas in eurer Beziehung zueinander nicht mehr stimmt. Viele ordnen Haustieren den Wert einer Ware zu, dem kann ich natürlich keinesfalls mit Entspannung zusehen, ich appelliere an die Verantwortung jedes Einzelnen, wenn es um wehr- und hilflose Tiere geht.

Manche Tierseelen verhelfen Menschen zu einer Entwicklung, die sie ohne deren Hilfe nicht erreicht hätten. Tierseelen können unendlich weise sein, auch wenn man es ihnen vielleicht nicht immer auf den ersten Blick ansieht, aber sie stehen uns um nichts nach. Es lohnt sich, ein Tier zu haben. Katzenbesitzer zum Beispiel wissen, wovon ich jetzt spreche, es lohnt sich, sich auf die Seele und Persönlichkeit eines Tieres einzulassen.

Anleitung zum Selbsttest

Die Frage, ob eine Wohnung oder ein Mensch für ein Tier geeignet ist, ist schnell überprüft. Stelle dich bei einem Selbsttest in die Mitte deiner Wohnung, visualisiere dir das von dir gewünschte Tier und höre in dein Inneres. In der Regel wirst du sehr schnell eine Antwort bekommen. Bei einer Befürwortung wird in dir ein inniges Wohlgefühl aufsteigen, so eine Art Liebesgefühl, bei einer Ablehnung werden Widerstände in dir aufsteigen, eine Ablehnung wird sich breitmachen.

Dieser Selbsttest ist sehr praktisch und einfach durchzuführen. Er funktioniert übrigens in Bezug auf vielerlei Dinge, vielleicht komme ich zu späterer Stunde noch einmal darauf zurück.

Tiere und ihr Stellenwert

Tiere sind dir seit jeher ein großes Anliegen, Franziskus.

Schon sehr früh begann ich mit Tieren zu sprechen, mit ihnen zu fühlen, ihre Anliegen zu verstehen. Zu meiner Zeit hier auf Erden hatten Tiere keine Lobby, kaum jemanden, der sie als das wahrnahm, was sie tatsächlich sind. Ihr dürft mich als ersten Wegbereiter des Tierschutzes sehen. Denn mir war es wichtig, jedem Tier in der damals vorhandenen Hierarchie der Menschen seinen Platz zu geben. Ich sprach erstmals darüber, dass auch Tiere Seelen besitzen, dass Tiere heilige Wesen sind und unsere Achtung verdienen. Kein Tier dieser Welt hat es verdient, achtlos zertreten, zerschmettert zu werden. Achtsamkeit gegenüber allen Tieren soll euer tägliches Anliegen sein.

In der heutigen Zeit verkommt das Tier so oft zur seelenlosen Ware, das Leben wird ihm genommen, wann immer es der Industrie, dem Menschen passt. Im Grunde ein äußerst barbarischer Akt, den ihr euch vor Augen halten sollt. Ein Tier beginnt keinesfalls erst durch die Ähnlichkeit mit dem Menschen seelenverwandt zu sein, nein keinesfalls, denn in jedem einzelnen Lebewesen auf dieser Erde lebt ein Funken von euch. In jedem einzelnen Lebewesen dieser Erde gibt es das universelle Bewusstsein, das kollektive Bewusstsein. Der Mensch erhebt sich zur Krone der Schöpfung, weil er glaubt, weiter und besser entwickelt zu sein als alle Wesen dieser Erde. Selbst wenn dem so wäre, ist ihm damit eine Menge Verantwortung übergeben worden. Seine Aufgabe ist es nicht, Herr über Leben und Tod in der Tierwelt zu sein. Seine Aufgabe ist es auch nicht, die Lebensräume der Tiere radikal zu vernichten. Ich sehe den Menschen in der Verbindung mit den Tieren eher als einen Wächter und Beschützer, einen Tiergärtner im positiven Sinn. Des Menschen Aufgabe ist es, sich dem Leben aller Tiere anzunehmen, um sie zu beschützen.

Mensch und Tier befinden sich in einem kollektiven, energetischen Kreislauf. Geht es dem Tier gut, wird es auch dem Menschen gut gehen. Erhebt sich der Mensch zum Mörder der Tiere, wird dieser so empfindliche energetische Kreislauf empfindlich gestört. Besagte Störungen sind wie energetische Erdbeben wahrzunehmen. Eine wundervolle Obsorge und Pflege der Tiere wirkt sich hingegen sehr positiv auf die uns alle umgebenden Kräfte aus, die Schwingungen nehmen zu und wir gelangen viel weiter in unsere bedingungslose Herzensliebe.

Mir erscheint der Hinweis wichtig, dass ihr euch in der Achtsamkeit gegenüber allen Tieren übt. Nicht einmal ein Insekt soll gedankenlos beseitigt werden. Ihr dürft euch von „Plagegeistern" erlösen, aber bittet das Tier dabei um aufrichtige Verzeihung. Denn es beginnt im Kleinen, wie ihr mit euren Taten und Gedanken umgeht, vergesst das nicht. Ehrt Tiere, als wären sie ein Teil von euch, denn ich sage euch, sie sind ein Teil von euch, sie sind ein Teil eures Bewusstseins. Bringt ihnen Liebe und ein entsprechendes Maß an aufrichtiger Wertigkeit entgegen, so wie ihr euch Selbstliebe und Selbstwert entgegenbringen sollt.

Verzehr von Fleisch

Dürfen wir dich um deine Ansichten zur Tierhaltung und zum Genuss von Fleisch bitten?

So wie ihr glücklich sein wollt, möchten auch Tiere glücklich sein. Ich sehe eine große Problematik in der tierquälerischen Massentierhaltung. Jeder Mensch, der klar bei Sinnen ist, sollte gegen die Massentierhaltung aufstehen und protestieren. Jeder Mensch, der gegen Tierquälerei ist, sollte sich klar gegen die Massentierhaltung aussprechen und deren Produkte boykottieren und sie niemals kaufen. Keinem Menschen auf dieser Welt steht es zu, Tiere zu quälen, um daraus Profit zu schlagen. Keinem Menschen auf dieser Welt steht es zu, wider der Vernunft zu agieren. Massentierhaltung macht nicht nur das Tier krank, sondern auch den Menschen, der das kranke Tier isst. Massentierhaltung ruiniert die Böden, das Wasser und den energetischen Kreislauf im Umfeld ihres Geschehens. Betrachtet man als hellsichtiger Mensch die Gebäude der Massentierhaltung, dann wird man sehen, wie belastet die Aura dieser Umgebung ist. Denn hier fehlt Gesundheit, Vitalität, hier fehlen all die prosperierenden Energien, die das gesunde Leben ausmachen. Wer sich der Massentierhaltung verschreibt, hat einen Pakt gegen die Gesundheit, gegen die Gesundheit der Tiere und gegen die Gesundheit der Menschen geschlossen.

Ich sage nicht, dass ihr Vegetarier sein sollt, ich sage nicht, dass ihr nur ernten sollt, was euch die Pflanzen freiwillig geben. Aber wendet der Massentierhaltung und ihren Produkten den Rücken zu. Sie mit einem Kauf zu unterstützen ist ein Fehler und belastet euch letztlich. Generell darf Ausbeutertum nicht der Rücken gestärkt werden. Es gibt in vielerlei Hinsicht Ausbeutertum, in der Tierhaltung, in der Ausbeutung der natürlichen Reserven. Dabei werden der Natur unvergängliche Narben zugefügt, Narben, die immer zwischen dem Menschen und der Natur stehen werden.

Jetzt werdet ihr mir vermutlich die Frage stellen, wie ihr euch am besten ernähren sollt. Nun, der Mensch ist ein Bestandteil der natürlichen Nahrungskette. Wäre der Mensch nicht bewaffnet, würde auch er Opfer werden und gegessen werden. Natürlich haben sich die Zeiten geändert und der Mensch erhob sich zur „Krone der Schöpfung". Diese Bezeichnung zitiere ich in voller Ironie. Ernährt euch bewusst und nicht ausbeuterisch.

Meidet Massenproduktionen von Gemüse und sucht euch zuverlässige Nischen, zuverlässige Lieferanten, die euch gutes, gesundes Gemüse liefern. Gemüse, auf Zellwolle gezogen, mag zwar sauber sein, aber allein der Geschmack sagt euch, dass etwas nicht in Ordnung ist. Gemüse soll Sonne sehen, so es nicht unter der Erde wächst, aber selbst dann sieht es durch seine Blätter Sonne und wird am Geschmack unübertrefflich sein.

Heutige Lieferanten drehen das Gemüsejahr, wie sie es wollen, es ist beinahe immer alles erhältlich. Hier sollt ihr euch die Frage stellen, mit wie viel Belastung für die Erde wurde dieses Obst oder Gemüse zu euch gebracht. Ist es nötig, Spargel zu Zeiten zu essen, in denen kein Spargel wächst? Ist es nötig, Obst und Gemüse rund um die Erde zu verfrachten, um es ständig verfügbar zu machen? Ich predige euch keinesfalls die generelle Enthaltsamkeit, natürlich darf es Ausnahmen geben, es soll jedoch nicht die Regel werden.

Wie sieht es mit dem Fleischkonsum aus? Wenn ihr unbedingt Fleisch essen möchtet, dann sollte es ein-, zweimal die Woche genügen, nicht öfter. Euer Organismus ist keinesfalls für mehr Fleisch gerüstet. Natürlich ist es möglich, ganz auf Fleisch zu verzichten, denn die Natur schenkt euch alles, was ihr braucht, in Form von pflanzlicher Nahrung. Menschen, die ausschließlich von pflanzlicher Nahrung leben, werden zudem sehr rasch merken, wie sich ihr Organismus säubert und wie sich deren Schwingungsfrequenz erhöht. Umgekehrt, wenn man einmal weniger sensitiv sein möchte, etwas mehr abgekoppelt, dann ist es ratsam, Fleisch zu essen, denn es erdet euch, macht ruhiger, unempfindlicher. Selbiges ist natürlich auch durch eine Meditation machbar, aber für manche ist es einfacher, Fleisch zu essen, als sich in einer geistigen Erregbarkeit meditativ erden zu lassen.

Fleisch soll sehr bewusst gegessen werden. Als es in Europa noch die Armut gab, wurde maximal einmal die Woche Fleisch gegessen, am Sonntag. Dadurch bekam es einen geheiligten

Stellenwert, es war kostbar und wurde geschätzt. Dies wäre auch heute der Stellenwert, den ihr dem Fleisch verleihen sollt. Fleisch soll kostbar bleiben, und wenn ihr es esst, dann sollt ihr es gebührend schätzen und dem Tier danken, dass sich euch mit seinem Fleisch hingibt. Bewusster Fleischkonsum bedeutet, dem Tier zu danken, das für euch sein Leben gelassen hat. Unter diesem Aspekt wird es euch übrigens auch viel leichterfallen, die Fleischeslust zu zügeln.

Weil es mir wichtig ist, möchte ich noch erwähnen, dass es erforderlich ist, auf seinen Körper zu hören, um zu wissen, was er braucht. Nehmt euch dazu täglich einige Minuten Zeit und hört in euren Körper hinein. Fragt ihn nonverbal, was er an Nahrung braucht, und bietet ihm einiges an Möglichkeiten an. Sehr rasch werdet ihr merken, wie aus dem Angebot eine Speise, ein Gemüse, eine Frucht herausblitzt. Wenn ihr mit eurem Körper eins seid, könnt ihr euch auf die Antworten, die er euch gibt, wirklich verlassen. Er wird euch täglich sagen, was ihr zu euch nehmen sollt, und in der Regel wird damit ein Mangel behoben werden. Wer mit sich im Einklang steht, ernährt sich bewusst und auch schmackhaft. Vertraut euch, euren Fragen, den Antworten eures Körpers, dann kann dabei nichts schiefgehen. Wenn ihr bereits längere Zeit mit eurem Körper darüber kommuniziert, was er braucht, werdet ihr auch rasch merken, dass sich euer Einkauf verändert, denn schon im Geschäft wird eine innige Kommunikation zwischen euch und eurem Körper stattfinden, er wird bereits an der Quelle sagen, was er gerade benötigt.

Chemische Zusätze in Nahrungsmitteln

Und wie steht es um die Chemie oder sonstige Zusätze im Essen?

Jeder, der mit sich und seinem Körper bewusst umgeht, wird sich sehr genau ansehen, was er einkauft, was er kocht und was er wie und in welcher Zusammensetzung isst. Es ist wichtiger denn je, sehr genau auf die Inhaltsstoffe eures Essens zu achten und Chemie, künstliche ungesunde Zusätze wegzulassen. Wozu braucht ihr Geschmacksverstärker, wozu braucht ihr Produktionsarten, die das Essen schädlich machen, wie gehärtete Pflanzenfette, Weichmacher und vieles mehr?

Ihr dürft der Ernährungsforschung vertrauen und es ist gerade bei der Ernährung sehr wichtig, wach zu sein, aufmerksam zu sein. Ich spreche nicht von gelegentlichen Ausnahmen, vielmehr spreche ich von anhaltendem Konsum von Produkten, die auf Dauer Gesundheitsschäden verursachen können. Wie viele Getränke gibt es auf dem Markt, die bei erhöhtem Konsum krank machen können, dabei spreche ich keinesfalls von den alkoholischen Getränken. Es gibt Gesetze, es gibt eine Lebensmittelkontrolle und doch gibt es unzählige Produkte auf dem Markt, die Schäden verursachen können. Es ist wichtig, über die Zusätze in den Lebensmitteln Bescheid zu wissen. Es ist wichtig, auch die Texte auf den Verpackungen durchzulesen und Produkte zurückzustellen, wenn sie von den Inhalten nicht passen. Es ist wichtig, MÜNDIG einzukaufen und sich nicht durch die Werbung berieseln und dirigieren zu lassen. Das Leben ist eine einzige Marketingmaschinerie und dieser müsst ihr euch entziehen, um zu eurem eigenen Urteil zu kommen. Essen kann krank machen. Dessen sollt ihr euch bewusst sein, umgekehrt kann Essen auch gesund machen. Dies liegt in euren Händen.

Wenn ihr die Möglichkeit eines Fleckchens Erde in gesunder Natur habt, dann darf ich euch auffordern, dieses Stück Erde aktiv zu nützen, um euch euer eigenes Obst und Gemüse zu ziehen. Was früher eine Selbstverständlichkeit war, wird heute beinahe ein wenig belächelt, die Kultivierung von eigenem Obst und Gemüse, wertvolle Nahrung mit unendlichen Energien und voller natürlicher Frische.

Ernährung ausschließlich durch Lichtnahrung

Ihr lebt auf dieser Erde in einem Körper, der im Vergleich zur unsterblichen Seele ein wahrer Panzer ist. Er ist verhältnismäßig schwerfällig und er hat seine Regeln, nach denen er gepflegt werden möchte, damit er euch den Dienst nicht versagt. Lichtnahrung darf dem Körper zusätzlich zu Nahrung und Flüssigkeit zugefügt werden. JEDER, der die Lichtnahrung als wirksames Mittel in seiner Ausschließlichkeit propagiert, macht sich schuldig an den Schäden, die dadurch entstehen. Der menschliche Körper ist keinesfalls dafür geschaffen, ohne Nahrung, ohne Wasser zu überleben, und jeder, der behauptet, ausschließlich von Lichtnahrung zu leben, ist ein Scharlatan. Ich sehe keinen einzigen Menschen auf der gesamten Erde, der nachhaltig ausschließlich von Lichtnahrung leben konnte. Ich sehe zahlreiche Versuche, ich sehe sehr viele Erkrankungen, die aus diesen Versuchen entstanden sind, und ich sehe Todesfälle, die aus Hoffnung und Unwissen entstanden sind.

Nehmt Lichtnahrung zu euch, ernährt euch mit dem heiligen, reinen, spirituellen Licht, aber tut dies zusätzlich zu eurer gewohnten Nahrung. Natürlich ist es möglich, einmal, zweimal oder vielleicht dreimal im Jahr einen Prozess zu leben und die Nahrung sehr stark, aber niemals komplett zu reduzieren, die Lichtnahrung zu erhöhen, aber keinesfalls die Flüssigkeit. Seht diesen Prozess als eine Form der spirituellen Diät, aber lebt sie im Vollbesitz eurer Verantwortung und im Vollbesitz eurer Wahrnehmung. Wer seinem Körper Schaden zufügt, der wird nicht glücklich werden. Spirituell reif zu sein heißt auch, seinen Körper zu lieben und ihm keinerlei Schaden zuzufügen. Ihr steht in der vollen Verantwortung eurem Körper gegenüber und müsst euch jederzeit darüber im Klaren sein, dass ihr nur diesen einen Körper im aktuellen Leben besitzt.

Träume und Schlaf

Franziskus, du hast mir im heutigen Vorgespräch angekündigt, dass wir uns unter anderem den Träumen widmen. Welche Rolle sie in unserem Leben spielen, wie sie zu deuten sind, was sie uns zu sagen haben.

Träume sind von allem ein bisschen etwas. Träume zu erklären, dazu bedarf es eines großen Bogens. Denn einerseits sind es Filme, die vor eurem geistigen Auge abgespult werden, es ist eine Art des Verarbeitens von Aufgaben. Andererseits sind es Filme, die weit in die Zukunft greifen und Dinge zeigen, wie sie geschehen könnten. Und als Drittes sind Träume ganz simple Ausflüge in andere Welten. Jeder Traum hat seine Botschaft. Jeder. Daher lohnt es sich, kurz nach dem Erwachen innezuhalten, um sich der Träume zu erinnern und zu versuchen, ihren Sinn zu entschlüsseln.

Nun der Reihe nach. Träume, die wie Filme vor eurem geistigen Auge abgespult werden und Aufgaben verarbeiten, beziehungsweise anstehende Probleme spiegeln, sind wie Überdruckventile. Wenn gar nichts mehr geht und ihr euch überlastet fühlt, dann gibt es diese Träume. In ihnen wird sehr viel be- und verarbeitet. In ihnen werden viele Probleme potenziellen Lösungen zugeführt. Daher ist es so wichtig, sich ihrer am nächsten Morgen zu erinnern. Während ihr schlaft, geschieht sehr viel. Eure Seele arbeitet auf Hochtouren, Hand in Hand mit eurer Psyche und sucht nach passenden Lösungen.

Bei Träumen ist es wichtig, immer rundherum zu denken, um sie richtig zu deuten. Oft ist der Inhalt nicht gerade das, was er zeigt, oft ist er eine Art Metapher. Mit etwas Übung werdet ihr aber merken, dass es nicht schwer ist, die Botschaften eurer Träume zu verstehen.

Im Traum liegt sehr viel Kraft, denn es können Dinge gewagt werden wie sonst nirgendwo, ganz ohne Schaden zu nehmen. Dadurch ist das Verstehen auch so bedeutungsvoll. Ein Traum ist auch immer so etwas wie ein Besuch im Versuchslabor. Oft geschehen in Träumen Dinge, die es im richtigen Leben nicht gibt. Typisch Versuchslabor eben. Und doch hat alles seinen Sinn. Versucht auf alle Fälle, angstfrei zu träumen, damit ihr euch im Traum nicht mit eurer Angst blockiert.

Die Träume, die als Filme weit in die Zukunft gehen und Dinge zeigen, wie sie kommen könnten, sind die Tempomacher des Lebens. Wenn ihr nicht wisst, wie es weitergeht, dann seht euch eure Träume genau an. Gerade wenn man im Leben vor lauter Weggabelungen nicht weiß, wie es weitergehen soll, dann lohnt es sich, auf die aktuellen Träume zu achten. Träume können die Vergangenheit, Gegenwart und die Zukunft spiegeln. Wenn ich vorher sagte, „wie die Zukunft sein könnte", dann meine ich damit nichts anderes, als dass die Träume eine mögliche Zukunft beschreiben, denn es liegt noch immer an euch und euren Entscheidungen, wie die Zukunft aussehen wird. Ein Traum darf als Wegweiser dienen, als Inspiration, aber den Weg müsst ihr gehen und ihr dürft selbst nach einer er- folgreichen Traumdeutung noch immer entscheiden, wie es weitergehen soll.

Wenn ihr aber schreckliche Dinge aus der Zukunft träumt, dann habt ihr die Aufgabe, den Traum zu zerpflücken, zu deuten, denn ihr müsst euch gut überlegen, wofür dieser Traum steht und was er zu bedeuten hat. Wie schon erwähnt, es bedarf ein bisschen Übung, ist aber letztlich nicht so schwer. Ein Beispiel: Wenn ihr träumt, dass eure Schwester ihre Familie ausrottet und dann sich selbst das Leben nimmt, dann ist es keinesfalls das, was es ist. Viel näher liegt der Schluss, dass sie mit ihrem Le- ben im Augenblick überfordert ist und sich am liebsten mit ih- rer Familie aus diesem Leben nehmen möchte, um woanders neu zu beginnen. Ein Gespräch mit ihr würde alles endgültig klären und euch Sicherheit vermitteln, ob ihr den Traum richtig gedeutet habt.

Oder ihr träumt, dass ihr in ein morastiges Gelände kommt und immer weiter einsinkt. Ein typischer Traum aus der Zukunft, der andeuten kann, dass es in den nächsten Wochen etwas schwerer wird und die Aufgaben anspruchsvoller werden, dass ihr das Gefühl habt, die Arbeit, die Aufgaben stünden euch allmählich schon bis zum Hals und ihr würdet immer tiefer darin einsinken.

Und nun kommt die Sensation, Träume könnt ihr umkehren.

Anleitung zur Traumumkehr

Bleiben wir bei den beiden Beispielen von vorhin. Ihr bemerkt, dass eure Schwester es sehr schwer hat, und sie im Augenblick in ihrem Leben zu viel Belastung und zu wenig Freude verspürt. – Ihr träumt, dass auf euch schwierige anspruchsvolle Zeiten, mit sehr viel Arbeit zukommen, die euch alles abverlangen. All dies könnt ihr umkehren.

Nehmt eine bequeme Position ein und schließt die Augen. Träumt euch nochmals in den Traum hinein, damit meine ich, dass ihr einfach die geträumte Szene wieder vor eurem geistigen Auge entstehen lasst. Wenn die Sequenz abgelaufen ist, spult ihr praktisch den Traum zurück und verleiht dem ganzen mehr Leichtigkeit. Um bei den Beispielen zu bleiben. Ihr schickt dem ersten Traum mit der Schwester Energie und Leichtigkeit, ihr überstrahlt eure Schwester mit Spiritualität mit weißem Licht und unterstützt sie so in der Lösung ihrer Aufgaben.

Die Affirmation dazu lautet:

ICH NEHME LAST VON DEINEN SCHULTERN UND SCHENKE DIR IM AUSGLEICH FREUDE UND LEICHTIGKEIT.

Wiederholt diese Traumumkehr mehrmals, und ihr werdet sehr rasch im Gespräch mit eurer Schwester merken, dass sie wieder mehr Freude an ihrem Leben hat.

Im zweiten Beispiel durchlebt ihr auch noch einmal die Sequenz, wie ihr im Moor immer weiter einsinkt. Auch hier schickt ihr in dieser Szene Energie, Licht, Spiritualität, Leichtigkeit. Ihr zieht euch damit selbst aus dem Morast und nehmt euch die Schwere, die auf euch ohne Traumumkehr zugekommen wäre.

Die Affirmation dazu lautet:

KEINE AUFGABE IST SCHWER GENUG, UM DICH ZU BELASTEN UND HINUNTERZUDRÜCKEN. ICH NEHME DIE LAST VON DIR UND VERLEIHE DIR LEICHTIGKEIT UND FREUDE.

So einfach ist die Traumumkehr. Eine sehr effektive Art, um in das eigene Leben erleichternd einzugreifen. Davon abgesehen sind es sehr freudvolle Meditationen, denn es geht meist darum, sich oder anderen die Schwere zu nehmen und Leichtigkeit zu schenken. Ich freue mich sehr, dass ich die Möglichkeit habe, euch im Rahmen dieses Projekts Meisteressenzen zu verraten. Ihr sollt in der Lage sein, bereits dieses Leben in großer Weisheit und Reife zu führen.

Kommen wir nun zur dritten Art von Träumen, von denen ich sagte, dass es Ausflüge in andere Welten sind. Die Geübten unter euch wissen längst davon, und es ist kein Geheimnis in spirituellen Kreisen, dass sich die Seelen, während eure Körper schlafen, aufmachen und ihre Abenteuer erleben. Ihr nennt es auch Astralreisen, ich nenne es Seelenausflüge. Das Leben auf dieser, eurer Erde ist für jede Seele eine große Anstrengung, denn der Körper haftet wie ein Bleigewicht an ihr und lässt sie langsamer vorwärtskommen, als sie es gewöhnt ist. Schon allein aus diesem Aspekt heraus nützt sie es beinahe schamlos aus, den Körper zu verlassen, wenn er schläft und sie nicht oder kaum gebraucht wird. In den Seelenausflügen kommt es zum Austausch mit anderen Seelen, zum Besuch von unterschiedlichsten Welten. Es gibt keine Zeit, keinen Raum.

Das weiß die Seele und sie nützt es aus und tollt förmlich ausgelassen herum.

Ihr werdet bemerkt haben, dass ihr oft nach einem Schlaf gut ausgeschlafen, voller Tatendrang, voller Kraft und Energie seid. Dann gibt es wieder Tage, an denen ihr erwacht und wie gerädert seid. So, als hättet ihr kein Auge zugemacht und die Nacht durch gearbeitet. Nun, es ist auch so ein klein wenig wie „durcharbeiten" oder „durchmachen". Wenn eure Seele einen freudvollen Seelenausflug hinter sich hat, dann werdet ihr erfrischt aufwachen. Wenn sie „arbeiten" war, sich weiterbildete, anderen in ihrer Entwicklung half oder an einer eigenen Problemlösung zu arbeiten hatte, dann war es tatsächlich so, und ihr spürt das sofort am Morgen. Ihr spürt, ob eure Seele für ihr Pläsier unterwegs war oder ob sie „gearbeitet" hat oder in einer Mission unterwegs war.

In dieser dritten Art der Träume habt ihr die Möglichkeit, eure Probleme eurer eigenen Seele zu übergeben und sie zu bitten, dass sie sich ihrer annimmt. Wie das funktioniert, ist ganz einfach erklärt.

Anleitung zur Seelenarbeit im Schlaf

Wenn du abends im Bett liegst, konzentrierst du dich vor dem Einschlafen auf deine Seele. Du kannst sie in aller Stille ansprechen und nach einiger Übung wirst du auch von ihr Antworten erhalten. Aber um diese Antworten geht es jetzt nicht unmittelbar, und doch ist es schön, mit der eigenen Seele im Gespräch zu stehen.

Du konzentrierst dich also auf deine Seele, es ist der schon öfter erwähnte „innerste Raum", dein Kern, dort befindet sich auch deine Seele. Du besprichst nun mit ihr, was dich belastet. Du besprichst mit ihr, welche Probleme dir derzeit zu schaffen machen. Du erklärst alles sehr detailliert und bittest sie, dir bei der Behebung deiner Probleme behilflich zu sein. Wenn du einen

Lösungsvorschlag hast, kannst du auch diesen in das Gespräch mit deiner Seele einfließen lassen, wenn du keinen Lösungsvorschlag für dein Problem hast, dann wird deine Seele eine für dich passende Lösung finden.

Sobald du schläfst, wird es der Seele Auftrag sein, sich deines Problems anzunehmen, es ist ihr ein wichtiger Arbeitsauftrag. Nun sind Seelen keine Zauberer, sie sind aber wunderbare Netzwerker, wie ihr es in eurem sozialen Tun nennt. Seelen sind wunderbare Netzwerker und wissen genau, mit wem sie worüber sprechen müssen und an welchen Rädchen sie zu drehen haben. Netzwerken braucht auch etwas Geduld. Nimm nicht an, dass du am nächsten Morgen aufwachst und all deine Sorgen los bist. Es bedarf Zeit, und es bedarf auch von dir die Bereitschaft, aus der Problembehebung zu lernen. Denn was nützt es, wenn du ein Problem nach dem anderen anhäufst, dich zum Schlafen legst und deine Seele wiedergutmachen lässt, was tagsüber schiefging. So wird es auf Dauer nicht laufen. In der Problembehebung MUSS eine Entwicklung deinerseits liegen, sonst wird dir deine Seele irgendwann, aus deiner mangelnden Lernfähigkeit, den Dienst quittieren.

Es ist also wichtig, dass du sie nicht schamlos ausnützt, sondern auch aus jedem Auftrag, den du ihr übergibst, deine Lehren ziehst. Es ist wichtig, dass du aus jeder Problembehebung deine Lehren ziehst.

Und natürlich: Die Seele bist du selbst. Deine Seele ist keinesfalls ein unbekanntes Objekt in deinem Körper. Wenn es zu einer Kommunikation mit deiner Seele kommt, dann sprichst du in Wahrheit mit dir selbst. Deine Ratio spricht mit deiner Seele und umgekehrt. Das Leben auf der Erde ist nur so verquert, dass es sich anfühlt, als wären es ZWEI Beteiligte. Das macht wie schon erwähnt die Schwere des Körpers aus, sowie die gefühlte, große Differenz zwischen den beiden, dass es wie eine Dualität aussieht.

Zur Seele gäbe es noch eine Menge zu erzählen, vielleicht haben wir später noch die Möglichkeit, darauf einzugehen. Euer Ziel sollte es sein, aus der Dualität in die Einheit zu gelangen, also eure Seele mit eurer Ratio zu vereinen. Wenn euch das gelingt, wird es keine Missverständnisse mehr zwischen den beiden geben. Die Aufgabe ist, euren Körper mit eurer Ratio und eurer Seele zu vereinen.

Wenn ihr euch wie ein Puzzle anfühlt, werdet ihr auch eines sein. Die einzelnen Teile können jederzeit auseinanderfallen und ein Durcheinander ergeben. Das sind die Momente, in denen ihr das Gefühl habt, dass kein Stein auf dem anderen steht und sich euer Leben im blanken Chaos befindet. Dies ist ein typisches Beispiel dafür, was passieren kann, wenn das Puzzle auseinanderfällt und ihr nicht mehr miteinander verbunden seid. Wenn ihr verbunden seid und mehr in einer Einheit lebt, dann hat Chaos keine Chance. Wenn ihr kein Puzzle seid, sondern eine Einheit, dann kann euch nichts oder kaum mehr etwas erschüttern. Die Erschütterung würde vielleicht nur sehr kurz dauern und ihr wärt sehr rasch wieder in eurer Mitte.

Zu Recht werdet ihr mir die Frage stellen, wie werde ich EINS, wie entwickle ich mich von einem Puzzle zu einem Ganzen? Und ich sage euch, indem ihr euch ganz einfach über diesen Prozess der Einswerdung bewusst werdet, euch damit beschäftigt, über dieses Thema meditiert und in diese Meditation euren Körper, eure Ratio und eure Seele einladet und sie immer wieder während der Meditation eins werden lässt. Es soll ein Vorgang sein, der sich immer wieder wiederholt, das Gefühl der Einswerdung soll euch ein vertrautes sein.

Nach und nach werden die Teile zusammengefügt und es wird euch nichts mehr nachhaltig verwirren, nichts mehr nachhaltig erschüttern, es gibt kein großes Durcheinander mehr, höchstens Verwunderung und Betrachtung. Ihr werdet sehr rasch den Unterschied merken, wie es ist, EINS zu sein und stärker denn je in seiner eigenen Mitte zu sein.

Schlafdauer

*Gibt es von dir eine Empfehlung über die Schlafdauer? Wie
lange ist Schlaf sinnvoll, was ist zu viel? Gibt es überhaupt
ein Zuviel?*

Schlaf soll immer nur das sein, was er ist, eine Erholung vom
aktiven Leben. Er soll eine Regenerationsmöglichkeit sein, damit sich der Körper in allen Dimensionen reinigt und wieder ins
Lot bringen kann. Schlaf darf niemals eine Flucht sein. Manche
schlafen besonders lange, weil sie aus dem Leben flüchten, um
sich nicht mehr mit ihren Aufgaben auseinandersetzen zu müssen. Wann sollen dann die Aufgaben gemacht werden? Sie werden sich einem immer stellen, sie werden sich selten von allein
lösen und immer, wenn man aufwacht, werden sie vorhanden
sein.

Es gibt keine „richtige" Schlafdauer, denn sie ist sehr unterschiedlich. Manche kommen mit fünf Stunden aus, manche
brauchen acht bis neun Stunden, und alles ist richtig. Jeder soll
sein eigenes, tägliches Schlafpensum finden. Es ist falsch zu
denken, dass Menschen, die lange schlafen, ihr Leben versäumen. Viel zu viel passiert auch im Schlaf. Eines soll er jedoch
niemals sein: Eine FLUCHT aus dem Leben.

Ihr kennt vielleicht den Spruch „Den Seeligen gibt es der Herr
im Schlaf." Worauf ist er tatsächlich zurückzuführen? Natürlich
auf den von mir soeben erwähnten Umstand, dass im Schlaf
sehr viel geschieht. Im Schlaf wird das Leben oft sehr intensiv
bearbeitet, daher sind Menschen mit einem guten Schlaf im Lot,
sie ruhen in ihrer Mitte, es wirkt so, als wären sie mit sich vollkommen im Reinen. Im Schlaf werden viele Fragezeichen einem Verständnis zugeführt, im Schlaf werden oft, so man es zu-
lässt, tiefgreifende Erkenntnisse gewonnen. Natürlich ist es immer wieder notwendig, seine Träume, seinen Schlaf nochmals
kurz zu überdenken, die Prozesse daraus sich bewusst zu machen. Wovon habe ich geträumt, was war eine Aussage? Das

hilft bestimmte Prozesse zu beschleunigen, wenn ich sie noch einmal zurückhole und kurz überdenke. Aber selbst wenn ich danach nicht mit den Erkenntnissen arbeite, wirken sie mitunter perfekt durch das Unterbewusstsein, so ich nicht mit mir selbst im Kampf stehe, denn es gibt Menschen, die mit sich selbst so sehr im Unreinen sind, dass sie ihr Unterbewusstsein unterdrücken, es nicht nach oben kommen lassen. Sie funktionieren ganz über die Ratio, alles außerhalb der Ratio wird von ihnen kontrolliert und abgestellt. Natürlich gibt es bei ihnen auch keine Schlafesarbeit, denn sie wird von ihnen verweigert so gut es geht. Sie wollen kontrollieren und unterdrücken sämtliche Abläufe, die aus dem Unterbewusstsein auftauchen. Ich darf jedem von euch empfehlen zu schlafen, wenn ihr mit euren Kräften am Ende seid, denn gerade im Schlaf wird so viel für euch getan. Sehr viel Energiearbeit und ebenso geistige Arbeit wird an euch vollzogen, wenn ihr erschöpft in Morpheus Armen ruht.

Bleiben wir bei Belastungsthemen. Es gibt unterschiedliche Strategien, mit Belastungen umzugehen. Die einen verdrängen das Thema, die anderen sprechen darüber.

Es hängt immer davon ab, worum es geht. So allgemein über einen Kamm scherend ist das nicht zu beantworten. Ist es ein Thema, das einer Aufarbeitung bedarf? Dann sollte daran gearbeitet werden, um es aufzulösen. Ansonsten wird es einem wie in einer Endlosschleife immer und immer wieder begegnen. Hier bin ich aufgefordert darüber nachzudenken, wie ich es am besten bearbeiten und abschließen kann. Ich werde nicht darum herumkommen, mich mit dem Thema auseinanderzusetzen.

Dann gibt es durchaus Themen, die vorhanden, aber nicht zu ändern sind. Natürlich kann man jedes Thema der eigenen Spiritualität überantworten und es darüber bearbeiten, aber dazu komme ich etwas später. Themen, die fixiert sind und sich nicht ändern lassen, funktionieren anders, wie zum Beispiel „kaltes Wetter im Winter", „immer höhere Preise" etc. Euch werden sicherlich aus eurem Leben noch unzählige Themen dazu einfallen. In sich fixierte Themen, die sich nicht verändern lassen, die fest vorhanden sind, ob wir es wollen oder nicht, diesen Themen ist ganz einfach die Energie abzugraben. Denn je mehr ich an sie denke, umso intensiver führe ich ihnen Energie zu, umso massiver werden sie. Anfangs kleine Schatten werden immer größer und richten sich zu Dämonen auf. Irgendwann ist ein Zeitpunkt erreicht, ab dem sich das Thema nicht mehr abschalten lässt, es ist immer präsent und wird noch massiver. So wie es anfangs sehr davon abhängt, ob man daran denkt, um sich, noch als junger Dämon, mit Energien füttern zu lassen, verselbständigt sich das Problem und zieht von einem Moment zum anderen wie wild Energien an. Die Gedanken lassen sich dann nicht mehr abstellen. Das heißt, hört auf, an unabänderliche Dinge zu denken. Grabt diesen Themen die Energie ab, indem ihr sie abhakt und endgültig in die Schublade steckt.

Die Affirmation dazu lautet:

DU BIST VORHANDEN UND ICH KANN DICH NICHT ÄNDERN. DU TUST MIR NICHT WEH, DEINE AUSWIRKUNGEN HABEN FÜR MICH KEINE BEDEUTUNG.

Ihr drängt das Thema in die Bedeutungslosigkeit und selbst wenn es euch betrifft, sobald es unabänderlich ist, geht ihr genau so vor. Themen und Gedanken darüber funktionieren wie Feuer. Werden sie genährt, vergrößern sie sich und werden irgendwann so groß, dass ihr sie nicht mehr beherrscht. Dann beherrschen sie euch.

Ich erwähnte, dass jedes Thema der eigenen Spiritualität überantwortbar ist. Was ich damit sagen möchte ist, dass es möglich ist, jedes Thema, das euch nahetritt, mit eurer eigenen Spiritualität in Schach zu halten, um es schließlich für euch aufzulösen. Es ist dann nicht aus der Welt geschaffen, aber es hält Abstand und soll euch nicht mehr betreffen.

Anleitung zur Auflösung von Belastungsthemen

Es geht darum, dass du von einem Thema berührt wirst, das vorhanden und unabwendbar ist, weil du darauf keine Einflussnahme hast. Das Thema wird von außen gesteuert, das Thema wird von anderen Menschen oder durch Umstände erzeugt, die sich deinem Einfluss entziehen. Es geht darum für DICH, dieses Thema zu neutralisieren, es auf Abstand zu halten, dass es dich zukünftig nicht mehr berührt.

Meist lässt sich ein einziges Wort für ein Thema finden. Schreibe dieses Wort auf ein großes Blatt Papier. Zünde eine Kerze an, nimm eine bequeme Sitzposition ein und lege das Blatt Papier mit dem Wort vor dich hin. Somit hast du es schwarz auf weiß vor dir stehen. Das Blatt Papier liegt wohlgemerkt vor dir, nicht auf dir. Das heißt, das Thema berührt dich jetzt schon nicht mehr.

Nun gehst du in deine eigene, spirituelle Stille und machst dich fürs Erste gedankenfrei. So verharrst du eine Zeit lang und hast immer wieder das Blatt vor Augen. Überlege ganz klar, warum dich das Thema nicht persönlich betrifft. Sei dabei ruhig vom Optimismus berührt, es darf auch eine Art realbezogene Wunschvorstellung sein. Wenn dir etwas dazu einfällt, sprichst du es laut aus. Damit bringst du das Thema für dich in eine klare Korrektur. Nimm dir bitte für diesen Prozess Zeit. Es geht auch darum, sich mit diesem Thema auseinanderzusetzen und es für sich beherrschbar zu machen.

Wenn du damit fertig bist, beginnt der nächste Abschnitt. Du schiebst nun das Blatt Papier ein wenig weiter von dir weg, aber noch immer nah genug, dass du das Wort darauf lesen kannst. Der Abstand sollte gut zwei Meter betragen, das Blatt Papier soll aus deiner Aura eindeutig entfernt sein. Nun konzentrierst du dich darauf, einen Schutzschirm zwischen dir und dem Blatt Papier, zwischen dir und dem Thema, das du bearbeiten möchtest, aufzustellen. Es bildet sich ein energetischer Schutzschirm, der aus deiner Spiritualität aus deinem Innersten genährt wird. Dabei visualisierst du eine Art „zarten Nebel", der um dich herum aufzieht und dir Schutz vor Einflüssen von außen gibt. Einflüsse von außen sollen auf dich keinen Zugriff mehr haben.

Die Affirmation dazu lautet:

ICH BILDE, GENÄHRT AUS MEINEM INNERSTEN, GENÄHRT AUS MEINER HEILIGEN SPIRITUALITÄT UND DER MACHT DER AUFGESTIEGENEN MEISTER, EIN SCHUTZSCHILD. ES UMGIBT MICH UND SCHÜTZT MICH VOR ... (NENNUNG DES WORTES)

DU WIRST AB JETZT NICHT NÄHER AN MICH HERANKOMMEN ALS BIS ZU DIESEM, MEINEM SCHUTZSCHILD. DU WIRST MICH NICHT MEHR BERÜHREN KÖNNEN UND DEINE AUSWIRKUNGEN WERDEN FÜR MICH KEINE ROLLE SPIELEN, DEINE AUSWIRKUNGEN WERDEN AUF MICH KEINEN EINFLUSS MEHR HABEN. SO WAHR ICH HIER SITZE, SO WAHR DIE HEILIGE SPIRITUALITÄT AUF MEINER SEITE IST. JETZT.

Es ist so eine einfache und effektive Anleitung für ALLE Themen dieser Welt, für ALLE Themen, die euch nahegehen. Damit ist die Bearbeitung des Themas aber noch nicht zu Ende, denn es geht letztlich auch darum, dem Thema nicht nur keine Energie zuzuführen, sondern es nicht nur für euch bedeutungslos zu machen, sondern es allgemein zu ent-energetisieren und es einer allgemeinen Bedeutungslosigkeit zuzuführen.

Die Affirmation dazu lautet:

SO WIE DU MICH NICHT MEHR BERÜHREN KANNST, SOLLST DU KÜNFTIG NICHTS UND NIEMANDEN BERÜHREN KÖNNEN. ICH VERSTEHE DEINEN WILLEN, ICH VERSTEHE DEINE ABSICHT UND NUN KANNST DU DICH AUFLÖSEN. LÖSE DICH JETZT AUF.

Gerade globale Themen, die jeden betreffen, können so aufgelöst werden. Es ist allerdings ein Prozess, der von vielen lichtvollen Personen begleitet sein soll. Eine zu kleine Gruppe würde sehr lange Zeit brauchen, um dann irgendwann einsehen zu müssen, dass sie das Thema allgemein gut schwächen, aber niemals auflösen kann. Es ist vergleichbar mit Naturkatastrophen und den angerichteten Schäden. Je mehr Helfer anwesend sind und mit vereinten Kräften helfen, umso eher ist ein Erfolg zu sehen. Einer allein wird sich dabei aufreiben, aber letztlich wird man keine Veränderungen feststellen können.

Für euch allein ist die zitierte Anleitung jedoch eine traumhafte Möglichkeit, um euch vor Themen, die euch innerlich belasten, in Zukunft zu schützen.

Süchte

Funktioniert damit auch eine Loslösung von Süchten? Kann man das eins zu eins auf deine Ergebnisse mit den Belastungsthemen umlegen?

Suchtthemen wie Nikotin, Drogen, Spiel, Sex sind anders zu bewerten. Es wäre zu leicht, wenn alles wie mit den soeben zitierten Belastungsthemen zu lösen wäre. Bei Suchtthemen ist der Süchtige nicht von der Sucht umgeben, er ist bereits durch und durch von ihr infiltriert. Das ist der Unterschied zu den Belastungsthemen. Diese umgeben einen in der Regel und sind nur nah, nicht mehr. Suchtthemen dringen bis in die letzte Faser des Körpers, sie sind weitaus näher als nah. Die Sucht beherrscht den jeweiligen Menschen nicht nur in jeder seiner Fasern, sie beherrscht den Geist, sie beherrscht das Herz, das Innerste, sogar die Seele.

Ist ein Mensch inmitten der Sucht, kann sich dessen Seele ihr nicht entziehen. Sie ist, und das wird für viele eine neue Erkenntnis sein, im Augenblick der Sucht mittendrin, sie ist von der Sucht erfasst. Kein einziger Teil des Süchtigen ist nicht süchtig, er lebt seine Sucht in absoluter Totalität, mit seinem Körper, mit seiner Seele. – Und das macht es so schwer, davon wieder loszukommen.

Von Süchten besetzten Menschen muss unbedingt von außen geholfen werden. Sind es „kleine" Suchtthemen wie Nikotin oder Sexualität, dann ist sehr viel selbst zu machen, aber bei „großen" Suchtthemen wie Drogen, Alkohol, aber auch der Spielsucht ist der Süchtige von äußerlicher Hilfe angewiesen. Speziell Drogen verändern das eigene Denken, den eigenen Körper, die eigene Wahrnehmung so sehr, dass man sich als Süchtiger auf sich selbst in keiner Weise verlassen kann. Körper und Seele sind ausschließlich mit der Beschaffung von Drogen beschäftigt, stehlen dafür, lügen dafür, sie tun alles, um wieder den „Kick" zu bekommen.

Beim Suchtthema Spiel verhält es sich ähnlich, denn es werden im Verlauf des Spiels drogenähnliche Substanzen im Körper freigesetzt, auch hier geht es um den „Kick" und den damit verbundenen Erfolg. Misserfolg wird weggeschoben und kaum mehr wahrgenommen.

Bei den großen Themen muss wie erwähnt von außen angesetzt werden und erst, wenn die relativ ungetrübte Eigenwahrnehmung wiederhergestellt ist, ist der Zeitpunkt gekommen, um dort anzusetzen, wo man als Süchtiger von kleinen Themen ansetzen kann. Bei großen Suchtthemen habe ich die Sucht nicht nur um mich herum, sondern ganz in mir. Es geht darum, sich der eigenen Sucht bewusst zu werden, ihre negativen Auswirkungen zu beleuchten und sie in ihrer Vielschichtigkeit wahrzunehmen.

Wenn ich durch den Rauch von Zigaretten meine Lungen verschmutze und schädige, dann muss ich nur in meine Lungen hineingehen und mich umsehen, sie anhören, was sie dazu zu sagen haben. Sehr bald wird es mir dann das Rauchen vergehen, sehr bald werde ich guten Gewissens nicht mehr weiter rauchen können.

Wenn ich durch die Sexsucht meinen Job, meine Familie, meine Partnerschaft, meine Gesundheit aufs Spiel setze, dann muss ich mir jede Auswirkung vor Augen halten. Wie würde es mir gehen, wenn ich meine Familie verliere, wie würde es mir gehen, wenn ich ohne Partnerschaft bin, wie würde es mir ergehen, wenn ich an HIV oder an einer schweren Form von Hepatitis erkranke, und so weiter. Der erste Schritt, um von einer kleinen Sucht wegzukommen, beginnt damit, dass man sich vor Augen führt, was mit der Sucht angestellt wird. Wie wirkt sich die Sucht konkret auf mich, auf mein Leben aus. Wie wird sich die Sucht auf mich und mein Leben auswirken, wenn ich so weitermache? Wenn alle Möglichkeiten der Suchtentwicklung beleuchtet wurden, dann erst kann der Suchtkranke darangehen, sich von seiner Sucht zu lösen.

Die geistige Welt empfiehlt nicht die Entfernung in kleinen Schritten. Denn wenn ich mich nur langsam von meiner Sucht zu lösen versuche und weiter rauche, nur eventuell weniger, oder weiter Fremdsex habe, nur vielleicht nicht mehr so oft, dann bedeutet es ganz und gar nicht, dass ich von meiner Sucht fortkomme. Ich pflege sie weiterhin, nur auf Sparflamme, so lange ich sie beherrsche. Und dieses Beherrschen kostet Kraft. Kraft kostet natürlich auch das Aufgeben der Sucht in einem einzigen großen Schritt. Gerade in Suchtfragen wird einem nichts geschenkt. So mühelos man hineingerutscht ist, umso härter ist es, von ihr loszukommen.

Wenn ihr einmal die Sucht aufgegeben habt, blickt euch nicht mehr um, kokettiert nicht mehr mit ihr. Führt euch ausschließlich die negativen Auswirkungen vor Augen, so wie am Beginn der Lossagung. Einmal nachzugeben heißt nicht, einen kleinen Ausrutscher zu machen, der ganz leicht wieder zu korrigieren ist, einmal nachzugeben heißt vielmehr, wieder inmitten der Sucht zu stehen. Und der Kreislauf darf wieder von ganz vorn beginnen. Daher ist es so wichtig, sich nicht von sich selbst einlullen zu lassen. Süchte spielen einem viel vor, damit man rückfällig wird. Sie spielen alle Register durch, bis man schwach wird und sich wieder im vollen Vertrauen in deren Arme legt. Der Sucht geht es nicht um den Süchtigen, sondern um sich selbst, denn sie will gelebt und belebt sein. Sie ist mit einem

Dämon vergleichbar, der nichts unversucht lässt, um am Leben erhalten zu werden. ALLES wird er versuchen, um immer stärker zu werden.

Anleitung zur Verabschiedung einer Sucht

Nochmals, hier geht es um, sagen wir, einfachere Süchte wie Nikotin, Arbeit, Sexualität, Kontrolle und andere. Um von der Sucht loszukommen, ist es nötig, mit einem Stichtag „clean" zu sein, jede Berührung mit der ehemaligen Sucht muss vermieden werden. Ich muss mich wiederholen, denn sobald die Sucht neuerlich angetestet wird, bist du wieder inmitten der Sucht und der Hindernislauf beginnt von vorn.

Nimm eine liegende Position ein und meditiere dich in eine Gedankenfreiheit, lasse deinen Alltag hinter dir und finde Ruhe. Suche dein Innerstes auf, deine Seele, verbinde dich mit ihr und bleibe so verharrt. Gehe mit ihr nochmals deine Sucht durch, dies kann nonverbal passieren, in stillem Einverständnis. Beleuchte mit ihr alle Nachteile der Sucht, alle Lasten. Du darfst dir das vorstellen wie ein Gespräch an einem Lagerfeuer, nur das Feuer entspricht nicht einem gewöhnlichen Lagerfeuer, die Flamme ist violett. Eine alles reinigende Flamme. Wie in einem Großputz gehst du nun gemeinsam mit deiner Seele deinen Körper durch und bei den Organen, die am meisten durch die Sucht betroffen sind, verharrt ihr länger. Bei der Nikotinsucht betrifft es am stärksten das Gehirn, Lunge, Magen, Bauchspeicheldrüse, Leber.

Du bist am violetten Feuer und begehst gleichzeitig deinen Körper, von oben, dem Kopf beginnend, bis hinunter zu den Füßen. Du beleuchtest jede einzelne Region deines Körpers mit der violetten Flamme und die betroffenen Organe verstärkt. Was passiert dabei? Die betroffenen Regionen werden durch das violette Licht gereinigt.

Die Affirmation dazu lautet:

ICH REINIGE DICH VON DEINER ... SUCHT (Z. B. NIKOTINSUCHT). ALLE
VERUNREINIGUNGEN UND ABLAGERUNGEN WERDEN JETZT DURCH DIE
VIOLETTE FLAMME GEREINIGT. DU VERSCHWENDEST KEINE ERNSTHAFTEN
GEDANKEN MEHR AN DEINE SUCHT. DEINE SUCHT LÖST SICH AUF UND
KANN DIR KEINEN SCHADEN MEHR ZUFÜGEN.

Du sprichst in der Affirmation direkt deine Organe an und
bringst sie somit in ihre Eigenständigkeit und Eigenverantwortung. Der Vorgang soll an unterschiedlichen Tagen wiederholt
werden. Mit einem Mal ist es leider nicht getan. So wie sich die
Sucht in den Körper, in deine Seele eingeschlichen hat, so muss
sie Stück für Stück auch wieder vertrieben werden. Es ist eine
durchaus lange Prozedur, aber eine wirkungsvolle.

Besinne dich immer wieder auf deinen Körper und die verhee-
renden Auswirkungen der Sucht, führe sie dir, wann immer du
merkst, dass deine Sucht von dir Besitz ergreifen möchte, an die
möglichen Auswirkungen der Sucht heran. Distanziere dich von
ihr und gehe immer wieder mit Bestimmtheit die Affirmation
durch.

Lass dir niemals von deiner Sucht einreden, dass du suchtbefreit
bist, dass du alles in der Hand hast und dir nichts geschehen
kann. Es handelt sich um ein Spezifikum der Sucht, dass sie
Suchtfreiheit vorgaukelt und beinahe ununterbrochen sugge-
riert, es würde nichts passieren, wenn man einmal einen Rückfall hätte. Die Wahrheit ist, dass einen jeder einzelne Rückfall
wieder voll in die Sucht treibt, dass jeder einzelne Rückfall alle
davor gewesenen Anstrengungen zunichte macht. Daher ist es
absolut wichtig, standhaft zu bleiben und sich von seiner eigenen Sucht niemals betrügen zu lassen.

Jede Sucht befindet sich im Körper des Süchtigen, daher kommt
man mit Abschirmmethoden nicht weiter. Es geht bei der spirituellen Suchtbekämpfung darum, den eigenen Körper von der
Sucht zu reinigen, den eigenen Körper von der Sucht zu befrei-

en. Ist die Sucht erst einmal vollkommen entfernt, das kann ein viele Monate dauernder Prozess sein, der sich oft auch über Jahre zieht, erst dann kann man darangehen, ein Schutzschild um sich hochzuziehen. Ein Schutzschild hat dann keinen Sinn, wenn die Sucht noch in einem verankert ist.

Arbeit gegen die eigene Sucht laugt immer ein wenig aus. Daher ist es mir wichtig, euch darauf aufmerksam zu machen. Körper und Seele sind durch die Besetzung mit der Sucht daran gewöhnt, einen Fokus zu haben. Wie fasziniert blickt der Fokus immerzu auf die Sucht. Ist sie im Schwinden oder generell verschwunden, kommt es vor, dass der Fokus der Gewohnheit weiter nach seiner Besetzung sucht. Das strengt an, laugt aus. Einerseits ist die Suche mit einer Restsucht gleichzusetzen, andererseits sind Körper und Seele erschöpft, ermüdet und daher muss ihnen saubere, reine Energie zugeführt werden. Das kann zwischendurch immer wieder sehr unkompliziert erfolgen.

Anleitung zur effizienten Lichtdusche

Egal wo du gerade bist, eine Lichtdusche lässt sich spontan immer und überall vollziehen. Du verbindest dich mit dem Universum und bittest es um seine reine, kraftvolle Lichtenergie. Wie bei einer Wasserdusche gleitet von oben reinste Energie auf dich herab, sie umspült dich, umhüllt dich und gleitet in jede einzelne deiner Poren. Über jedes deiner Chakras nimmst du die dir zur Verfügung gestellte Energie auf. Wende die Handflächen nach oben und nimm auch über deine beiden Handchakras die lichtvolle Energie des Universums auf.

Die Lichtdusche kann mehrmals täglich ohne Bedenken genommen werden. Es ist die einfachste und effizienteste Methode überhaupt, um sich rasch mit hohen, feinstofflichen Energien zu versorgen. Eine weitere Möglichkeit wäre es, von zu Hause aus seinen inneren Tempel aufzusuchen, um sich dort auf das Kristallbett zu legen und aufladen zu lassen. Für diese Technik bedarf man jedoch ein wenig mehr Ruhe, doch auch sie können routinierte Personen in öffentlichen Verkehrsmitteln anwenden. Alle Wege werden aus Zeitgründen wieder geflogen, statt gegangen.

Anleitung zum Besuch des Kristallbetts

Schließe deine Augen, du siehst vor dir auf einem Berg einen Kuppelbau, dort fliegst du hin. Fürchte dich nicht, du fliegst sehr sicher, es kann dir nichts geschehen. Vor dem herrlichen Kuppelbau landest du und gehst auf die große Eingangstüre zu. Sie öffnet sich von allein, du trittst in den Kuppelraum ein und siehst vor dir ein Kristallbett stehen. Du schreitest zum Kristallbett und legst dich darauf.

Das Bett hat zwei wunderbare Funktionen, einerseits reichert es dich mit stärkenden Energien an, andererseits ist es in der Lage, dir verbrauchte Suchtenergien abzuziehen. Es findet ein vollständiger Energieaustausch statt, und du fühlst dich danach wie neugeboren. Um den Effekt zu verstärken, sprichst du eine Formel dazu.

Die Affirmation lautet:

Ich gebe dir all meine verbrauchten Energien ab, ich gebe dir alle Suchtenergien ab und bitte dich, mich jetzt mit neuen, wohltuenden, erfrischenden, stärkenden und lichtvollen Energien aufzuladen. Danke.

Du bleibst so lange auf dem Kristallbett, wie es dir deine Pause erlaubt oder bis du das Gefühl hast, über genügend Energien zu verfügen. Dann erhebst du dich wieder von deinem Kristallbett und nimmst den Weg zurück zur Eingangstür. Am Platz vor dem wunderschönen Kuppelbau, er ist dein persönlicher Tempel, erhebst du dich wieder in die Lüfte und fliegst genau zu dem Platz zurück, an dem du dich gerade jetzt befindest.

Es handelt sich um eine wirkungsvolle Energiemeditation, die euch sehr rasch auflädt. Nützt sie in Zeiten, in denen ihr ausgelaugt und müde seid, ihr eure Suchtthemen verarbeiten müsst. Ist man gestärkt, verfügt man über klare, starke, lichtvolle Gedanken und kommt nicht so rasch in Gefahr, seiner zu verabschiedenden Sucht wieder in die Arme zu fallen. Die Sucht ist immer nur dann stark, wenn ihr schwach seid. Seid ihr selbst stark, hat die Sucht nicht die geringste Chance.

Angst

Mir ist es ein großes Bedürfnis, einige der vielzitierten Mythen anzusprechen, die in spirituellen Kreisen kursieren. Es gibt unzählige Strömungen, die immer wieder versucht sind, Angst und Schrecken in die Spiritualität zu bringen. Spiritualität bedeutet aber, angstfrei zu leben. Spiritualität bedeutet, die Mauern um sich aufzulösen und sich nicht von ihnen erdrücken zu lassen. Im Vertrauen zu leben und zu wissen, dass man in seiner Spiritualität geborgen ist, hier im sicheren Hafen ist, wo mir nichts geschehen kann. Ich lehne jeden Versuch ab, bei dem Menschen, die sich einer innigen Spiritualität zuwenden, mit unsinnigen Märchen erschreckt werden. Ihr sollt spirituell wachsen und nicht in der Angst schrumpfen. Die Angst ist die Nährmutter des Bösen und keinesfalls ein Teil des Lichts, der Hoffnung, der Spiritualität. Jeder Versuch, der euch in die Angst treibt, soll kläglich scheitern. Jeder Versuch, der euch verunsichert, der euch hemmt, soll kläglich scheitern. Ihr sollt strahlen im Licht, ihr sollt strahlen im reinen, spirituellen, hochgeistigen Licht. Vergesst nie, wir lieben EUCH und wo Liebe ist, ist auch Licht. Es braucht keine Angst, die euch in eurer wertvollen Entwicklung hemmt.

Chemtrails

Es wird immer wieder behauptet, dass moderne Flugzeuge Chemikalien oder andere Inhalte versprühen und diese durch die Kondensstreifen am Himmel sichtbar würden. Es sollen Chemikalien sein, die von den wenigen Mächtigen auf

der Erde in Auftrag geben wurden, um die Völker unter Kon-
trolle zu halten, um sie gezielt kontrollieren, dirigieren und
letztlich ausbeuten zu können. Es heißt, jeder Einzelne wird
„gleichgeschaltet" und willenlos gemacht, und zwar über
die Substanzen, die von normalen Passagierflugzeugen mit-
tels Chemtrails über den gesamten Globus ausgebracht wer-
den. Damit sichern sich die Mächtigen der Erde ihre Macht.
Es heißt auch, dass Mikropartikel versprüht werden, die so
klein sind, dass sie von der Haut absorbiert werden. Die be-
sagten Mikropartikel werden über Handymasten aktiviert
und auch hier ist das Ziel, die Menschheit zu steuern, zu pro-
grammieren, willenlos zu machen, sie zu manipulieren, fi-
nanziell auszunehmen oder der Menschheit Aufträge zu sug-
gerieren, damit die Mächtigen ihre finanziellen Mittel mit
der Erfüllung dieser Aufträge beträchtlich erhöhen und si-
chern können.

Die Wahrheit ist, dass es zwar „Chemtrails" gibt, sie sind aber
nicht mehr als gewöhnliche Abgase aus den Verbrennungsmo-
toren der Flugzeuge. Sie haben nie und nimmer die Aufgabe,
manipulative Chemie unter die Menschheit zu bringen.

Mit der Aufstellung dieser Behauptungen wird erwirkt, dass
sich ängstliche Personen an die Botschaftsübermittler klammern
und von ihnen abhängig werden. Denn wer diese Nachricht in
die Welt der Spiritualität setzt, hat in der Regel auch eine Antwort in der Tasche, die Hilfe verspricht und vermeintliche Sicherheit gibt.

Lasst euch nicht manipulieren und bleibt bei euch, in eurem in-
nersten Kern. Vertraut euch selbst und lasst euch nicht durch
Ängste manipulieren. Dreht aufkeimende Ängste mit der Liebe
um, geht in die allmächtige Liebe und in ein grenzenloses
Vertrauen. Liebe und Vertrauen neutralisieren die Angst. Wer
sind die Anhänger der falschen Spiritualität, die Ängste in die
Welt setzen und sich daran ergötzen, ihre Mitmenschen in
Unsicherheit zu bringen? Wer selbst voller Ängste ist, wird

Ängste säen. Wer manipulieren möchte, wird Ängste säen. Wer Macht will, wird Ängste säen und sich als Retter aufspielen. Lasst euch nicht durch manipulative Angstmache in Ausnahmezustände versetzen. Schiebt die Angst weg und neutralisiert sie mit Vertrauen und Liebe.

Die Macht der Welt in wenigen Händen

Es heißt, die Macht der Welt sei auf wenige Familien aufgeteilt. Sie steuern alles, jeden Finanzfluss, jede Börsenbewegung, sogar Naturkatastrophen, den Niederschlag, jede einzelne Temperaturbewegung. Sie sind allmächtig und die Erde und deren Bewohner sind ihr willenloser Spielball.

Ich habe Tränen in den Augen, wenn ich daran denke, dass es so viele Menschen gibt, die dem Glauben schenken. Ich habe Tränen in den Augen, wenn ich die Ängste aus den unzähligen Geschichten spüre, aufrichtige, innige Angst. Was sind das für Menschen, die Angst säen und sich daran ergötzen, ihre Saat in die Abhängigkeit zu treiben. Was sind das für Menschen, die wider besseres Wissen Unwahrheiten verbreiten, die über niedere Manipulation Macht erzeugen wollen.

Ich möchte mich wiederholen und wiederholen, lasst euch nicht einschüchtern, lasst euch nicht ängstigen. Das Volk seid ihr, die Macht liegt bei EUCH, und ihr bestimmt nicht nur euren Lebensweg, sondern auch den Weg eures Volkes, eures Landes, sogar den Weg eurer Politiker. Die Politiker sind nichts anderes als die Essenz des Volkes, und es liegt in euren Händen, gute Vertreter einzusetzen. Es liegt in euren Händen, verlässliche Politiker zu wählen und Demagogen abzuwählen. Die Macht liegt bei EUCH und keinesfalls in den Händen von einigen wenigen Familien, die euch manipulieren und euch in einem Diktat vorgeben, was ihr zu tun habt und was nicht.

Natürlich gibt es mächtige Firmen und mächtige Familien. Deren Macht reicht niemals dazu aus, um sich die Erde und deren

Menschen Untertan zu machen. Jeder Einzelne von euch hat Macht und Verantwortung. Jeder Einzelne von euch ist täglich dazu aufgerufen, sich seiner Macht und Verantwortung bewusst zu sein, sich ihr zu stellen und sie auch sinnvoll einzusetzen. Es geht um euch selbst, um die Völker dieser Erde, um die Erde selbst, es geht um eure Spiritualität. Spirituell zu leben heißt nicht die Hände zu verschränken, um zu warten, was passiert. Spirituell zu leben heißt auch, Verantwortung zu übernehmen. Jeder Einzelne von euch hat den Auftrag, Verantwortung für sein Leben zu übernehmen, in die Verantwortung zu gehen für das Leben seiner Kinder, seiner Mitmenschen, seines Landes, in die Verantwortung für die Erde und das gesamte Universum. Verantwortung hört nie auf und sie begegnet euch täglich x-fach. Versperrt euch ihr nicht und nehmt sie wahr, nehmt sie an.

Das Orb-Phänomen

Unter Orbs sind die runden Lichtkreise auf Fotografien zu verstehen, die hauptsächlich dann erscheinen, wenn mit dem Blitz gearbeitet wird. Es heißt immer wieder, dass Orbs gut und böse sein können, dass sie Energiesauger sind, die sich wie böse Dämonen in einem einnisten und aussaugen. Auch dies ist ein Fall, wo mit Ängsten gearbeitet wird, Aussagen werden konstruiert, damit ängstliche Menschen in Abhängigkeiten getrieben werden.

Orbs sind ausschließlich gutartige Energieobjekte und immer von der Beschaffenheit, wie sie auf den Fotografien erscheinen, rund, meist durchscheinend, zart von der Gestalt. Hellsichtige und Aurasichtige sind in der Lage, Orbs auch ohne Fotografien zu erkennen. Orbs sind gutartige Energieobjekte, die durch Zeit und Raum fliegen, sie besitzen keine Intelligenz. Jeder kann sich die Energie der Orbs zunutze machen und sich an ihren Energien laben, wenn er selbst zu wenig hat. Orbs steuert man mit Handchakras an und holt sich über weite Distanzen deren Energien. Es reicht, einfach beide Hände auszustrecken, in

Richtungen, in denen Orbs vermutet werden und sich für kurze Zeit darauf zu konzentrieren, dass sie nun über die eigenen Handchakras „angezapft" werden. Und wenn ihr das Orb-System nützt, ist das vollkommen in Ordnung, sie sind dazu da.

In höher entwickelten Welten gibt es ebenso Orbs und dort ist es selbstverständlich, sich immer wieder an ihnen zu laben. Sie haben dort den Status von Energiecocktails, und ihre Energie wird ganz selbstverständlich genutzt.

Also nähert euch mit Freude den Orbs und fürchtet euch nicht. Es sind niedliche Objekte und nur zu eurem Vorteil um euch positioniert, denn Orte mit einer hohen Orb-Dichte sind energetische Orte, die sehr rasch ein Wohlfühlen zulassen. Fehlen hingegen Orbs, fehlt meist auch eine Energie, die sie am besagten Ort über längere Zeit verweilen lässt. Ich nenne sie „Fluchtorte", denn es herrscht meist ein reges Kommen und Gehen, niemand möchte über längere Zeit dort verweilen.

Naturkatastrophen ausgelöst durch HAARP-Anlagen

Gedankenmanipulation, Naturkatastrophen, Stromausfälle, all dies und viel mehr wird so genannten HAARP-Anlagen, Anlagen mit hochpotenter Sendeleistung, nachgesagt. Natürlich sind die Militärs aller Länder am Forschen und Entwickeln und wünschen sich ultimative Waffen und immer den entscheidenden Vorsprung gegenüber anderen.

Ich darf die ängstlichen Seelen unter euch beruhigen, keine Anlage auf dieser Welt ist dazu in der Lage, eure Gedanken zu manipulieren. Keine Anlage ist derzeit dazu in der Lage, verheerende Erdbeben auszulösen, für Überschwemmungen der Weltmeere zu sorgen oder für Tsunamis. Es wird zwar immer wieder an gefährlichen Anlagen gebaut und sehr viel experimentiert, aber habt Vertrauen. Geht in das Vertrauen und nicht in die Ängstlichkeit oder in ein Misstrauen. Schwächt euch nicht durch Gedanken, die es nicht Wert sind, gedacht zu werden. Seht das Licht und macht euch keine Gedanken darüber, was passieren könnte, wenn das Licht plötzlich nicht scheint. Seht die Liebe und macht euch keine Gedanken darüber, was passieren könnte, wenn es eines Tages die Liebe nicht mehr gäbe. Geht ins Vertrauen.

Wie ich schon sagte, Angst wird gesät, um emotionale Abhängigkeiten zu erzeugen. Lasst euch nicht abhängig machen und bleibt frei, bleibt in eurem Vertrauen, bleibt in eurer Liebe.

Die Wiege der Menschheit

Wissenschaftler sind immer wieder mit der Frage beschäftigt, wo sich denn die „Wiege der Menschheit" befindet. Von wo aus fand die Besiedelung der Erde genau statt, woher kommt der Ur-Mensch?

Es handelt sich um eine sehr interessante Frage. Natürlich stimmen Darwins Theorien, denn die Geschichte um „Adam und Eva" ist zwar eine sehr romantische Geschichte, sie entspricht aber nicht dem Ursprung des Menschen. Es gibt auch nicht „die" Wiege der Menschheit, obwohl Wissenschaftler, wohl aus Gründen der Exklusivität, immer wieder einen neuen Ursprung der Menschheit zu entdecken glauben und ihn breit publizieren. Die Wahrheit ist, dass es an den unterschiedlichsten Orten einen Beginn gegeben hat. Es gab also nicht einen einzigen Ur-Menschen, sondern zahlreiche Ur-Menschen an unterschiedlichsten Orten. Das Leben entwickelte sich an vielen Orten nahezu gleichzeitig. Einen Unterschied gab es lediglich in der Entwicklungsgeschwindigkeit der Menschen, denn es hing sehr davon ab, wo sie lebten und wie viel Nahrung sie zur Verfügung hatten, und auch ein wenig davon, wer sie führte. Schon damals waren die Menschenherden von einer guten, intelligenten Führung abhängig. So gesehen hat sich optisch sehr viel zu heute geändert, inhaltlich vielleicht weniger, als ihr glaubt. (Franziskus schmunzelt herzhaft.)

Der Ursprung des Menschen wurde bereits von einer einfachen Schwingungsebene begleitet, die sich kontinuierlich mit der Entwicklung des Menschen steigerte. Je höher die Schwingung wurde, desto größer wurden die Fortschritte der Menschen. Auch wenn ihr glaubt, dass ihr in der Schwingungsebene sehr hoch angesiedelt seid, darf ich euch sagen, dass ihr gerade einmal eine schwache Hälfte des möglichen Potenzials geschafft habt. Die Welt wird über die kommenden Jahre noch viel feinstofflicher werden, als sie es jetzt vermuten lässt, und ihr werdet mit ihr immer feinstofflicher werden.

Bedrohung durch außerirdisches Leben

Angst erzeugt oft die Vorstellung, dass Außerirdische Böses mit der Erde und ihren Bewohnern im Schilde führen könnten. Dass sie die Erde bevölkern könnten und deren Bewohner zu Untertanen machen, dass sie den Kriegen nicht länger zusehen könnten und daher die Zerstörung der Erde vornehmen müssten. Und vieles mehr wird über Außerirdische erzählt.

Der Kosmos ist unendlich und so wie es eure Erde gibt, gibt es viele „Erden" mit Leben darauf und sehr weltlichen, lebenswerten Bedingungen. Natürlich gibt es auch sogenannte Außerirdische, Wesen, die auf anderen Planeten leben, in fernen Regionen und meist weiter entwickelt sind als die Bewohner der Erde. Sie sind in vielerlei Hinsicht weiter entwickelt, denn sie haben unter anderem den kriegerischen Aspekt ihrer Leben weit hinter sich gelassen. Ein gut entwickeltes, weit entwickeltes Volk ist in der Lage, den kriegerischen Aspekt hinter sich zu lassen und sehr lichtvoll zu arbeiten. Kriege zu führen, Kriege zu leben, ist eine Frage nach dem Stand der spirituellen, persönlichen Entwicklung. Wer spirituell gut entwickelt ist, führt keine Kriege mehr, und wer sich noch mitten in der Entwicklung befindet, führt Kriege, weil er es nicht besser versteht.

Nur weil hier auf Erden zurzeit noch Gutes und Böses vereint lebt, bedeutet es keinesfalls, dass diese Polarität auf jedem einzelnen bewohnten Planeten existiert. Die meisten der Planeten stehen schon lange auf einer höheren Stufe. Die Erde hat oft einen langsamen Takt und so dauern hier gewisse Prozesse manchmal länger als an anderen Orten, vor allem wenn es um den Kampf zwischen Gut und Böse geht. Aber auch dies hat seine Legitimation.

Außerirdische können, so sie es wollen, die Erde besuchen und haben dies in unterschiedlichsten Situationen bereits gemacht. Sie nahmen unterschiedlichste Erdproben mit und auch Menschen mit deren Einverständnis. Aber ihr sollt keine Angst vor außerirdischer Bedrohung haben, denn das gesamte Universum ist von einem friedlichen, unendlichen Gedanken getragen und Bösartigkeit, Kriegshetze, findet hier keinen Platz. Sorgt euch nicht und geht ins Vertrauen. Sorgt euch nicht und geht in die Liebe.

Außerirdische

Es wurde auch schon behauptet, dass die Menschen von Außerirdischen ausgesetzt wurden, dann ist da wohl nichts dran oder? Wie verhält es sich denn generell mit den Außerirdischen?

Ich muss in der Tat über einige Entstehungsgeschichten schmunzeln. Außerirdische waren in die Bevölkerung der Erde nicht involviert. Sie beoachteten die Entwicklung interessiert und waren gelegentlich gute Geister, aber mehr nicht. Sie brachten auch kein Werkzeug hierher, ihnen war es sogar wichtig, sich keinesfalls in die Entwicklung der Menschheit einzumischen.

Wie es sich generell mit den Außerirdischen verhält? Auffällig werden ausschließlich einfach entwickelte Außerirdische, man sieht gelegentlich ihre nahezu primitiven Spuren bei Ufo-Sichtungen. Wobei gesagt werden muss, dass es außerordentlich viele Manipulationen gibt. Achtundneunzig Prozent der Fotos sind gefälscht. Hochintelligente Außerirdische werden nicht gesehen, weil sie über ein technisches Know-how verfügen, dass sie zwischen den Dimensionsschichten fliegen lässt. Selbst wenn sie unmittelbar in eurer Dimension landen, sind sie unsichtbar, ihre Schutzschilde sind hoch entwickelt, und sie werden tatsächlich nur dann gesehen, wenn sie es möchten.

Auffällig und gelegentlich zu sehen sind Außerirdische, die weniger hoch entwickelt sind als die eben beschriebenen. Wobei es eine intergalaktische Abmachung gibt, wenn man es so nennen möchte, die besagt, dass wahllose Besuche fremder Planeten tunlichst zu unterlassen sind. – Belassen wir es dabei. Mir sind alle Erdenthemen wichtiger als Geschichten über Außerirdische, schließlich lebt ihr auf der Erde und nicht im restlichen Universum. Alle anderen Themen sind für euch energetisch nachweisbar.

Die Themen auf eurer Welt, auf die es mir ankommt, haben einen energetisch-spirituellen Ursprung, Außerirdische sind für euch schwer festzumachen, dazu reicht eure Technologie noch lange nicht. Ich wüsste nicht, wie ich sie euch im Augenblick näherbringen könnte als in meinen Ausführungen soeben.

Wichtig erscheint mir in diesem Zusammenhang noch der Hinweis, dass ihr euch keinesfalls vor Außerirdischen zu fürchten braucht. Sie stellen KEINE Gefahr dar, die meisten Völker des Universums sind sehr hoch schwingende, friedliebende, angenehme Gesprächspartner. Angsteinflößender für die gesamte Menschheit könnten höchstens die Atomsprengköpfe auf den Raketen eurer Supermächte sein. Wobei ich euch auch hier stark beruhigen darf. Die Lage war in diesem Punkt bereits viel kritischer. Hier sehe ich keine latente Gefahr.

*

Aber es gibt doch auch Channels, die, vielfach und bereits über Jahre, mit Außerirdischen kommunizieren.

Natürlich gibt es diese. Ich sagte doch, eure Technologien reichen nicht aus, um sie zu erfassen. Aus der Geistigkeit heraus werden keine Schranken dauerhaft sein, ihr persönlich werdet als Channels mit den Außerirdischen wesentlich früher in Kontakt kommen als über technische Gerätschaften. Und es existieren bereits jetzt sehr gute Channels, denen es mühelos gelingt, mit ihnen in Kontakt zu treten, um unter anderem von ihrem fortschrittlichen Wissen zu profitieren. Diese Channels sind als eine Art Botschafter zu sehen, die dafür Sorge tragen, dass der Mensch im Universum seine wohlwollende Vertretung findet. Insofern ist der Kontakt außerordentlich zu begrüßen.

Weltuntergang durch einen Zusammenstoß der Erde

Die Erde hat in ihrer Existenz immer wieder größere und kleinere Zusammenstöße mit Asteroiden, mit unterschiedlichsten Flugkörpern erleben müssen. Und auch heute passiert es immer wieder, dass es zu Kollisionen kommt, aber keine der Kollisionen ist so stark, dass es die Erde aus ihrem Gleichgewicht bringt. Keine der Kollisionen ist jemals so bedrohlich, dass der Mensch ausgerottet werden könnte. Auch dieser Punkt gehört in ein Angstarsenal, das immer wieder bearbeitet wird und über Medien, über spirituelle Netzwerke gefunkt wird. Das gesamte Universum ist in Bewegung, aber es ist nicht vorgesehen, dass das Leben auf der Erde nachhaltig Schaden nimmt. Es ist ein Teil der Verschwörungstheorien, immer wieder die Endlichkeit der Erde und ihrer Bewohner ins Spiel zu bringen. Die Wahrheit ist jedoch, dass es in keiner der nachfolgenden Generationen zu Erdkollisionen kommen wird. Und wenn es einmal so weit sein wird, wird es technische Hilfsmittel geben, um der Bedrohung auszuweichen, um sie zu neutralisieren. Es ist Zeit, Angstlosigkeit zu leben, niemand soll sich weiterhin seinen Ängsten widmen müssen und dadurch klein bleiben. Blüht auf und gebt endlich eure Ängste ab, haltet nicht an ihnen fest, lasst ab von ihnen und beginnt zu wachsen.

Ich wurde gefragt, was es denn mit den Dinosauriern auf sich hatte, wie denn diese ausgestorben sind. Hier ranken sich ja die Mythen, dass sie durch eine Kollision mit einem Himmelskörper und die darauf folgende Klimaveränderung umgekommen sind. Es gab damals tatsächlich einen Zusammenstoß, durch ihn wurde die Atmosphäre in ihrer Zusammensetzung erschüttert und verändert. Es dauerte Jahrzehnte, bis sie wieder zu ihrem ursprünglichen Zustand zurückfand. Dinosaurier waren damals die vorherrschende Tierart, in unterschiedlichsten Gestalten, von klein bis sehr groß, aber das wisst ihr ja selbst. Was ihr nicht wisst ist, dass sie durch die veränderten Lebensbedingungen krank wurden, ihre Abwehrkräfte verloren. Sie konnten sich nicht so schnell auf die neuen benötigten Bedingungen einstellen. Sie waren zum damaligen Zeitpunkt die anfälligste Spezies, und wenn es damals Menschen gegeben hätte, dann wären auch sie den Veränderungen zum Opfer gefallen.

Es war damals eine Art Neuordnung der Welt. Vieles wurde revidiert, neu geschaffen und die Veränderungen trafen nicht nur die Tier-, sondern auch die Pflanzenwelt.

Sicherheitsdenken

Die Weltwirtschaft ist unruhig, das eigene Sicherheitsdenken nimmt zu, teils blockiert man sich damit, teils fährt man ganz gut mit etwas mehr Sicherheit und teils ist es wiederum unmöglich, Vorsorgen gegen Wirtschaftscrashs zu treffen. Was denkst du dazu?

Die lieben Ängste werden euch alle noch einmal auffressen, wenn ihr nicht achtgebt. Habt mehr Vertrauen in eure Zukunft, habt mehr Mut, traut euch, euren Mitmenschen, eurer Wirtschaft, eurer Welt doch ein wenig mehr zu. Schwankungen sind ganz normal, sie sind Teil der einzelnen Entwicklungsstadien. Mal geht es bergauf, mal oder mehrmals geht es bergab. Seht es als Anlauf und vertraut ihm. Natürlich gibt es eine exzellente Panikmache von Seiten der Medien. Sie wollen ihre Sendungen, ihre Zeitungen, ihre Magazine verkaufen, also beschreiben sie alles schrecklicher als schrecklich. Alles wird überzeichnet, und doch gibt es immer wieder Profiteure von Krisen, aber auch sie hat es schon immer gegeben. Der Unterschied ist, dass sie heute ausgemacht und wenn nötig, zur Rechenschaft gezogen werden können.

Angst lähmt. Vorsicht ist immer ein wenig mit Angst besetzt und lässt einen, zum Teil wenigstens, unflexibel werden. Vorsicht macht langsam und verhindert Aktion, aus ihr wächst bestenfalls Reaktion. Wenn sich ein Leben lang alles um Sicherheit dreht, um den sichersten Standpunkt, die bestens abgesicherte Jobmöglichkeit, dann wird man mit großer Sicherheit weniger erreichen, als für einen vorgesehen war. Wie schon gesagt, Sicherheit macht unflexibel. Wägt ein wenig ab, wägt ein wenig hin und her und stellt eure Sicherheit nicht auf ein goldenes Podest, bringt sie in Augenhöhe und ihr werdet immer wieder feststellen, dass sie um einige Grade reduziert werden kann. Darum geht es in Wahrheit: die Sicherheit auf Augenhöhe zu bringen, und sie nicht mehr so sehr zu verehren. Durch die Verehrung ist der Status der Sicherheit einfach zu hoch und zu vordergründig. Davon abgesehen ist Sicherheit oft ein Marketingprodukt mancher Versicherungskonzerne, die an der Unsicherheit der Menschen prächtig verdienen.

Wichtig ist, dass ihr immer eine „Notreserve" habt. Egal was passiert, ihr müsst einige Zeit damit haushalten können. Was soll euch dann noch passieren? Reduziert die Sicherheit auf das ihr zustehende Maß und ihr werdet rasch merken, wie viel flexibler ihr plötzlich seid. Vertraut künftig auch stärker eurer Intuition, sie kann euch wichtige Beraterin in unruhigen Zeiten sein.

Die EU und ihre Entwicklung

Wie siehst du die EU und ihre Entwicklung? Viele Esoteriker prophezeien ihr den Untergang. Siehst du das auch so?

Der gemeinsame Gedanke der EU wird niemals untergehen. Wie überall ziehen in jedem Land der EU große EGOs mit ihren Interessen an der Leine der Gemeinsamkeit, aber daran zerbricht die EU niemals. Wie überall auf der Welt, gibt es auch innerhalb des Staatenbundes EU Probleme, denn auch sie ist nicht frei von Problemen, weil allzu menschlich.

Die EU wird in den kommenden Jahren wesentlich bedachter in ihren Neuaufnahmen von Ländern sein. Sie wird wesentlich bedachter darin sein, welchem Land sie die gemeinsame Währung anbieten wird. Denn viele bestehende Probleme sind hausgemacht, hausgemacht durch schnelles Wachstum und durch schlechte Kontrolle. Mit der EU und ihren Mitgliedsstaaten verhält es sich oft wie zwischen Eltern und Kindern. Kinder beschwindeln ihre Eltern mitunter und geben Realitäten vor, die falsch sind. Manche Mitgliedsstaaten geben Realitäten vor, die so nicht stimmen. Teilweise werden diese aufgedeckt, teilweise werden sie von den Verursachern gestanden. Hier fehlt ein kontrollierendes Regelwerk, es muss erst eingesetzt werden. Sobald dieses Regelwerk vorhanden ist, wird der Staatenbund EU erstarken, er wird noch stabiler werden. Die EU hatte das Potenzial, sich in ihrer Gesamtheit als sogenannte Weltmacht zu etablieren. Durch die vielfältigen Interessensunterschiede, hervorgerufen durch die unterschiedlichen Mitgliedsländer, erscheint sie nach außen weniger als Einheit als nach innen. Sie wäre aufgerufen, in ihrer Außenpolitik geeinter aufzutreten, um als Einheit wahrgenommen zu werden. So lange dies nicht geschieht, wird ihr der Rang im Gespräch um Weltthemen von anderen Staaten erfolgreich streitig gemacht.

Korruption

Korruption ist ein Thema, das sich quer durch die Welt zieht „von ganz unten" bis „ganz hinauf". Möchtest du uns dazu etwas sagen?

Korruption hat nur dort eine Chance, wo es an reiner Spiritualität fehlt. Leider findet sie sich auch in den reinsten spirituellen Lichtzentren, denn nicht jeder, der von sich behauptet, im Licht zu stehen und mit reinster Spiritualität gesegnet zu sein, kann das letztlich auch vor sich selbst vertreten. Ich weiß, dieser Vergleich klingt etwas abstrakt. Was ich damit sagen möchte ist, dass nicht alles, was glänzt, Gold ist. Nicht jeder, der vorgibt, spirituell zu leben, tut dies aus ganzem Herzen. Es gibt unzählige Maskenmenschen inmitten allerheiligster Zentren, sie fallen nur selten auf und spielen ihr Spiel und bereichern sich an allem und jedem.

Die Korruption ist die Anverwandte der Gier. Wen die Gier besetzt hat, der wird auch korrupt sein. Wen die Gier in ihren Fängen hat, der wird nichts unversucht lassen, noch mehr zusammenzuraffen, auch wenn er anderen damit schaden muss. Er ist durch seine Gier gezwungen, noch mehr Vermögen anzuhäufen und es anderen wegzunehmen. Dieser Prozess kann ausschließlich von außen unterbrochen werden. Niemand, der von der Gier besetzt ist, wird freiwillig von ihr ablassen. Niemand, der von der Gier besetzt ist, wird von der Korruption ablassen. Er wird seine gesamte Energie ausschließlich in Ziele investieren, die ihn auch künftig bereichern. Die Gier ist statusbefreit, das heißt jeder Mensch, egal in welcher weltlichen Hierarchie er sich befindet, kann von ihr infiziert sein. Von der Gier befallene Menschen sind keine Lichtgestalten, sie sind Gestalten des Schattens, sie verbreiten Schatten und absorbieren Licht. Sie gehen, angetrieben durch ihre unstillbare Gier, über Leichen, nichts und niemand ist vor ihnen sicher. Daher ist es wichtig, Korruption aufzuzeigen. Daher ist es wichtig, die schwarze Gier aufzuhalten. Seid klug und wachsam dabei, denn die Gier wird jedem, der sich ihr entgegenstellt, nach dessen Existenz trachten.

Es gibt unzählige Lichtarbeit von uns und von zahlreichen irdischen Lichtarbeitern. Es gelingt uns, Gier und Korruption zu schwächen, aber niemals, sie auszurotten. Dazu sind die Interessen des Schattens zu stark.

Die Kirchen

Franziskus, wir wollen auch über die Kirchen sprechen. Es war dir ja in einer unserer Vorbesprechungen ein Anliegen, auch auf Religionen und Kirchen einzugehen. Ich denke, jetzt ist ein guter Zeitpunkt dafür gekommen.

Ihr habt es längst bemerkt, alte Werte, die über viele Jahrhunderte Gültigkeit hatten, brechen auf und besitzen oft nur noch einen zarten Hauch ihrer Gültigkeit. Dies hat vielerlei Gründe. Zum einen zogen vor ebenso langer Zeit Egoismus, Neid, Gier und Misstrauen in die Kirchen ein, zum anderen wurde es verabsäumt, mit der Zeit zu gehen. Die meisten Kirchen blieben einst stehen und verharren noch immer in längst vergangenen Zeiten.

An Werten festzuhalten, heißt nicht, stehenzubleiben. An Werten festzuhalten, heißt auch keinesfalls, sich an seine Besitztümer zu klammern oder aus einer Position der Macht zu agieren. Was einst in der katholischen Kirche vorbildlich begann, ist heute ein Trümmerhaufen. Es bedarf einer dringlichen Neuordnung und einer Anpassung an das HEUTE. Hier agieren ängstliche Menschen, die ihre Pfründe aus der Vergangenheit sichern. Ich hatte aus familiärer Sicht den Reichtum auf meiner Seite und doch interessierte er mich nicht. Ich wollte einfach und enthaltsam leben. Dieses einfache Leben hätte vielen Kirchen gutgetan, um ihre Religionen glaubhaft zu vertreten. Denn aus dem Reichtum, den sie anhäuften, entstand Blendwerk, durch das sie nicht mehr klar blicken konnten. Durch den Reichtum, den sie anhäuften, entstanden Neid und Gier.

Pomp lenkt vom Wesentlichen ab. Was möchten sich die Kirchenfürsten mit ihrem Pomp beweisen? Es ist nichts anderes, als ein Sich-über-den-anderen-Stellen. Dabei sollten wir alle aus gleicher Augenhöhe zueinander sprechen. Distanz schürt Unsicherheit, Unsicherheit schafft Angst. Was waren das für Zeiten, als Kirchenfürsten ihre Gläubigen mit Angst kleinhielten! Was waren das für Zeiten, als Frauen verbrannt wurden, weil sie anderen im Wege standen! Was waren das für Zeiten, als es Kreuzzüge im Namen der Religion gab! Wie konnte man so sehr am Kern der Sache vorbeigehen? Wie konnte man so im Namen des Herrn sprechen? Wie konnte man im Namen des Herrn sprechen und verbrecherisch agieren?

Ich habe erneut Tränen in den Augen, wenn ich an die begangenen Fehlentwicklungen denke. Ich habe Tränen in den Augen, wenn ich sehe, was im Namen des Herrn alles passiert ist. Wie viele Menschen zu Tode gekommen sind, weil es angeblich im Namen des Herrn sein sollte. Allein mit diesen Taten luden sich viele Kirchen so sehr viel Schuld auf, dass sie weitere zahlreiche Jahrhunderte des Ablasses brauchen würden.

Es gibt einige Kirchen, die besser mit der Zeit mitgingen und heute sehr offene, weltgewandte Zentren sind, und es gibt solche, die alt, vertrocknet, verknöchert und ewig gestrig sind. Diese werden zur Zeit heftig erschüttert, und sie erkennen die Zeichen der Zeit nicht. Sie erkennen nicht, dass sie den klaren Auftrag haben, die alten verknöcherten Strukturen zu brechen, um heiliges Licht, reines Licht einzulassen. Sie erkennen die Zeichen nicht, dass sie JETZT gefordert sind und von ihrem Weg an den Gläubigen vorbei umkehren müssen, um Seite an Seite mit ihren Gläubigen zu gehen. Hand in Hand, mit einer Stimme, mit vereinten Seelen, und nicht von oben herab, im wohltuenden, bequemen Abstand der Sicherheit.

Natürlich ist mir die katholische Kirche ein besonderes Anliegen, und ich kann ihr mit Liebe im Herzen zurufen, dass sie sich öffnen muss. Ich kann ihr flammenden Herzens zurufen, dass sie ihre alten Strukturen aufgeben muss, um wieder verstanden zu werden. Sie muss sich von innen heraus reinigen, denn in ihren weltweiten Machtzentren gibt es sehr viel Schatten.

Die evangelische Kirche wäre heute für mich die katholische Kirche. Und meines Erachtens hat die katholische Kirche den glasklaren Auftrag, sich so weit zu bewegen wie sie. Eine Kirche, eine Religion soll eine Gemeinschaft sein, ganz ohne Hierarchie, ein Hort des heiligen Glaubens. Es sollen sich alle auf gleicher Herzenshöhe begegnen können.

Als Ordensgründer kann ich reinen Herzens feststellen, dass es einige wenige Orden gibt, die über offene Herzen voller Liebe und Hilfe verfügen. Orden, die sich nicht über andere stellen, und dabei keine Furcht, sondern Liebe empfinden. Wenn ich jemandem in die Augen blicke, soll ich Liebe empfinden, wenn ich jemandem in die Augen blicke, soll ich Interesse empfinden, wenn ich jemandem in die Augen blicke, soll ich Aufrichtigkeit empfinden. Ein Blick in die Augen eines anderen Menschen ist wie ein Berühren seiner Seele, daher ist es IMMER wichtig, der Seelenberührung mit reinem Herzen zu begegnen.

Ich erinnere mich immer daran, dass ein Juwelier seine wertvollen Pretiosen ausschließlich mit sauberen Handschuhen berührt. Ähnlich soll es bei Seelenberührungen sein, wenn wir eine fremde Seele berühren, dann sollten wir durch unsere Gedanken gereinigt sein und so etwas wie Handschuhe tragen. Je reiner wir in unseren Seelenberührungen sind, umso schöner werden die Begegnungen, umso klarer werden sie.

Verfehlungen in der katholischen Kirche

Ist die katholische Kirche aus deiner Sicht in ihrer Gesamtheit für Verfehlungen einzelner Priester oder Ordensleute zur Rechenschaft zu ziehen?

Aus meiner Sicht eindeutig JA, denn die katholische Kirche gibt die Rahmenbedingungen vor, in denen ihre Mitarbeiter arbeiten. Diese zitierten Rahmenbedingungen sind teilweise nicht mehr zeitgemäß. Ich würde mir eine Anpassung an das HEUTE, noch besser an das MORGEN wünschen, denn mit einer Anpassung an das HEUTE, ist die Kirche bereits wieder in der Vergangenheit.

Die katholische Kirche muss ein Schrittmacher sein, dabei meine ich keinesfalls das medizinische Gerät, den Herzschrittmacher, sondern vielmehr den Läufer, der vor einem guten Marathonläufer herläuft, um ihn zu Höchstleistungen zu motivieren. Zu so einem Schrittmacher soll aus meiner Sicht die katholische Kirche werden. Die Menschen brauchen jemanden, an dem sie sich orientieren können, Werte, auf die sie sich verlassen können. Diese Werte müssen zumindest ansatzweise in die JETZT-Zeit transformiert werden. Ein ständiger Rückblick auf die vergangenen zweitausend Jahre ist zu wenig und führt dazu, dass die Strukturen der Kirche verknöchern, austrocknen, auf Dauer uninteressant werden.

Es ist zu wenig, Pfründe zu verteidigen und enttäuscht zu sein, wenn immer mehr „Schafe" von der Herde abhandenkommen. Es ist zu wenig, sich auf die vergangenen zweitausend Jahre zu verlassen und davon auszugehen, dass es genau so weitergehen wird. Ich fordere die katholische Kirche auf, sich zu öffnen und sich zumindest ansatzweise an den Zeichen der Zeit zu orientieren. Die Menschen haben das unendliche Bedürfnis nach Spiritualität, nach spiritueller Begleitung und sind ständig auf der Suche nach Antworten auf ihre unzähligen Fragen. Ich stelle die Frage, wieso strömen sie nicht vermehrt der katholischen Kirche zu? Wieso kommt es immer wieder zu extremen Phasen der Austritte? Marketing-Analytiker würden an dieser Stelle wohl feststellen müssen, dass vieles falsch läuft. Ich würde mir ein wenig mehr Analyse wünschen, um das starre Gefüge der katholischen Kirche zumindest ein wenig in Bewegung zu bringen.

Jeder einzelne Katholik ist aufgerufen, laut und deutlich seine Stimme abzugeben. Seid nicht enttäuscht und kehrt nicht ohne Stimmabgabe der Kirche den Rücken zu. Ich weiß, die Mühlen der Kirche mahlen entsetzlich langsam, aber je lauter ihr ruft, umso eher werdet ihr gehört und desto eher wird Entwicklung stattfinden.

Schutzengel

Viele beschäftigt immer wieder das Thema „Schutzengel". Wer sind sie, was bewirken sie, warum sind sie bei uns? Hat jeder einen Schutzengel?

Jeder, der einen Schutzengel braucht und haben will, hat einen oder sogar mehrere um sich. Es gibt aber auch sehr in sich ruhende, selbständige Menschen, die nie Kontakt zu ihrem Schutzengel suchten oder vielleicht sogar keinen hatten, weil sie ihn nicht anriefen. Schutzengel kommen entweder von allein, wenn es darum geht, dem Menschen Schutz zu geben, oder sie werden vom Menschen selbst gerufen, wenn sie schutzbedürftig sind.

Schutzengel sind aufgestiegene Wesen. Sie haben nichts mit Religion zu tun, auch wenn sie von verschiedenen Religionen benutzt werden. Sie sind Bewahrer, Beschützer und führen Menschen, wenn diese sich orientierungslos fühlen und nicht mehr weiterwissen. Das sind meist auch die Momente, wo sie von den Menschen angerufen werden und dann auch gern zu ihnen kommen. Schutzengel sind sehr leicht zu rufen. Hier bedarf es keines Rituals oder ähnlichem. Man wünscht sie sich einfach herbei und sie sind da. Sie umgeben einen wie eine Art Schutzschild und bringen die oft ins Wanken gekommenen Energien des Schutzbefohlenen wieder ins Lot. Jedes Kleinkind hat viele Jahre automatisch einen Schutzengel um sich, er muss nicht extra gerufen werden, er ist von Anfang an da und geht wieder, wenn er das Gefühl hat, nicht mehr gebraucht zu werden. Meist geschieht es nach dem ersten oder zweiten Schuljahr. Aber das ist von Kind zu Kind unterschiedlich und hängt ganz von seiner individuellen Schutzbedürftigkeit ab.

Wer sind die Schutzengel? Wie ich schon sagte, sie sind aufgestiegene Wesenheiten, ehemalige Menschen, die bereits öfter im Leben standen und in ihrer Geistigkeit sehr weit fortgeschritten sind. Wahre Lichtwesen eben. Sie sind voller Demut, sehr intelligent, sehr fein, sehr weich, äußerst feinfühlend. Eure Darstellungen von Elfen erinnern mich immer ein wenig an Schutzengel, sie kommen in ihrer Transparenz den Schutzengeln sehr nahe, in ihrer Abbildung natürlich nicht. Schutzengel sind keine kleinen Wesen, sie sind vielmehr Energien, die sich ausbreiten, die sich zu Gesichtern manifestieren können, zu Körpern, aber keine Gesichter oder Körper sein müssen. Sie sind einmal so und ein andermal ganz anders. Sie sind keinesfalls verstorbene Kinder oder Babys. Natürlich kann es sein, dass eine Kinderseele nur kurz reinkarniert war und zu einer aufgestiegenen Wesenheit, zu einer aufgestiegenen Energie wurde. Und wenn es dann von seinen Leuten gerufen wird, ist es auch in Form des Schutzengels anwesend.

Erzengel können zwar auch Schutz geben, so man sie anruft, aber per se sind sie keine Schutzengel. Sie repräsentieren ein wenig mehr als die Schutzengel, auch wenn wir in der geistigen Welt bemüht sind, keine Hierarchien aufzubauen. Bei uns ist jeder in etwa gleich, der einzige Unterschied liegt in der spirituellen, geistigen Entwicklung, in der Reinheit seines Lichts, nicht im Namen oder im Status zu Lebzeiten. Also, wenn man es so will, sind Erzengel ein bisschen mächtiger, ein bisschen weiter und dadurch in ihrer Kraft unmittelbarer.

Es kann durchaus sein, dass bei Heilertätigkeiten immer wieder Erzengel anwesend sind, sie müssen nicht einmal gerufen werden, aber Heilung ist ihnen ein großes Anliegen und daher kommen sie oft auch unaufgefordert.

Geld

Zum Thema Geld und der Wertigkeit des Geldes möchtest du ebenso einige Gedanken einbringen. Wie wichtig soll uns Geld sein, wie wichtig darf uns Geld sein?

Falsch ist, Geld und sich dem Fluss allen Materiellen zu verweigern. Richtig ist, es nicht überzubewerten. Geld ersetzt heute den Tauschhandel und es darf getauscht werden, es darf Geld gemacht werden, es darf Materielles angehäuft werden. Die Bedingung, die dabei IMMER im Raum steht, ist: ES SOLL BEFREIT SEIN VON GIER. Wessen Gedanken sich ausschließlich nur noch darum drehen, sein Geld zu vermehren, dem die Raffgier sein Motor ist, derjenige wird eines Tages aufwachen und sich des Defizits auf der gegenüberliegenden Waagschale bewusst werden. Wer nur rafft, wird sich niemals im Gleichklang befinden und eines Tages schmerzhaft kippen.

Warum gibt es Menschen, die immer unter Geldmangel leiden, und umgekehrt solche, die immer über Geld verfügen? Die Erkenntnis liegt darin, wie befreit ich mit Geld, mit ähnlichen Wertigkeiten umzugehen verstehe. Ist es mir wichtig, verkrampfe ich mich. Wenn ich mich verkrampfe, verliere ich einen Großteil meiner Energien und wenn ich einen Großteil meiner Energien verliere, habe ich zu wenig Energien, um Materielles, etwa Geld, anzuziehen.

Umgekehrt, wenn ich dem Geld weniger Wert beimesse, werde ich mich auch nicht verkrampfen, und so mich dem Zufluss nicht verschließen. Wenn ich jedoch verschwenderisch damit umgehe, weil ich davon ausgehe, dass es ja genau so zu mir zurückfließen wird, wie ich es abfließen lasse, dann wird es nicht lange dauern, bis ein bemerkenswertes Ungleichgewicht eintritt.

Warum ist das so? Weil in dem Augenblick, in dem ich verschwenderisch mit meinen materiellen Ressourcen umgehe, ich bereits meist im Hinterkopf habe, es mir nicht leisten zu können, und gerade dabei bin, mehr auszugeben, als hereinkommen wird. Diesen Gedanken kann man sich in allen materiellen Bereichen kaum entziehen. Es ergibt auch keinen Sinn, sich ihm entziehen zu wollen, denn sobald ich die Kraft, das energetische Vermögen besitze, mich diesem Gedanken zu entziehen, bin ich in meiner Entwicklung so weit fortgeschritten, dass mir Materielles unwichtig ist. Wenn Materielles keine große Rolle mehr spielt, steige ich automatisch in einen Bereich auf, in dem ich immer über genügend Geld verfügen werde. Gerade über die wahren Prioritäten des Lebens ist zum Beispiel Lao Tse ein großer Meister, und es bereitet mir immer großes Vergnügen, mich mit ihm darüber zu unterhalten.

Ein Aspekt im Zusammenhang mit Geld und dem Materialismus im Allgemeinen erscheint mir noch wichtig. Lasst die Menschen, die weniger haben als ihr, an eurer Freude teilhaben. Lasst den Menschen, die weniger haben als ihr, von eurem Geld etwas zukommen. Es ist ein ewiger Kreislauf, der in Bewegung gehalten werden soll. Du spendest etwas von deinem Geld und erwirbst dir dafür ein gutes Stück Glückseligkeit. Wenn du schenkst, schenke unbedingt auch mit deinem Herzen. Es soll kein gedankenloser Akt im Vorbeigehen sein, sondern ein sehr bewusst gesetzter, der durch die unendliche Liebe des Herzens begleitet sein soll. Wenn wir mit dem Herzen schenken, dann beschenken wir uns im Akt des Gebens selbst. Somit aktivieren wir den von mir erwähnten Kreislauf, wir geben die unendliche Liebe unseres Herzens und erhalten unendliche Liebe. Vielleicht nicht unmittelbar von dieser eben beschenkten

Person, aber sobald der Kreislauf in Gang gesetzt ist, bekommen wir im selben Ausmaß zurück, was wir imstande waren zu geben.

Geld darf uns wichtig sein, aber es soll uns nicht beherrschen. Ihr dürft für eure Leistungen Geld als Gegenleistung verlangen. Wenn ihr euch davor scheut, für eure Leistungen eine Gegenleistung zu verlangen, dann bringt ihr den Fluss des Geldes, den Fluss des Ausgleichs ins Stocken. Ihr werdet dann sehr rasch merken, dass ihr nie und nimmer auf einen grünen Zweig kommt. Ihr werdet sehr rasch merken, dass eure Rechnung nicht aufgeht. Daher verlangt einen Gegenwert für eure Leistungen, beleuchtet aber von Fall zu Fall den wahren Gegenwert mit der Liebe eures Herzens, dann wird der von mir erwähnte Kreislauf niemals ins Stocken geraten.

Ich wurde auch gefragt, warum es immer wieder zu Geldkrisen kommt. Besagte Geldkrisen haben keinen anderen Sinn, als vor Augen zu halten, wie hoch jedem einzelnen der Wert des Geldes bereits geworden ist. Jeder möchte am liebsten ein König Midas sein und alles vergolden, was er berührt. Das führt aber dann auch dazu, dass er auf die wesentlichsten Dinge des Lebens verzichten muss.

Geldkrisen gibt es immer dann, wenn der Großteil der Menschen sämtliche Alternativwerte vergessen hat. Durch besagte Krisen werden die Strukturen der Gier gebrochen, und es wird Platz geschaffen, um Alternativen etwas deutlicher zu Wort kommen zu lassen. Es heißt immer, die „Kleinen" würden in Geldkrisen am meisten verlieren. Das stimmt so nicht, denn die wahren Verlierer der Geldkrisen sind die, die sich unwiderruflich dem Mammon verschrieben hatten, und bei denen die eingangs zitierte Waage sich längst im Ungleichgewicht befand. Sie sind die Auslöser der Krise und für sie ist die Krise gemacht. Wer sein Geld im natürlichen Gleichgewicht betrachtet, wird von keiner der Krisen beeinträchtigt sein. Ihn werden die Ängste als Vorboten und Mitstreiter der Geldkrisen nicht erreichen können. Erreichbar für Ängste, im Besonderen für Verlustängste, sind die, die sich vor Gier verkrampfen und nicht bemerken, wie sehr sie sich im Ungleichgewicht befinden. Wer sich im Ungleichgewicht befindet, wird wohl fallen, so er es nicht ausgleicht.

Der Geldfluss ist ein Energiefluss und grundsätzlich ein sehr energetischer Fluss, aber nicht immer einer der positiven Energien. Es hängt sehr davon ab, was man daraus macht, wie man ihm gegenübersteht, ob eine Art der Anbetung existiert. Er entspringt als Quelle sehr neutral, wird über eine gewisse Distanz zu einem Bächlein und ist aus seiner Neutralität in eine sehr kräftige, positive Energie getreten. Allmählich wird das Bächlein immer größer und breiter und zum Fluss, plötzlich sind seine Energien sehr träge, meist negative Energien, die alles, was sich ihnen in den Weg stellt, verschlingen.

Würdet ihr die Luft zum Atmen anbeten und ihr den Stellenwert verleihen wie den Stellenwert des Geldes? Obwohl ihr ohne Luft nicht leben könnt, würde sie nie den Status des Geldes einnehmen können. Sie ist wichtig, aber wertefrei. Um diese Wertefreiheit geht es auch beim Geld, je zwangloser alles Materielle betrachtet werden kann, umso leichter fällt es einem, damit umzugehen. Verkrampfe ich mich in der Betrachtung und schüre ich die Angst in mir, dass es weniger werden könnte, dass ein materieller Abfluss stattfinden könnte, dann wird dies über kurz oder lang auch passieren.

Wie steht es um das Glücksspiel, Lotto, Lose, Wetten, die Börse? Geldvermehrung ist erlaubt, und auch wenn in spirituellen Kreisen sehr oft Zweifel zu Investitionen an Börsen angemeldet werden, so sind dies im Grunde auch nur Wetten auf Kurse. Wenn ich Lotto spiele, mir Lose kaufe, warum soll ich dann nicht auch in Börsenwerte investieren?

Diese Investitionen werden zu Unrecht disqualifiziert, es ist nichts anderes als eine Wette auf einen Kurs, nicht mehr und nicht weniger. Dass daran Manager hängen, die nichts unversucht lassen, um den Kurs ihres Unternehmens in die Höhe zu treiben, ist eine andere Sache. Hier beginnt der Fisch zu stinken, wie es so schön heißt. Sobald Manager ihr Unternehmen auf Kurse an Börsen hintrimmen, verliert sich die Ethik des Unternehmens. Es geht dann nur noch um extreme Gewinnmaximierung, darum, die Personalkosten zu senken und Mitarbeiter in die Arbeitslosigkeit zu drängen. Es ist eine zweiseitige Medaille. Die oftmalige Verderbtheit der Manager von an Börsen notierten Unternehmen auf der einen Seite und das Glücksspiel an der Börse auf der anderen Seite. Aber es ist nicht rechtens zu sagen, wer an Börsen investiert, befindet sich auf der Managerseite der Medaille.

Wenn Firmen nach aufrichtigen, ethischen, lichtvollen Grundsätzen geführt werden, dann mögen sich vielleicht deren Kurse langsamer entwickeln, aber nicht weniger erfolgreich. Das heißt, es kommt ganz auf die Firmeninhaber und deren Manager an, ob sie sich der lichtvollen oder der Schattenseite verschreiben. Ob sie sich dem Götzen Mammon und seinem Bruder Profit unterordnen oder es unverkrampft fließen lassen. Firmen funktionieren nicht anders als Einzelpersonen, denn je verkrampfter es in einer Firma zugeht, umso mehr werden die Energien ab- und nicht zufließen. Eine Firma mag ein komplexeres Gebilde sein, aber die energetischen Gesetze, die Grundwerte sind dieselben.

Es dürfen Gewinne gemacht werden, aber es sollen ausschließlich lichtvolle Gewinne sein, befreit von Gier, Neid und Niedertracht. Wir alle kennen Konzerne, die sich wie klebriger Schleim über die Welt ziehen. Sie finanzieren politische Lobbyisten, die in deren Namen Gesetze zu deren Gunsten beeinflussen sollen. Sie kaufen Konkurrenten auf und diktieren Preise, Qualität und Werte. In den wenigsten der riesigen Krakenkonzerne sehe ich lichtvolle Arbeit. Meist setzt sich die dunkle Seite durch und schluckt alles Licht. Selbst lichtvolle

Mitarbeiter werden es nicht lange aushalten und werden gehen müssen, weil sie die ständige Konfrontation mit den dunklen Energien krank machen würde. Somit werden nach und nach alle Mitarbeiter, zum Wohle der Konzernkrake, gleichgeschaltet.

In diesem Moment kann man nur mehr von außen wirken und dem Koloss lichtvolle Energien senden, aber dazu bedarf es einer kollektiven Sendung. Ein Mensch allein würde dazu nicht ausreichen und sei er noch so lichtvoll. Erfreulicherweise gibt es einen lichtvollen Gegenpol und ebenso lichtvolle Firmen, die sich als Gegengewicht in die Waagschale werfen. Leider muss ich jedoch zugeben, dass die Konzerne des Schattens oft stärker sind. Und doch ist es eine fragwürdige, in gewisser Weise filigrane Stärke, die nicht auf Ewigkeit gebaut ist. Denn der Schatten kann nur existieren, weil es das Licht noch nicht geschafft hat, ihn aufzuhellen und letztlich aufzulösen. Kein Schatten der Welt hält sich, wenn Licht auf ihn fällt.

Gefängnisse und Todesstrafe

Wie steht es aus deiner Sicht um die Gesetzgebung der Menschen, um Gefängnisse, um die Todesstrafe?

Auch dieses sind Themen, die sehr an die Spiritualität eines Volkes gebunden sind. Je höher sich ein Volk in seiner Schwingungsebene befindet, umso intelligenter ist seine Gesetzgebung. Leider stammen die meisten Gesetze nach wie vor aus dunklen Zeiten. Es wäre also längst an der Zeit, sie an lichtere Zeiten anzupassen, sie ein wenig zu modulieren. Teils ist es bereits geschehen, teils liegt diesbezüglich noch ein weiter Weg vor euch. Vergleicht die Art der Strafen in den unterschiedlichsten Völkern und euch wird auffallen, wie verschieden sie sind. Teils sind die Strafen noch sehr barbarisch und sie heben sich um nichts von den Taten der Täter ab. Was macht den Menschen auf der Gesetzesseite zum besseren Menschen, wenn er barbarische Strafen verhängt? Ist es richtig, jemandem für seine

Untat die Gliedmaßen abzuhacken? Wie soll jemand sein unrechtes Tun aufarbeiten, wenn er zur Strafe getötet wird? Was macht die Gesetzgebung so sicher, dass ihre Gesetze der richtige Weg sind?

In vielen Ländern sehe ich noch einen weiten Weg zur Verbesserung ihrer Gesetzgebung. Hier handelt es sich um einen allgemeinen Weg ins Licht, denn an der Gesetzgebung und ihren Strafen ist gut ablesbar, in welcher Qualität das Volk steht. Sind es Barbaren oder unbarmherzige Schlächter, oder handelt es sich um Menschen des Lichts mit einem großen, warmen und lichtvollen Herzen?

Und doch ist die Erde in einer Gesamtheit zu sehen. Das Licht verdrängt unweigerlich den Schatten und auch Völker mit aus unserer Sicht rückständigen Gesetzen. Sie werden von lichtvollen Völkern nach oben gezogen. Der Wandel wird rascher vonstattengehen als bisher. Denkt daran, wie sich zum Beispiel Europa entwickeln musste, wie lange hat es hier gedauert, bis nachhaltige Schwingungsveränderungen griffen, bis nachhaltiges Licht und Spiritualität Einzug hielt. Es wird zu leicht der Weg vergessen, der auch hier in all seiner Nachhaltigkeit zu gehen war. Selbiger Weg ist von allen Völkern dieser Erde zu beschreiten, manche werden ihn vielleicht rascher gehen können, weil sie zu dem greifen, was ihnen geboten wird.

Die geistige Welt ist eindeutig gegen die Todesstrafe. Keinem Menschen steht es zu, einem anderen das Leben zu nehmen, weder gegen das Gesetz noch mit dem Gesetz. Keinem Menschen steht es zu, Scharfrichter gegen das Leben eines anderen zu sein. Damit hebt er sich um nichts von denjenigen ab, die er richtet.

Wie steht es um Gefängnisse? Sie sollen sein, denn wie kann ein uneinsichtiger Mensch, der gegen das Gesetz verstoßen hat, auch anders bekehrt werden, als dass er seine Strafe abzusitzen hat?

Dazu sind jedoch einige wichtige Anmerkungen nötig. Gefängnisse sollen keinen schlechteren Standard haben als die Wohnungen in den jeweiligen Ländern. Gefängnisse sollen keine reinen Verwahrungsstätten sein, sondern deren Insassen die Möglichkeit für Bildung und Weiterentwicklung bieten. Es besteht die Pflicht, mit den Eingeschlossenen zu arbeiten, sie zu entwickeln – natürlich auch, sie spirituell zu entwickeln. Würde dies nicht geschehen, kommen meist schlechtere Menschen aus den Gefängnissen heraus, als sie hineingegangen sind. Arbeit, Beschäftigung, Bildung, Weiterentwicklung in allen Bereichen des Lebens, das sollen unbedingt Themen aller Gefängnisse dieser Welt sein. Als entwickelte Menschen seid ihr jenen Menschen etwas schuldig, die weniger weit entwickelt sind, die ihrer Entwicklung hinterherhinken und Unrecht tun.

Ich höre immer wieder von Hardlinern und Rassisten, dass es manche Menschen in den Gefängnissen besser hätten, als in den Ländern, aus denen sie stammen. Darüber kann ich nur enttäuscht lächeln, denn kein Mensch dieser Welt hat es, egal in welchem Gefängnis, besser als in Freiheit. Es ist zynisch zu behaupten, dass Menschen aus ärmlichen Ländern den Luxus mehr oder weniger moderner Gefängnisse genießen. Freiheitsentzug ist und bleibt Freiheitsentzug. Was nützt dir selbst jeder vermeintliche Reichtum, wenn du ihn hast, aber nicht mehr dein Zimmer verlassen darfst. Nichts!

Jedes Land dieser Erde hat für sich die Verantwortung, seine meist veraltete Gesetzgebung sinnvoll zu überarbeiten. Jedes Land dieser Erde trägt für sich die Verantwortung, über Gesetzesbrecher im reinsten Licht, mit Weisheit zu richten. In vielen Ländern wurde die Gesetzgebung bereits in großartiger und vor allem reifer Verantwortung verbessert. Wie ich schon sagte, es zeugt von der Qualität des einzelnen Landes, wie es mit seinen Gesetzesbrechern umzugehen versteht. Richte ich über die Gesetzesbrecher meines Landes wie ein Barbar, hebe ich mich mit keinem Deut von den Barbaren ab, über die ich im Namen des Gesetzes richte.

Erhöhung der eigenen Schwingung

Vielen Menschen, die in ihrer Spiritualität verankert sind, ist es ein Anliegen, ihre Schwingung zu erhöhen, um sich besser entwickeln zu können.

Menschen, die in ihrer Mitte ruhen und auf Abruf immer wieder spontan ihre Mitte finden, werden in ihrer Grundschwingung gleichbleibend sein. Solche, die sich sehr schwer damit tun, ihre Mitte zu finden, werden in ihren Schwingungen schwanken – auf und ab – wie das Pendel einer Kuckucksuhr. Je nach Laune und Stimmung befindet sich die Schwingungsebene oben oder unten. Ist die Stimmung schlecht, geht die Schwingung hinunter, ist die Stimmung gut, geht sie hinauf. Der Großteil der Menschheit lebt diesen Weg, weil er es nicht besser weiß. Darum ist es ja so immens wichtig, über ALLE Zusammenhänge Bescheid zu wissen. Denn wenn man über die einzelnen Fäden unterrichtet ist, kann man effizient daran ziehen. Es sollte jeder eine Art Grundkurs besuchen, in dem gelehrt wird, wie man sich in seiner Mitte verankert, wie man in unangenehmen Situationen rasch seine Mitte findet und sich keinesfalls durcheinanderwirbeln lässt. Das, was man landläufig unter „asiatischem Gleichmut" versteht, ist meist diese unverrückbare Mitte, die ich meine. Das Grundziel soll sein, die eigene Schwingungsfrequenz zu halten, das nächste Ziel soll eine spürbare Erhöhung der Schwingung sein. Dazu gibt es eine Reihe von Ansätzen, um dies zu erreichen.

Aber widmen wir uns zuerst einmal denjenigen unter uns, die ihre Aufgabe noch vor sich haben, nämlich ihre Schwingungsfrequenz stabil zu halten.

Anleitung zur Stabilisierung der eigenen Schwingungsfrequenz

Wie ich bereits erwähnte, passt sich bei den meisten von euch die eigene Schwingungsfrequenz der Stimmungslage an. Läuft alles gut und ist die Stimmung in Ordnung, ist die Schwingung mit dabei. Gibt es Tiefs, weil das Leben gerade aus dem Ruder läuft, verabschiedet sich die eigene Schwingungsfrequenz in ihrer Gesamtebene in den Keller und muss erst wieder, oft über Wochen und Monate, mühsam aufgebaut werden. Zu diesem Zeitpunkt ist die Stimmung auch wieder in Ordnung. Stimmung und Schwingung sind meist wie ein Zwillingspaar miteinander eng verbunden und lassen sich dabei selten aus den Augen.

Wie vermeide ich es, dass meine Schwingung hin- und herpendelt wie das Pendel einer Uhr? Natürlich durch Meditation, denn wenn ich meinen innersten Raum, meinen Kern, den Zutritt zu meiner Seele kenne, finde ich auch in kritischen Situationen spontan zu mir selbst. Dort erhalte ich Halt und Schutz zugleich. Ich bin nicht mehr von außen, von Dritten abhängig. Nichts kann mich über Gebühr erschrecken, nichts kann mich nachhaltig erschüttern, denn ich habe ein Rückzugsgebiet in mir geschaffen, das mich auffängt und innig hält, es lässt mich nicht mehr hinunterrasseln.

Wie findest du deinen innersten, heiligen Raum? Nimm eine bequeme Haltung ein und schließe die Augen. Lausche deiner eigenen Stille und wandere mit vollem Bewusstsein zum Sitz deiner Seele, du findest sie auf Höhe des Solarplexus-Chakras, ein gutes Stück oberhalb deines Bauchnabels. Wenn du in dich hineinspürst, findest du es. Du wirst nahezu hingezogen, vertraue deiner Intuition. Dort, wo sich deine Seele befindet, ist dein innerster, heiliger Raum, dein Kern, deine Mitte. Mache dich mit dem Sitz deiner Seele vertraut, indem du dort verweilst und hineinhörst. Vielleicht ergibt sich sogar ein Dialog zwischen deiner Mitte und dir. Spüre in dich hinein. In den meisten Fällen fühlt es sich angenehm, heimelig, beschützend, wärmend und wohltuend an.

Diese einfache Übung praktizierst du mindestens einmal täglich, anfangs in entspannter Position bei geschlossenen Augen, später in alltäglichen Situationen, in öffentlichen Verkehrsmitteln, wenn du irgendwo auf etwas wartest, kurz vor dem Schlaf. Immer wieder suchst du deine Mitte auf, den Sitz deiner Seele und verweilst dort, spürst hinein, nimmst sie wahr und fühlst dich dabei sehr wohl. Wenn dir dies spontan gelingt, kann dir auch in kritischen Situationen nichts mehr passieren, denn du hast deine Mitte gefunden, deine innere Stabilität und nichts sollte dich nachhaltig erschüttern können. Somit ist es dir gelungen, deine Schwingungsfrequenz zu stabilisieren und letztlich in der Erkenntnis, dem Wissen der Stabilität, wird es dir auch gelingen, sie eine Stufe anzuheben. Das ist der nächste bedeutungsvolle Schritt.

Nun geht es darum, die eigene Schwingung zu erhöhen. Was passiert im Fall einer höheren Schwingung? Man wird sensibler, feinfühliger, hellsichtig, hellhörig und vieles mehr. Die Kommunikation mit der geistigen Welt wird einfacher. Der gesamte Körper verändert sich und wird lichtvoller, aber auch ein wenig empfindlicher für ALLE Einflüsse von außen. Ist die Schwingungsfrequenz einmal erhöht, wird Achtsamkeit noch wichtiger und der Selbstschutz, in Form eines Schutzschildes, sowieso. Für jeden, der mir jetzt zuhört oder später diese Zeilen liest, wird sich eine Erhöhung seiner Schwingungsfrequenz lohnen.

Die eigene Schwingungsebene nachhaltig zu erhöhen ist ein einfacher Prozess, aber mit sehr viel Disziplin verbunden. Mir selbst ist es zu Lebzeiten immer wieder gelungen, meine Schwingungsebene um ein Vielfaches zu erhöhen. Leider habe ich dabei allzu oft meinen Körper vergessen, weil mir ab einer bestimmten Lebensphase meine Seele näher war als er. Aus heutiger Sicht würde ich, allein aus Gründen des Vorbildes, anders leben. Es muss keinesfalls sein, dass man den Körper leiden lässt, um die Schwingungsfrequenz rascher zu erhöhen. Lasst euren Körper niemals außer Betracht und pflegt ihn wie ein Kleinkind, das eurer Fürsorge bedarf.

Anleitung zur Erhöhung der eigenen Schwingungsfrequenz

Ist erst einmal der Prozess zur Erhöhung der Schwingungsfrequenz eingeleitet und wird die Disziplin nicht vernachlässigt, kommt es in bestimmten Abständen automatisch immer wieder zu bemerkbaren Frequenzerhöhungen. Es ist in gewisser Weise ein automatisierter Prozess, solange das Prozedere dazu eingehalten wird.

Um die eigene Schwingungsfrequenz anzuheben, bedarf es großer Achtsamkeit und Disziplin. Denn so wie du dich hinaufarbeitest, kannst du auch wieder herabfallen, daher die eben angesprochene Disziplin, die mir in diesem Zusammenhang außerordentlich wichtig erscheint.

Lebe im vollen Bewusstsein! Jede einzelne Stunde deines Tages soll voll bewusst erlebt werden. Wenn du einen Vogel zwitschern hörst, nimm Notiz von ihm. Wenn jemand an der Bank, auf der du sitzt, vorübergeht, nimm Notiz von ihm. Wenn es regnet, spüre jeden einzelnen Tropfen auf deiner Haut. Wenn du trinkst, besinne dich jedes einzelnen Tropfens, mit dem dein Glas gefüllt ist. Wenn du isst, schlinge nicht, sondern iss und schmecke mit Bedacht und Genuss. Du weißt nun, worauf ich hinauswill. Du wirst sehen, es ist eine wunderbare Übung. Aber täglich wirst du mehrfach aus der Achtsamkeit gerissen werden und wirst immer wieder bewusst in sie eintreten müssen. Wenn ich bewusst lebe, erkenne ich auch meinen eigenen Schwingungszustand. Es bedarf keiner Meditation, keiner Einkehr, denn wenn ich bewusst lebe, bewusst im Umgang mit mir bin, dann weiß ich in der Sekunde über die Qualität meiner aktuellen Schwingungsebene Bescheid.

Große Wichtigkeit spielen die Zutaten, die ich meinem Körper zuführe. Was esse ich, was trinke ich, wie oft bewege ich mich? Ein schwerfälliger Körper reduziert die mögliche Schwingungsfrequenz, also muss ich danach trachten, ihn leichter zu machen, um ihm einen Eintritt in eine höhere Schwingung zu ermöglichen. Mit der Erleichterung meine ich nicht automatisch eine Reduktion des Eigengewichts, vielmehr meine ich AUCH damit das Gefühl, das mit der Annahme deines Körpers verbunden ist. Ist es ein schweres, ist es ein leichtes Gefühl, wie fühlt der Körper sich in seiner Gesamtheit an?

Er wird automatisch leichter, wenn ich bewusst esse und trinke. Frische, lichtvolle Nahrung, frei von chemischen Zusätzen. Wenn sich Fleisch verhindern lässt, dann keines oder nur sehr selten eines, denn wenn du zu mindestens neunzig Prozent Vegetarier bist, dann ist das wunderbar. Verzichte auf Schweinefleisch, denn es ist der DNA des Menschen sehr ähnlich. Iss Obst und Gemüse, ausgesucht nach dem Gabentisch der Jahreszeiten. Ernähre dich biologisch und überlegt. Höre täglich in deinen Körper und gib ihm, wonach er fordert. Du wirst sehen, es werden meist täglich andere Dinge sein, je nachdem, was er gerade benötigt. Iss nicht zu spät am Abend, damit belastest du dich und deinen Körper. Trinke Quellwasser, Leitungswasser, wenn die Qualität in deinem Wohnbereich in Ordnung ist. Verzichte auf Limonaden, kohlensäurehaltige, süße Getränke, reduziere deinen Kaffeekonsum und erhöhe deinen Teekonsum. Hier wähle Kräutertees und Grünteesorten. Versuche industrialisierte, meist von ihren Inhaltsstoffen wertlose Nahrungsmittel wie weißen, raffinierten Zucker und weißes, raffiniertes Mehl zu vermeiden. Auch hier gibt es sehr gesunde vollwertige Alternativen. Nimm die Angebote der Natur mit seinen Beeren, dem natürlichen Gemüse (Bärlauch, Löwenzahn etc.) in Anspruch. Alkohol sollte niemals missbraucht werden, halte es mit ihm wie mit dem Fleisch. Nikotin und andere Drogen sollen natürlich ebenso gemieden werden.

Wenn du deine Schwingungsfrequenz erhöhen möchtest, dann ist es wie eine Leistungssteigerung eines Motors. So wie es beim Motor wichtig ist, dass der zugeführte Treibstoff hochwertig ist, soll deine Nahrung, sollen deine Getränke hochwertig und rein sein.

Bewege dich regelmäßig an der frischen Luft in der Natur und werde eins mit der Natur. Sprich mit ihr, fühle mit ihr und lache ausgelassen mit ihr, mache sie dir zur lieben Freundin. Beginne mit Yoga und lerne, dich über Yoga zu zentrieren. Yoga begleitet dich in äußerst zuverlässiger Weise in deinen Schwingungserhöhungen. Yoga ist ganzheitlich, für Körper und Seele.

Meditiere täglich mindestens einmal. Besuche deine Seele, besuche deinen innersten, heiligen Raum und höre in die Stille deiner selbst. Spüre, wie sich die Stärke in dir wohltuend ausweitet, wie sie gepaart mit Zuversicht, Hoffnung und Weisheit dein Inneres auskleidet und dich robust macht. Sprich mit uns aufgestiegenen Meistern, baue dir deinen eigenen Kanal auf.

Höre immer wieder in dich hinein, spüre, wie du irgendwie „leichter" wirst. Dieses Gefühl wirst du schwer erklären können, aber du spürst eine angenehme „Leichtigkeit". Das sind eindeutige Auswirkungen deiner Schwingungserhöhung. Du fühlst dich wie eine Feder im Wind und bestimmst doch selbst die Richtung, in die du gehst. Es ist mir enorm wichtig dabei, dass du immer zentriert bist und selbst bestimmst, wohin es geht, dass du dich nicht durch äußere Einflüsse, gegen deinen Willen, bestimmen lässt.

Wie ich vorhin schon erwähnte, wirst du auch die Menschen besser spüren. Dinge, die nicht ausgesprochen werden, wirst du hören und fühlen. Du wirst in der Schwingungserhöhung sehr feinfühlend, hellhörig, hellsehend. Du wirst auch wesentlich leichter in die Kommunikation mit der geistigen Welt treten können. Plötzlich wird sich wie in einem wunderschönen Theater ein Vorhang heben und du wirst Dinge verstehen, die dir kurz zuvor noch Rätsel waren. Vieles wird sich plötzlich für dich klären, denn es ist so, als würde trübes Wasser plötzlich ganz rein und die Sicht über weite Distanzen merkbar erhöht.

Ich warnte aber auch vor den Nachteilen, denn bei vielen von euch ist ein Schutzschild nötig. Einige werden so sehr in sich ruhen, dass sie keines Extraschutzes bedürfen, andere benötigen erwähntes Schutzschild, das regelmäßig erneuert werden soll.

Ein effizienter Schutzschild ist natürlich die Lichtglocke, den meisten von euch wird sie bekannt sein. Du überziehst dich dabei mit einem Schild aus weißem, reinen Licht. Wenn du dich unter Menschen befindest und du merkst, dir bekommt die Energie eines Anwesenden nicht, dann hast du die Möglichkeit, auch hier die Lichtglocke anzuwenden, aber gleichzeitig auch, um den Schutz zu verstärken, seine Energie mit deinem Hand-chakra unauffällig abzuweisen und zurück zum Ursprung zu lenken.

Die Affirmation dazu lautet:

ICH MÖCHTE DEINE ENERGIE NICHT, NIMM SIE JETZT ZURÜCK. BITTE.

Die Lichtglocke oder das Licht-Schutzschild kann immer wieder in allen möglichen Situationen herangezogen werden, denn es handelt sich um reine, weiße, nährende Energie. Sie tut dir und deinem Körper gut. Es ist wie ein durchscheinender Kokon, der Schutz und Sicherheit gibt.

Wichtig erscheint mir aber auch der Hinweis, dass ihr euch keinesfalls in Ängstlichkeit flüchtet, sondern in eurem Vertrauen und in eurer Liebe ruhen sollt. Es kann euch nichts geschehen, außer, ihr lasst es zu. Ängstlichkeit macht schwach und durchlässig, Vertrauen und Liebe, auch zu sich selbst, stärkt und baut für aggressive, fremde Energien nahezu unüberwindbare Barrieren.

Suche dir Lichtmenschen und verbringe Zeit mit ihnen. Die Gemeinschaft von Gleichgesinnten bringt dich in deiner Erforschung und Entwicklung um dich selbst rascher voran. Es ist keinesfalls einfach, die richtige Gemeinschaft zu finden. Sie muss auch keinesfalls aus vielen Personen bestehen, denn oft bringen zwei Menschen in ihrem Gleichklang die Entwicklung mehr voran, als eine Gruppe von dreißig. Finde die geeignete Lichtgruppe, in der du dich wohlfühlst und in der du dich entsprechend weiterentwickeln kannst. Energetisch geschieht oft in größeren Gruppen mehr, als wenn man allein ist oder zu zweit, aber auch hier gibt es keine allgemein gültige Empfehlung. Es muss jeder seinen eigenen passenden Zugang finden, dazu gehört auch, dass gerade anfangs vieles ausprobiert wird.

Die Natur und erneuerbare Energien

Danke Franziskus. In einem unserer Vorgespräche meintest du, dass die Natur eine Schwester der Menschen sei. Darf ich dich darum bitten, uns deine Gedanken dazu mitzuteilen?

Dank auch dir. Die Natur ist ein Thema, das mich persönlich immer wieder sehr berührt. Ihr Menschen sollt die Natur ehren und mit Rücksicht nehmen, was sie euch anbietet. Die Wahrheit sieht leider anders aus. Ihr schlagt ihr Wunden und beutet sie oft erbarmungslos aus, ganz ohne Rücksicht auf Folgeschäden, ganz ohne Rücksicht auf Verletzungen von Schwester Natur. Es werden ihr Verletzungen zugefügt, die nicht mehr heilen. Dem Menschen ist so viel gegeben, und er bewegt sich im Angebot der Natur wie ein ungelenkes Kind in einem Puppenladen. Ich wünsche mir die nötige Reife, dass mit Bedacht ihre Angebote geerntet werden, ohne sie dabei zu verunreinigen, ohne ihr Angebot und ihre Gaben auszurotten.

Der Mensch sieht sich zu Unrecht als „die Krone der Schöpfung". In Wahrheit ist die Natur die Krone der Schöpfung und der Mensch ein wertvolles Juwel daraus. Er hat die Verpflichtung, sich dementsprechend zu verhalten. Mit welchem Recht nimmt er sich heraus, Gewässer zu verunreinigen und Flora wie Fauna zu töten? Mit welchem Recht nimmt er sich heraus, der

Natur Wunden und Narben zuzufügen, die über viele Jahrzehnte nicht mehr verheilen? Unumkehrbare Narben entstehen, und die nachfolgenden Generationen müssen sich damit auseinandersetzen, wie sie totes Land in lebendes Land verwandeln. Es geschieht so viel aus Rücksichtslosigkeit, Gier, finanziellen Interessen. Könnte die Natur aufschreien, würden wir sie quer über die Erde schreien hören. So duldet sie in aller Stille, was ihr angetan wird, und ich kann nur hoffen, dass alle Wunden verheilen mögen.

Alle Ressourcen der Natur dürfen geerntet werden, aber mit Bedacht, ohne dabei Pflanzen oder Tiere auszurotten. Alle Ressourcen der Natur dürfen abgebaut und gefördert werden, aber ebenso mit Bedacht und ohne erschütternde Begleitumstände wie einer Umweltverschmutzung. Ich sehe die Erdölförderung als großen wunden Punkt. Die Erde wird ausgehöhlt, sie gibt in manchen Regionen nach, und es entstehen vom Menschen gemachte Erdbeben. Natürlich stehen sie nicht immer in kausalen Zusammenhängen, aber oft.

Der Mensch hätte bereits heute die Verpflichtung, wesentlich mehr finanzielle Mittel in sogenannte erneuerbare Energie zu investieren. Es wäre bereits der gesamte Energiebedarf damit zu decken, so dass der Natur dabei nicht geschadet wird. Aus Windkraftwerken, Gezeiten-, Sonnen- und geothermischen Kraftwerken. Die Energiekonzerne hinken ihren Möglichkeiten hinterher und leben gemütlich ihre alten Strukturen. Es sollte von der Politik wesentlich mehr Druck ausgeübt werden, um hier einen kräftigen Umkehrschwung zu ermöglichen. Ihr seid zwar schon wesentlich sensibler was den Schutz der Natur betrifft, aber in vielerlei Dingen, wie zum Beispiel der Energiegewinnung, hinkt ihr den Idealen nach. Es wird immer wieder der Kostenfaktor eingebracht, dass erneuerbare Energie so viel teurer wäre, das stimmt natürlich nicht oder nur bedingt. Solche Äußerungen sind meist beliebte Schutzbehauptungen von den Bewahrern der Trägheit.

Werdet eins mit der Natur und dankt ihr, dankt ihr, dass sie euch begleitet und euch Kraft gibt und euch unentgeltlich ihre Schönheit schenkt. Wenn ihr in der Natur seid, verbindet euch mit ihr und ihren Energien und zehret daraus. Wer ausgebrannt ist und energielos ist, soll die Natur konsultieren und von ihr holen, was er nicht hat. Menschen, die regelmäßig die Natur besuchen und von ihren Energien zehren, werden niemals ausgebrannt sein, sie werden niemals atemlos sein. Sich mit der Natur zu verbinden bedeutet, sich auf ihren Takt einzulassen und für diese Zeit von ihrer unendlichen, unerschöpflichen Stärke zu profitieren.

Ich wünsche mir von euch, dass ihr die Sensibilität besitzt, um mit der Natur ins Gespräch zu kommen. Sprecht mit ihr und hört hin, was sie euch zu sagen hat. Nützt ihre unendliche Weisheit und hört ihr gut zu. Wer sich auf die Natur mit all seinen Sinnen einlässt, wird ihr niemals mehr schaden können. Jeder Einzelne soll ihr Botschafter sein und sie vor ausbeuterischen Schäden bewahren. Jeder Einzelne soll ihr Botschafter sein und in ihrem Interesse sprechen. Wenn das Ökosystem kippt, dann liegt es nur daran, dass ihr so großer Schaden zugefügt wurde und ihre Selbstheilungskräfte versagen. Schlagen zu große Kräfte in dieselbe Wunde, dann ist selbst die mächtige Natur nicht mehr in der Lage, sich zu helfen. Dann muss ihr geholfen werden.

Nehmt sie auf in euer tägliches Gebet, nehmt sie auf in eure tägliche Meditation und dankt ihr für ihre Existenz. Ohne die Natur gäbe es kein Leben, ohne die Natur gäbe es keine Entwicklung. Denkt euch nur kurz eine Erde ohne Natur. Sie wäre wie ein großer Ball, der einem sterilen Operationssaal ähnelt. Ich bete und meditiere täglich für die Natur und ihre Ausbeuter, damit sie zu Sinnen kommen und rechtzeitig ihr grausames Tun bemerken.

Lasst euch auf meine Schwester, die gütige Natur, ein und nehmt sie auf in eure Herzen. Seid gut zu ihr und respektiert sie und ihre Früchte. Ihr Gabentisch ist reichlich gedeckt, und wenn er mit Bedacht genützt wird, wird er niemals versiegen.

Fühlt hinein in die unterschiedlichen Qualitäten der Natur. Stellt euch auf eine Wiese und fühlt hinein. Sanfte, laue Energien umschmeicheln euch. Spürt sie und interpretiert sie für euch. Nehmt sie auf und nützt die unendliche Quelle der Natur. Geht in einen Wald und fühlt dessen Energien. Sie sind wesentlich robuster und unmittelbarer. Jeder einzelne gesunde Baum ist eine Energiequelle für sich und schenkt euch reichlich davon. Streicht mit der Hand über Moose und fühlt selbst im robusten Wald feine, zarte Energien. Stellt euch an die Ufer der Meere und fühlt, was euch die Meere zu geben haben. Energien unterschiedlicher Qualitäten, von zart bis ungestüm, ein nicht versiegender Energiequell.

Geht auf einen Berg und fühlt dort in die Qualitäten der Natur. Je höher ihr hinauf in Richtung Gipfel kommt, umso klarer und stärker werden die bestehenden Energien. Der höchste Energieausstoß befindet sich auf jedem Gipfel dieser Erde. Fühlt, wie ihr aufgeladen werdet. Nicht umsonst sind Bergsteiger so hoch energetische Menschen, denn sie machen sich die unerschöpflichen Energien der Berge zunutze. Es ist nicht nur die oft grandiose Aussicht, die so sehr euphorisch werden lässt, es ist vielmehr der energetische Ausstoß, der umgehend zu wirken beginnt und einfach rundherum glücklich macht. Kristallklare, unerschöpfliche, heilige Energien treten aus den Bergspitzen aus und benetzen die Umwelt und deren Besucher. Ein guter Anteil der erwähnten Energien befindet sich in den unzähligen Quellen, die aus den Bergen entspringen. Der Wasserfluss nimmt stattliche Energien mit sich und führt sie zu den Menschen in die Täler. Quellwasser stärkt, Quellwasser heilt, Quellwasser lässt die Natur von neuem gedeihen.

Die Sonne

Oft wird gefragt, wie es sich denn mit der Sonne verhält. Wie sehr ist ihr zu vertrauen? Stimmt es, was über sie in der Forschung gesagt wird?

Die Sonne ist ein wilder Nachbar der Erde. Ohne sie gäbe es kein Leben auf Erden, wäre sie noch näher, würde alles rigoros verbrennen, alles Wasser auf Erden würde verdampfen. Die Macht der Sonne müsst ihr euch vor Augen halten, wenn ihr euch ihr oft gedankenlos nähert. Seht euch vor und setzt euch nicht zu lange ihrer Macht aus. Sie verbrennt euch, ohne dass ihr es merkt. Wenn ich es derart formuliere, meine ich keinesfalls den Sonnenbrand, ich meine vielmehr eine ganz gewöhnliche Bestrahlung ohne Sonnenbrand, und doch werdet ihr bereits von ihr verbrannt. Es sind ihre immensen energetischen Entladungen. Sie sind so unbarmherzig, dass ihr euch vor ihr hüten müsst. Die besten Sonnencremes geben euch nicht lange Schutz.

Hütet euch davor, euch halbnackt über Stunden in der Sonne aufzuhalten. Sie durchbohrt euch unbarmherzig bis in die letzte Faser und fügt euch auf Dauer Schäden zu. In geringen Dosen ist die Sonne sogar gesund, denn sie lädt euch energetisch auf, wie es kaum anders schneller oder vollständiger gelingt. Wenn eure Energiespeicher jedoch voll sind, wäre es höchste Zeit, wieder aus der Sonne zu gehen und dichten Schatten aufzusuchen, sinnvolle Regenerationsorte, die euch vor ihr schützen.

Ihr werdet das Gefühl kennen, wenn ihr euch einen halben Tag lang der Sonne und ihrer Kraft aussetzt, dann seid ihr am Ende oft müde und erschöpft. Ein typisches Zeichen für den machtvollen Raubbau, zu dem die Sonne in der Lage ist. Ein wenig von ihr tut gut und gibt Kraft und Energie, zu viel von ihr macht müde, laugt aus und schädigt. Lasst euch keinesfalls von ihr über Stunden durchbohren, es tut euch nicht gut. Aber selbst hier verhält es sich genau so, wie ich es immer und immer wieder empfehle: Hört in euch hinein und gebt euch selbst die Antwort, wann ist es so weit, dass meine Energiereserven wieder aufgefüllt sind. Verlasst euch auch hier sehr auf eure „Intuition" und macht euch frei von Ehrgeiz und Modebewusstsein.

Verbindet euch mit den Energien der Natur, hört hin, was euch die Natur zu erzählen hat, führt mit ihr ein Gespräch und nehmt von ihrer unendlichen Weisheit. Lebt die Natur mit allen euren Sinnen und erlebt sie in all ihren Dimensionen, in all ihrer Vielschichtigkeit, nehmt euch Zeit, um in sie einzutauchen, nehmt euch Zeit, um euch mit ihr auszutauschen.

Erdbeben und Vulkanausbrüche

Bleiben wir noch ein wenig bei den Themen Natur und Mutter Erde. Kommt es mir nur so vor oder haben wir jetzt mehr denn je Erdbeben und Vulkanausbrüche? Ist die Erde unruhiger geworden?

Zum Teil wird heute mehr darüber berichtet. Eure Medien neigen dazu, Themenpicking zu betreiben und diese dann enorm aufzubauschen, und zwar so lange, bis sie nichts mehr hergeben. Dann kommt das nächste Thema an die Reihe und so geht es in einem fort. ABER, dein Eindruck täuscht dich nicht, es herrscht im Kern der Erde enorme Kraft und Unruhe und somit werden die Erdschollen, die auf diesem Kern schwimmen, von der Unruhe erfasst. Die Erde bebt und es kommt immer wieder zu größeren Vulkanausbrüchen. Stellt euch das so vor, als würden auf einer Wasserlache Blätter eines Baumes schwimmen. Sie werden immer in Bewegung sein und manchmal stoßen sie auch zusammen. So ähnlich verhält es sich mit den Erdschollen, mit den Inseln und den Kontinenten. Der Zustand der Erde soll euch jedoch nicht beunruhigen. Natürlich ist es unangenehm, wenn man nicht weiß, wo das nächste Erdbeben sein wird, wie viele Menschen es wieder trifft und wo der nächste Vulkan ausbricht. Es ist einfach unangenehm, nicht alles kontrollieren zu können. Die Erde lässt sich hier nicht hineinreden. Teils sind das Entwicklungen, die es schon immer gab, und auch hier kam es zu Zyklen, in denen die Erde eruptiver und dann wieder ruhiger war. Es wechselt und ändert sich oft schlagartig.

Im Augenblick, und dieser Augenblick erstreckt sich über die nächsten zwei Dutzend Jahre, kommt es auf den Erdschollen zu einigen merkbaren Verschiebungen. Die Erde ist in einer Phase der Kraft und entlädt sie, indem sie Teile ihrer Oberfläche immer wieder ein wenig dehnt, verschiebt, leicht verändert. In den bekannten Erdbebengebieten wird es daher auch die nächsten zwei Dutzend Jahre noch sehr lebhaft zugehen, und ich kann die Architekten und Baumeister dieser Regionen nur dazu ermuntern, aufrichtig und wertbindend zu bauen.

Stabile Häuser können den Bewegungen der Erde gut trotzen, es gibt wunderbare Technologien, die resistent gegen die stärksten Erdbeben sind. Diesen Technologien soll man in den bekannten Erdbebenzentren eindeutig den Vorzug geben. Alle anderen Gebäude werden dem Aufbäumen der Erde nicht standhalten können.

Es werden sich Gräben bilden, die jetzt noch sanft in der Erdkruste eingebettet sind. Diese Gräben werden sich verbreitern, Meer wird in diese Gräben einfließen und neue Inseln entstehen lassen. Ich sehe diese Entwicklung in Kalifornien und natürlich auch in Äthiopien sehr deutlich.

Dies sind nur zwei sehr starke Möglichkeiten. Es wird auch in anderen Teilen der Erde immer wieder zu Veränderungen kommen. Inseln werden entstehen, andere untergehen. Selten wird das ruckartig geschehen, es wird meist genügend Zeit bleiben, um darauf zu reagieren. Die Anzeichen müssen jedoch ernst genommen werden und dürfen nicht leichtfertig übersehen werden.

Die Entwicklung der Erde ist generell eine sehr langsame, eine sehr stete. Manche Veränderungen geschehen innerhalb weniger Jahre, manche brauchen Generationen, um überhaupt sichtbar zu werden. Stellt euch darauf ein und werdet ein wenig erdverbundener. Lebt nicht in den Tag hinein und betrachtet die Erde nicht nur so nebenbei, betrachtet sie mit größter Aufmerksamkeit und zieht eure Lehren daraus.

Nachdenklich sollt ihr werden, wenn gerade in Erdbebengebieten über längere Zeiten hinweg keinerlei Beben stattfinden. Dies ist ein untrügliches Zeichen dafür, dass sich Energie aufstaut, um dann explosionsartig in Form eines sehr großen Bebens entladen zu werden. Vulkanaktivität ist generell zu begrüßen, denn in ihr entlädt sich sehr rasch sehr viel Energie. Gäbe es die Möglichkeit nicht, sie über den Vulkan abzulassen, würde es zu weitaus stärkeren Beben in der jeweiligen Region kommen und ganze Inseln und Regionen würden auseinanderbrechen. Ein Vulkan garantiert also eine gezielte, verhältnismäßig unproblematische Energieentladung der Erde. Die Erde ist aber in sich ein gutmütiges Wesen, Aggression ist ihr fern, auch wenn es aus der Warte des kleinen Menschen so unbeschreiblich groß aussieht, was in minimalen Bewegungen der Erde geschieht. Auch wenn man es ihr auf den ersten Blick nicht ansieht, sie ist im Fluss, immer in Bewegung.

Hat das alles etwas mit der Erhöhung der Schwingungsfrequenz der Erde zu tun? Nein, denn die Auswirkungen darauf sind anders, sie zeigen sich keinesfalls über die eruptive Tätigkeit des Erdkerns oder ihrer Kruste. Die Auswirkungen der Schwingungserhöhung, wie sie in regelmäßigen Abständen stattfindet, ist in spirituellen, geistigen, lichtvollen Bereichen bemerkbar. Die Schwingungsveränderung findet im feinstofflichen Bereich statt. Deshalb sollt ihr euch ja zwischendurch immer wieder erden, um nicht abzuheben, um mit beiden Beinen fest mit der Erde verankert zu sein.

Gibt es ein Ying und Yang, dann ist die Erde Ying und ihre spirituelle Hülle, in der die Schwingungsmodulationen geschehen, das Yang. Das eine soll nicht ohne das andere sein. Ist nur das eine existent, findet keine Entwicklung statt. Fühlt ihr nur das andere, schwebt ihr fort und findet nicht mehr zurück. Die Erde und ihre Schwingungsfrequenz sind zwei Teile, und sie wirken auf euch wie zwei Pole, in deren Mitte ihr euch befindet. Wenn ihr euch von der Mitte fortbewegt, kommt es zu einem Ungleichgewicht in euch. Viele merken es als einen Zustand, der oft als „ich fühle mich heute so unrund", „ich fühle mich nicht im Gleichgewicht" bezeichnet wird. Daher ist es wichtig, einerseits sich ganz seiner spirituellen Entwicklung hinzugeben und sich auf die Schwingungsmodulationen einzulassen und doch auch immer mit beiden Beinen auf der Erde zu stehen und mit ihr verankert zu sein. Ying und Yang eben. Gartenarbeit, Spaziergänge in der Natur, Sport an der frischen Luft, jede Tätigkeit, die euch mit der Erde in unmittelbaren Kontakt treten lässt, verbindet euch mit ihr und bringt euch wieder ins Lot.

Erdbebenopfer

Ja, aber was ist mit den unzähligen Menschen, die bei Erdbeben oder Klimakatastrophen umkommen? Es ist ja recht schön und nett, wenn die Erde gutmütig ist, aber doch kommen jährlich so viele Menschen durch sie um.

Ich höre deine Verzweiflung. Würden die Menschen wie damals in Zelten, in einfachen Behausungen leben, würde ihnen meist nichts geschehen. Das ist natürlich kein Trost und schon gar keine Erklärung. Ich wies in meinen Ausführungen doch darauf hin, dass ihr längst eine erdbebensichere Technologie habt. Ihr habt die Pflicht, diese Technologie auch zu nutzen. Wenn ihr erdbebensicher baut, wird viel weniger passieren. Es kann nicht sein, dass ihr alle Verantwortung der Erde übergebt. Auch ihr habt Verantwortung zu tragen, ihr habt die Technologie und ich sage euch, setzt sie ein.

Und doch bleibt deine Frage offen, was ist mit den Menschen, die bei den zahlreichen Erdbeben umgekommen sind? Für die Hinterbliebenen gibt es oft keinen Trost und doch haben diese

Menschen ihren Erdenlauf in kurzer Zeit absolviert. Sie können nun frei entscheiden, ob sie sich neuerlich inkarnieren möchten, oder ob es für sie ein endgültiger Abschluss war.

Stadt- und Landleben

In privaten Gesprächen diskutieren wir sehr oft, was wohl sinnvoller ist, Stadt oder Land, wo lebt man deiner Meinung nach am besten?

In der Regel findet jeder den Ort, den er für seine aktuelle Lebenssequenz benötigt. Oftmals seid ihr hin und her gerissen zwischen der Stadt und dem Land. Einerseits braucht ihr die Stille und Ordnung des Landes, andererseits erdrückt sie euch, und ihr braucht das pulsierende Leben der Städte. Glücklich sind die, die sich bereits entschieden haben und zu ihren Entscheidungen stehen können. Grundsätzlich sehe ich die Frage vielschichtig, denn es lässt sich nicht für jeden, zu jeder Zeit, eine allgemein gültige Antwort finden. Die Frage ist individuell zu sehen, und es hängt von den offenen Lernfeldern ab, in die der Jeweilige besser hinpasst. Schließlich gibt es auch Landbewohner, die niemals in die Stadt möchten und umgekehrt. Sie wissen eindeutig, was sie brauchen und was sie wollen oder eben nicht möchten.

Scheut nicht davor zurück, das zu nehmen, wonach ihr verlangt. Ist es die Stadt, dann lebt in der Stadt, ist es das ruhigere Leben auf dem Land, scheut nicht davor zurück, dorthin zu gehen. Denn ihr werdet dort am glücklichsten, wo es euch mit ganzem Herzen hinzieht. Das Herz weiß um eure Bestimmung, und es gilt, nur noch rational abzuklären, ob ihr an eurem Herzensplatz leben könnt. Es hat alles seine Richtigkeit, jeder hat seinen Platz. So wie ihr euch auf dem Land verwirklichen könnt und dort ein vielschichtiges Leben führt, ist die Stadt nicht überzugewichten. Viele meinen, dass das Leben auf dem Land zum Stillstand führt, dass sie ihre Entwicklung ausschließlich in der Stadt vollziehen können. Wie bereits erwähnt, ist es eine individuelle Frage und Antwort, eine individuelle Sicht der Dinge. Der Vorteil der hohen Mobilität eurer Zeit ist, dass ihr nicht gezwungen seid, an einem Ort gegen euren Willen, länger als notwendig, zu verharren. Ihr habt die Möglichkeit, vieles in einem Leben auszuprobieren und euch an dem Ort niederzulassen, der für euch im Augenblick am besten schwingt, der euch das verspricht, was ihr in ihm sucht.

Eines ist mir wichtig: Wenn du in der Stadt wohnst, lass den Kontakt zu Schwester Natur nicht abreißen. Wenn du in der Stadt wohnst, lebe auch immer wieder in der Natur und besuche sie bewusst und intensiv. Opfere dich nicht einem künstlichen Leben ohne Jahreszeiten, einem künstlichen Leben ohne die vier Zyklen der Natur. Ein wesentlicher Anteil unserer Spiritualität ist der Kontakt zur Natur und ihren Kräften. Wende dich nicht von ihr ab, sondern lasse sie immer wieder weit in dein Herz.

Die hohe Spiritualität und die einhergehende Sensibilität gegenüber äußeren Einflüssen beeinflussen möglicherweise viele, die in der Stadt wohnen. Sie erleben dort einen Wendepunkt. Ich komme immer wieder mit Menschen in Kontakt, die von einem Moment zum nächsten einen Rückzug aufs Land wünschen, weil sie mit der impulsiven, energetischen Dynamik der Stadt nicht mehr zurechtkommen. Sie sind es müde, sich täglich vor den unendlichen Energien, die auf sie eintrommeln, zu schützen. Sie sind es müde, mehr Energie zum Selbstschutz als zur Weiterentwicklung aufzuwenden. Sie sind es müde, täglich gegen den Strom der unendlichen Masse zu schwimmen. Ihnen bleibt eine Flucht in ein Landleben nicht erspart. Würden sie es verdrängen und darauf vertrauen, dass es schon irgendwie geht, würden ihre Energien verrinnen. Krankheiten, meist psychischer Natur, würden sich breitmachen. Daher ist die Selbstreflexion so ungeheuer wichtig. Hört in euch hinein und spürt, was ihr braucht und was euch zu viel ist. Verliert niemals den ureigenen Kontakt zu euch selbst, verdrängt niemals eure ureigenen Wünsche. Hört euch selbst und schenkt euch Beachtung, schenkt euren Wünschen Beachtung und lebt mit euch und euren Wünschen im Einklang, dann kann euch auch nichts geschehen.

*

Franziskus, täuscht es oder sind Licht und Schatten in der Stadt wesentlich ausgeprägter als auf dem Land?

Das Verhältnis per se zwischen Licht und Schatten ist nicht anders als auf dem Land. In den Städten ist nur durch die Geballtheit von allem dort Existierenden auch Licht und Schatten spürbarer als in ländlichen Gefilden. Auf dem Land erfolgen die Übergänge zwischen Licht und Schatten sehr oft fließend und nicht unmittelbar, während in den Städten die Übergänge so hart sein können, dass sie sogar ungeschulten, unspirituellen Personen spontan auffallen. Wie oft spürst du in den Städten, dass du dich von einer Sekunde auf die andere unwohl fühlst, obwohl du nur wenige Meter weitergegangen bist. Es war ein Übergang vom Licht zum Schatten, von höheren Energien zu niederen. Dies sind die Übergänge, die ich meine und die auf dem Land fließender gestaltet sind.

In der Regel sind die Energiequalitäten in der Stadt ebenfalls dichter. Das Licht ist lichter und höher, der Schatten ist schattiger, drückender und erniedrigender. Das hängt mit der höheren Bevölkerungsdichte zusammen. Es wird in der Stadt immer mehr Menschen geben, die dem Licht zusätzliches Licht zutragen und auch solche, die den Schatten, meist unwissentlich, verstärken. Diese Prozesse sind auf dem Land weniger spürbar.

In der Stadt verändern sich die Straßenkarten von Licht und Schatten oft mit jeder baulichen Veränderung. Gerade im Bereich von Licht und Schatten ist nichts von Ewigkeit, denn mit kleinen Veränderungen kann wenig Licht sehr viel Schatten verdrängen und ihn ganz auflösen. Es lohnt sich, sich Gedanken darüber zu machen, wie ein lichtvoller Prozess eingeleitet werden kann, um Schatten zu neutralisieren. Es lohnt sich, darüber nachzudenken, wie lichtvolle Orte stabilisiert werden können, um auf Dauer dem Schatten keinen Zuzug zu ermöglichen. Es ist keine Zauberei und ein paar kleine Handgriffe genügen oftmals, denn oft reicht ein hübscher Brunnen mit Fontänen, fließendem Wasser. Wasser ist ein großartiger Träger positiv angereicherter Energien. Mit einem schönen Brunnen kann es sehr leicht gelingen, Licht in ein dunkles Eck zu bringen. So einfach neutralisiert Licht den Schatten.

In der Stadt fehlen die Energien der Natur, es gibt ein paar künstlich angelegte Parks, aber selten mehr. Auf dem Land ist man meist üppig von den natürlichsten aller Energien umgeben, die Natur blickt dir bis in das Fenster und schickt dir unmittelbar ihre Energien. Das fehlt in der Stadt, hier ist man auf Ersatz angewiesen, und daher erscheint es einem oft so, als wären die Schatten länger als auf dem Land.

Einfluss von Regenwetter

Eine Frage, die sich mir aufdrängt, weil es heute regnet. Was geschieht bei Regen, warum sind so viele Menschen frustriert, wenn es einige Tage hintereinander tief hängende Wolken und Regen gibt?

Eine sehr interessante Frage, die mir so das erste Mal gestellt wird. Früher, als die Landwirtschaft eine wesentlich wichtigere Rolle spielte als heute, war Regen ein Segen. Jeder freute sich, wenn es zu regnen begann. Regnete es allerdings zu viel, drehte sich die Freude in Sorge und Frust um, denn der Regen hatte die Macht, ganze Ernten zu vernichten. Ist das Wechselspiel zwischen Sonne und Regen ein gutes, nämlich ein klein wenig Regen und sehr viel Sonne, dann wird niemand darüber frustriert sein, wenn es zu regnen beginnt. Die Lage kippt, sobald es mehrere Tage hindurch grau ist und regnet. Es ist ja auch weniger der Regen als das graue Wetter, die tief hängenden Wolken, die den Leuten auf ihr Gemüt drücken.

Ich möchte das Wetter aus energetischer Sicht betrachten. Obwohl die Sonne in ihrer Kraft vieles vernichten und verbrennen kann, ist jedes Leben von ihr abhängig. Es ist also einerseits eine Frage des Lichts und andererseits auch eine Frage des energetischen Zustandes. Schlechtes Wetter auf längere Zeit drückt die vorhandenen Energien auf ein Minimum. Man muss selbst sehr gut aufgeladen sein, um nicht in eine depressive Stimmung zu fallen. Der allgemeine Zustand wird immer schwieriger, je länger das Regenwetter und die starke Bewölkung anhalten. Die meisten Menschen holen sich ihren Energieschub über den einfachsten Weg, und zwar über das helle Sonnenlicht. Ist es nicht vorhanden, müsste man zu Ersatzstrategien greifen. Eine davon ist, sich zu bewegen, Sport zum Beispiel. Die andere wäre, sich Energien über Meditation zuzuführen.

Es gibt Dutzende verschiedene Möglichkeiten und jeder, dem durch das graue Regen-, Herbst-, oder Winterwetter Energie fehlt, soll sich bewusst machen, bei welchen energetischen Tätigkeiten es ihm gut geht. Diese Tätigkeiten sollen dann ausgeübt werden. Manche holen sich über „ihre" Musik Energie, andere über einen kurzen Schlaf oder über eine gute Tasse grünen Tee. Ausgesprochen spirituelle Menschen können sich gut von äußeren Auswirkungen abgrenzen und unabhängig machen. Sie werden meist mit dem Wetter und dem damit verbundenen energetischen Tiefdruck keine Probleme haben, denn sie bilden ihren eigenen Mikrokosmos, ihre eigenen Energien, ihre eigenen, vielschichtigen Unabhängigkeiten. Davon abgesehen, durch die Verbindung in der Meditation nach „oben" lässt sich mehr Energie holen, als man braucht.

Meditation sollte in allen Schulen dieser Welt gelehrt werden, denn die Macht des eigenen Geistes kann viel ausrichten. Es brauchte nie wieder Unzufriedenheit auf Erden geben, wenn die Meditation zu einem Alltagswerkzeug werden würde. Es sind immer mehr Menschen von einigen wenigen abhängig, die um die spirituellen Regeln wissen und ihnen helfen können. Oft ist es einfacher und bequemer, bei jemandem etwas nachzufragen, als selbst zu forschen und selbst etwas zu tun.

Wasser und seine Energien

Franziskus, kommen wir wieder zu einem ganz anderen Thema. Von der Energie des Wassers und seinen Kräften wissen wir sehr viel. Was möchtest du uns dazu noch Wissenswertes sagen?

Das Wasser, viel um seine Wirkung, seine Fähigkeiten wurden bereits erforscht. Ihr wisst, dass es ein wunderbarer Speicher für fremde Energien, fremde Schwingungen ist. Es ist möglich, Wasser zu „besprechen" und die Informationen bleiben dem Wasser erhalten. Nicht für ewig, es müsste in gewissen Abständen erneuert werden, aber ich halte es für schlichtweg sensationell, wie mit dem Wasser gearbeitet werden kann.

Beschallen wir das Wasser, wissen wir, dass es die Schwingung der Musik aufnimmt. Genau so ist es möglich, das Wasser zu besprechen. Ihr könnt euer Glas Wasser selbst segnen, seine Energien erhöhen und es erst dann trinken. Ihr könnt jedes einzelne Glas Wasser, bevor ihr es trinkt, durch eure Energien aufbereiten, anreichern, stärken, noch kostbarer machen, als es ohnehin schon ist. Dazu haltet ihr das Wasserglas zwischen euren beiden Händen und besprecht es.

Die Affirmation dazu lautet:

ICH REICHERE DICH MIT MEINEN WERTVOLLEN ENERGIEN AN UND BEREITE AUS DIR HOCHWERTIGES, LICHTVOLLES WASSER.

Speziell für Wasser, das selbst nicht mehr über genügend Kraft verfügt, ist das Anreichern mit Energien angebracht. Aber selbst kräftiges Wasser wird dadurch noch kräftiger und noch gesünder. Gerade mit aufgeladenem Wasser ist es einfach, die geschwächten Energien, dessen, der es trinkt, wieder aufzuladen oder zu ergänzen.

Selbst das Badewasser in der Wanne kann zuvor aufgeladen werden. Dem Wasser muss nur die genaue Information gegeben werden, dann weiß es, was es zu tun hat. Habt ihr ein körperliches Unwohlsein, ein Gebrechen, eine energielose Zeit, dann besprecht das Badewasser und nehmt ein Bad darin.

Anleitung zum Aufladen von Wannenbädern

Wenn das Bad eingelassen wurde, stellst du dich vor die Wanne. Du verwurzelst dich mit deinen Füßen gut im Boden des Badezimmers, hebst die linke Handfläche leicht nach oben, mit der Handfläche in Richtung Decke und Himmel. Die rechte Handfläche sieht hinunter auf das Wasser.

Jetzt visualisierst du, wie du durch die linke Handfläche vom Himmel her Energie bekommst, sie läuft durch dich hindurch und tritt über die rechte Handfläche in das Wasser ein. So stehst du rund fünf Minuten vor der Wanne und energetisierst dein Wannenbad. Während des Energietransfers besinnst du dich deiner körperlichen Probleme. Nachstehend findest du Beispiele für eine Affirmation.

Die Affirmation dazu lautet:

DIE WERTVOLLEN ENERGIEN, DIE DURCH MICH IN DAS WASSER GESCHICKT WERDEN, BEHEBEN MEIN RHEUMA. JETZT. DIE WERTVOLLEN ENERGIEN, DIE DURCH MICH IN DAS WASSER FLIESSEN, BEHEBEN MEINEN EXTREMEN SCHWINDEL. JETZT.

Das heißt, du reicherst das Wasser mit einem natürlichen, energetischen Medikament an. Solltest du selbst zu schwach sein, um dein Wasser zu energetisieren, bitte jemanden aus deiner Familie oder deinem Freundeskreis, dies für dich zu tun. Nehmen sich mehrere Personen der Anreichung an, wird innerhalb kürzester Zeit das beste Ergebnis erzielt.

Wenn du in der Wanne liegst, besinne dich deiner gesundheitlichen Probleme und entlade sie in das Wasser. Sobald du das

Gefühl hast, alle derzeitlichen gesundheitlichen Probleme in das Wasser entladen zu haben, lässt du es aus und nimmst noch eine Dusche, um weiterhin abzuleiten. Du musst dir immer ganz klar vor Augen halten, was gerade geschieht, und deinem Körper und dem Wasser ganz genau sagen, was zu geschehen hat. Und jede Anweisung endet mit der Aufforderung: „JETZT".

(Anmerkung des Autors: das ist keine Methode, die einen Arztbesuch ersetzen soll)

Ähnlich können auch Reparaturen von Kleinigkeiten über Nacht geschehen. Wenn du eine Verkühlung hast, Migräne oder du dich einfach nur unrund fühlst, dann nimm vor dem Zubettgehen ein Glas Wasser mit in dein Schlafzimmer. Setze dich in dein Bett, nimm das Glas zwischen deine Handflächen und besprehe es mit dem, was du dir von den Energien im Wasser wünschst. Dann trinkst du das Wasser in kleinen, bedächtigen Schlucken und mit dem Wissen, dass es dir am kommenden Morgen viel besser gehen wird.

Wasser kann wunderbar angereichert werden, es ist ein herrlicher Botenstoff. Nicht umsonst gibt es heilige Quellen wie zum Beispiel in Lourdes. Das Wasser dort wurde zu dem gemacht, was es ist. Ein geheiligter Botenstoff, eine geheiligte Quelle, ein heiliges Tonikum.

Für spirituell geübte Menschen, die es gewöhnt sind, mit ihren Energien zu arbeiten, gibt es noch eine interessante Übung. Wasser kann auch als externer Speicher genützt werden. Gehen wir davon aus, jemand hat Migräne und wir nehmen ein großes Glas Wasser.

Die Affirmation dazu lautet:

WASSER, DU NIMMST NUN ALLE STOFFE, ALLE ENERGIEN AN DICH, DIE NICHT ZU MIR GEHÖREN UND MEINE MIGRÄNE AUSLÖSEN. JETZT.

Du legst dich hin und stellst das Glas in die Nähe deines Kronenchakras. Es soll nicht weiter als einen halben Meter entfernt stehen, je näher, umso besser. Nun darfst du mindestens zwanzig Minuten ruhen. Danach darfst du auf keinen Fall das Wasser trinken, denn es enthält alle Schwingungen und Energien, die daran beteiligt waren, deine Migräne auszulösen. Du nimmst also das Wasser und schüttest es weg, anschließend reinigst du das Glas. Wenn du die Möglichkeit hast, stellst du es kurz an die Sonne, durch die es nochmals nachgereinigt wird. Generell würde ich aber empfehlen, aus Gläsern, mit denen diesbezüglich gearbeitet wird, nicht mehr zu trinken. Diese Übung kann so lange wiederholt werden, bis Besserung eingetreten ist. Mehr oder weniger harmlose Wehwehchen können durch diese Methode sehr rasch verbessert werden.

Ein Glas Wasser kann sich aller Negativenergien eines Raumes annehmen. Deiner Fantasie sind keine Grenzen gesetzt, in welchen Situationen du das Wasserglas als externen Speicher einsetzt.

Edelsteine

Edelsteine funktionieren, wie wir wissen, auch sehr gut als Speicher. Franziskus, was möchtest du uns zu diesem Thema erzählen?

Edelsteine funktionieren nicht nur als Speicher, sie sind sogar in der Lage, genau das zu tun, was man ihnen aufgibt. Sie filtern negative Energien aus den energetischen Strukturen eines Raumes. Dazu genügt es einfach, es ihnen klar und deutlich zu sagen, dass dies nun ihre Aufgabe sei. Natürlich muss ein Edelstein von Zeit zu Zeit auch wieder entladen und gereinigt werden. Der Edelstein ist also nicht in der Lage, sich selbst vollständig zu verwalten. Er nimmt einzelne Aufgaben an und führt sie durch. Am besten ist es, mit sehr reinen Bergkristallen zu arbeiten. Sie sollen frei von Einschlüssen und „Wolken" sein. Je klarer ein Bergkristall ist, umso stärker ist er und umso besser lässt es sich mit ihm arbeiten. Diamanten sind natürlich nicht nur wertvolle Edelsteine, sondern noch stärker in ihren Ausführungen, sie sind sehr mächtige und energetische Begleiter.

Bevor ihr Edelsteine einsetzt, sind sie zu reinigen, denn sie bringen allein vom Abbau oder durch das Händlernetz zahlreiche Fremdenergien mit sich. Dazu nehmt ihr den Edelstein, legt ihn unter fließendes Wasser und gebt ihm die Anweisung, dass er nun alle fremden Energien abfließen lassen kann. Er soll sich JETZT von allen negativen und fremden Energien befreien und sie in das fließende Wasser abgeben.

Dann ist er von euch einzuweihen, am besten in der freien Natur, zum Beispiel unter einem mächtigen Baum. Für die Weihe sprecht ihr am besten ein Gebet. Es kann auch ein freies Gebet sein, dass aus eurem Herzen kommt, es muss keinesfalls ein kirchliches Gebet sein.

Gebet für die Weihe von Edelsteinen

ICH BITTE DICH IN AUFRICHTIGER DEMUT, DEINE WEIHE ZU EMPFANGEN UND SIE IN DIR AUFZUNEHMEN. ICH BITTE DICH IN AUFRICHTIGER DEMUT, ALLE HEILIGEN ENERGIEN DIESES PLATZES IN DIR AUFZUNEHMEN, UM DICH FÜR ALLE KÜNFTIGEN EINSÄTZE ZU STÄRKEN. ICH BITTE DICH, JETZT ALLE HEILIGEN ENERGIEN AUS DEM OSTEN, SÜDEN, WESTEN UND NORDEN AUFZUNEHMEN UND IN DIR ZU SAMMELN.

DU BIST ZUM WOHLE DERER GEWEIHT, DIE DIR BEGEGNEN. DU BIST ZUM WOHLE DERER GEWEIHT, DIE DICH UM HILFE BITTEN. DU BIST ZUM WOHLE DERER GEWEIHT, DIE DEINE STARKEN ENERGIEN BENÖTIGEN. DU BIST ZUM WOHLE DERER GEWEIHT, DIE DIR IHRE NEGATIVEN ENERGIEN ABGEBEN MÖCHTEN.

EMPFANGE NUN MEINE WEIHE, DIE ICH DIR AUS REINSTEM HERZEN GEBE. ICH SEGNE DICH IM NAMEN ALLER HEILIGEN, ICH SEGNE DICH IM NAMEN ALLER NATURGEISTER, ICH SEGNE DICH IM NAMEN DES HEILIGEN LICHTS. ICH DANKE DIR, DASS DU DIE WEIHE ANGENOMMEN HAST. ICH DANKE DIR, DASS DU VON NUN AN MEIN TREUER BEGLEITER BIST. SO DARF ES SEIN.

Die Weihe muss nur einmal erfolgen, es sei denn, ihr habt das Gefühl, dass sie erneuert werden soll. Dann verlasst euch darauf und erneuert sie. Edelsteine sind in regelmäßigen Abständen zu reinigen und an der Sonne oder in der freien Natur liegend wieder aufzuladen. Jeder Vorgang ist von euch anzusagen, dann wird er von den Steinen auch ausgeführt.

Der Fantasie im Gebrauch von Edelsteinen sind keine Grenzen gesetzt. Ich fordere euch auf auszuprobieren, was euch in den Sinn kommt und für euch Sinn ergibt. Experimentiert, probiert es aus und ihr werdet auf wertvolle Einsatzgebiete kommen. Wenn ihr einen Termin vor euch habt, der negativ sein könnte, dann nehmt einen eurer Edelsteine mit und fordert ihn zuvor auf, während des Termins alle negativen Energien aus dem Raum zu filtern. Der Termin wird im Großteil der Fälle wesentlich besser verlaufen als gedacht.

Edelsteine sind nicht nur gute Filter, sie sind auch in der Lage, Energien zu verstärken und diese gebündelt abzugeben. Wenn ihr eine kränkelnde Pflanze zu Hause habt, dann könnt ihr mit einem Edelstein gezielt Energien der Pflanze zuführen. Ihr müsst es ihm nur ansagen und ihn für einige Minuten zur Pflanze in Wurzelnähe legen.

Edelsteine können die guten Geister eines energetischen Haushalts sein. Es gibt keinen Wunsch, den sie nicht erfüllen. Man muss es ihnen nur sagen. Wenn ihr euch unwohl fühlt, dann legt einen eurer Steine auf euch und fordert ihn auf, alle negativen Energien aus euch herauszuziehen. Sehr bald seid ihr gestärkt und frohen Mutes. Vertraut auf die Stärke der Edelsteine und sagt ihnen an, was zu tun ist.

Ihr sollt die Steine aber nicht wahllos sammeln und genauso wahllos in euren Häusern und Wohnungen liegen lassen. Es wäre vergleichbar mit wahllos eingeladenen Gästen, die es sich in euren vier Wänden gemütlich machen. Sucht euch gezielt eure künftigen Begleiter aus und kauft nicht auf Vorrat. Zu viel bringt Durcheinander, es ist in etwa damit vergleichbar, als hättet ihr mehrere Radios oder Fernseher gleichzeitig laufen, noch dazu mit unterschiedlichen Programmen.

Wie lernt ihr EUREN Stein kennen? Nehmt den Stein mit den wenigsten Einschlüssen in die Hand, schließt die Augen und stellt ihm die Frage, ob er euer Stein ist, ob er euer Stein sein möchte, und wartet auf seine Antwort. Ihr werdet rasch eine Anziehung oder eine Abstoßung fühlen. Nicht jeder Stein ist für jeden gleich gut geeignet, daher lohnt sich die Sinnfrage vor einem Kauf durchaus. Stellt sie dem Stein, und er antwortet euch.

Nehmt eure Lieblingssteine ruhig immer wieder mit in die Natur und fordert sie nach einer Reinigung auf, sich wieder zu regenerieren und aufzuladen. Je mehr ihr sie pflegt, umso treuere Begleiter werden sie euch sein. Wenn ihr ihnen Aufträge erteilt, müssen diese in einem knappen, klaren Satz erfolgen. Keine komplizierten Satzkonstrukte, keine komplizierten Denkstrukturen, einfach und klar, dann werdet ihr auch von ihnen verstanden. Der Umgang mit Edelsteinen soll bewusst erfolgen. Sie viele Monate irgendwo liegen zu lassen und darauf zu vertrauen, dass sie nach wie vor „programmiert" sind, ist zu wenig. Ein bewusster Umgang mit ihnen bedeutet, die Aufgabe immer wieder zu formulieren, zu erneuern, die Steine zwischendurch zu reinigen, also zu entladen und wieder neu aufzuladen. Wenn ihr diese einfachen Schritte befolgt, werdet ihr viel Freude mit ihnen haben.

Energien von Mond und Sternen

Viele fühlen sich durch den Mond und den Sternenhimmel magisch angezogen. Welche Kräfte gehen von ihnen aus? Gehen von ihnen Kräfte aus?

So wie der Mond die Gewässer der Erde hebt und senkt, sie sich durch ihn bewegen lassen, bewegt er auch euch. In euch geschieht natürlich wesentlich mehr als nur „Ebbe und Flut". In euch findet eine energetische Bewegung statt und je nachdem, wie sehr ihr euch ihm hingeben könnt, spielt der Mond in seiner Gesamtheit auf euch wie auf einer Klaviatur. „Mondsüchtige" oder „Schlafwandler" können ein Lied davon singen. Sie sind besonders empfindsame Menschen, und es gibt zwischen ihnen und den Kräften des Mondes keine Barrieren. Daher wirken sie auf uns wie Menschen aus einer anderen Welt. Es ist die Mondenergie, die sie in Bewegung setzt und Dinge machen lässt, von denen sie später nichts mehr wissen.

Wenn ihr den Sternenhimmel betrachtet, dann keimt in euch eine Art Sehnsucht oder Heimweh auf. Seht ihn euch einmal bewusst an und spürt, welche Gefühle in euch hochkommen. Sehnsucht, Liebe, einerseits undefinierbares Heimweh und andererseits eine unbändige Lust auf Reisen. Als wolltet ihr euch erheben und mitten in den Sternenhimmel fliegen. Die Sterne sind so etwas wie eure Geschwister, denn über sie könnt ihr mit vielen anderen Welten unmittelbar in Kontakt treten. Sie sind wie eine Telefonzentrale, sie vermitteln Gespräche, Gefühle, Eindrücke in andere Welten, Sinneswelten, Geisteswelten, Naturwelten. Wenn es die Jahreszeiten und deren Temperaturen zulassen, nehmt euch die Zeit und lasst euch ein wenig in den nächtlichen Sternenhimmel versinken. Kommuniziert mit den Sternen, kommuniziert mit den Sternenbildern, kommuniziert über den Sternenhimmel in andere Welten. Schaltet all eure „Alltagsgedanken" beim Betrachten ab. Denkt euch Fragen aus, die euch beschäftigen, stellt sie in Richtung des Himmels und wartet ab, was sich daraus ergibt. Ihr werdet erstaunt sein, was so alles aus dem All kommt, wenn ihr euch und euren Fragen genügend Zeit für das Experiment gebt.

Den nächtlichen Himmel zu betrachten bedeutet, ins tiefe, innige Vertrauen zu blicken, tiefes, inniges Vertrauen zu empfangen. Es wird einige unter euch geben, die in der Betrachtung des nächtlichen Himmels von Unruhe und Unsicherheit berührt werden, die das tiefe, innige Vertrauen nicht spüren. Ihnen empfehle ich die innere Schulungsreise und einen Besuch im Raum des Unterbewusstseins. Klärt dort ab, warum ihr beim Betrachten des nächtlichen Sternenhimmels von Unruhe und Unsicherheit berührt werdet. Klärt dort ab, warum ihr das tiefe und innige Vertrauen nicht empfangen könnt. In der Regel sind hier noch Prozesse offen, die eines Abschlusses bedürfen. Abgeschlossen sind sie dann, wenn in Betrachtung des nächtlichen Sternenhimmels das empfunden wird, was er jede Nacht zu schenken imstande ist, nämlich tiefes, inniges Vertrauen, eine umfassende, beschützende Liebe.

Der Sternenhimmel ist ein guter Zuhörer. Jeder einzelne Stern ist im übertragenen Sinne ein Ohr, das dem Sprecher auf der fernen Erde geliehen wird. Jeder einzelne Stern ist ein Mund, der auf gestellte Fragen klare Antworten flüstern kann. Stellt eure Fragen und hört aufmerksam zu.

Der Sternenhimmel, wie ihr ihn kennt, ist auch ein smarter, sanfter Energiespender, denn im Gegensatz zum Tageshimmel, wird euch der nächtliche Himmel niemals überladen, er wird euch niemals schaden. Spürt hinein in die sanften Energien des Nachthimmels mit seinem Mond und den unzähligen Gestirnen. Legt euch bequem hin und lasst das Firmament auf euch wirken. Es ist so sanft wie eine osteopathische Behandlung, mit sanften Berührungen, sanften Energieschüben, niemals überfordernd. Es gibt Menschen, die den nächtlichen Himmel dem Tageshimmel vorziehen. Das halte ich zwar für etwas übertrieben, ich kann es aber ganz gut verstehen. Es sind meist diejenigen, die sich in Themen der Abgrenzung etwas schwerer tun als andere.

Abgrenzung von unerwünschten Energien

Bleiben wir doch gleich bei diesem Thema. Wie weit ist Abgrenzung gut und förderlich, ab welchem Zeitpunkt soll man vielleicht aus seiner Abgrenzung herauskommen, um sich etwas stärker zu öffnen?

Sich gegenüber anderen abzugrenzen ist keineswegs negativ. Manche von euch sollten sich besser abgrenzen, als alles durchzulassen. Menschen mit einer starken Eigenenergie werden sich weniger stark abgrenzen müssen als solche, deren Energien nicht immer die stärksten sind. Wenn sie es nicht täten, dann hätten sie mit den erwähnten Fremdenergien, die durch sie hindurchfließen, mehr zu tun, als ihnen lieb ist.

Starke Eigenenergien verfügen über eine Art Antihaftschicht, es bleibt weniger an einem „kleben". Sehr viel kann durch einen durchfließen, ohne dass viel davon in einem verbleibt. Ziel jedes sensiblen Menschen mit schwächeren Eigenenergien soll es daher sein, seinen eigenen Energiehaushalt zu erhöhen, um die erwähnte Antihaftschicht aufzubauen. Es lebt sich eindeutig leichter mit einem gesunden, starken Energiehaushalt. Ein Träger von starken Energien ist deshalb nicht weniger sensibel, vielmehr macht er sich weniger angreifbar gegenüber Fremdenergien, die er nicht haben möchte. Oft gehen starke Energieträger ebenso in die Abgrenzung, das heißt, starke Eigenenergien führen einen nicht automatisch nach außen. Es liegt also am Energieträger, wie er mit sich und seiner Abgrenzung umgeht, ob er sich in einer Mission sieht oder eher als Einzelgänger, als zurückgezogener Mensch.

Die Eigenreflexion soll es dir sagen, ob du Ruhe für dich brauchst, Ruhe vor anderen, oder ob es nicht an der Zeit wäre, wieder nach draußen zu gehen. Es ist ein sehr feiner Grad, der einen von der Gesellschaft in die selbst gewählte Einsamkeit drängt und vielleicht von dort nicht mehr zurückkommen lässt. Rückzug auf Zeit darf sein, soll sein, Rückzug und Bitternis sollen sich jedoch niemals finden, denn sie sind kein Paar, das zueinander gehört.

Menschen mit hochenergetischen Eigenmitteln drängen oft automatisch hinaus und nehmen die ihnen gestellten Aufgaben an. Es kann das Leben erleichtern, so nicht Fehler passieren, ausgelöst durch die hohe Eigendynamik. Es ist daher auch im

Schwung wichtig, nachzudenken, zu reflektieren, zu fühlen, abzuwägen.

Meister der Abgrenzung erhöhen am besten ihren Energiehaushalt. Dies ist allerdings nur einer von mehreren Punkten. Es sollte analysiert werden, woher der so ausgeprägte Abgrenzungswille stammt. Ist er ein Relikt aus der Kindheit, aus der Jugend, ist er ein selbst gewählter Teilrückzug aus dem Leben? Woher kommt dieser Wunsch auf eigene Rücknahme? Wie steht es um mein Körpergefühl? Menschen mit schwächeren Eigenenergien stehen in der Regel in keinem aktiven Verhältnis zu ihrem Körper. Bei ihnen schleppt sozusagen die Seele den Körper mit, kaum umgekehrt. Bezüglich Eigenenergien steht der Seele nur ein „Körperchen" zur Verfügung. Ein „Körperchen", das vor sich hinflackert und sehr schwach, sehr sensibel ist. So ein Körper macht ein ohnehin schon anstrengendes Leben noch anstrengender, denn es gilt, den eigenen Körper mit sich zu schleppen, ganz ohne Kraft und Energie.

Effiziente Verbesserungen des energetischen Haushalts sind Sport und Bewegung. Wenn man beginnt, den eigenen Körper wieder zu spüren, dann schießen die Energien ein und der Energiefluss wird deutlich angehoben. Regelmäßige Bewegung hebt die körpereigenen Energien an und die „Körperchen" werden stark. Um die gewonnene Stärke in sich zu manifestieren, soll die Bewegung gerade zu Beginn in äußerster Regelmäßigkeit und Disziplin stattfinden. Zusätzlich darf bei der Eigenbeschau in Verbindung mit Meditationen, die Steigerung der Energie betrachtet werden. Thematisiere in deinen Meditationen deinen Energiehaushalt und beobachte, wie er sich entwickelt, wie er an Stabilität gewinnt. Energetische Menschen wirken auch nach außen stark. Nimm die wachsende Stärke in dir wahr und lade sie ein, dir weiterhin freundlicher Begleiter zu sein. Es ist ein gänzlich neues Lebensgefühl, voller Spannkraft und Energie.

Energie aus Bewegung und Sport ist der Beginn. Ist der energetische Haushalt einmal gestärkt und hat er ein gewisses Soll-Niveau erreicht, geht es darum, sich auch die Energien aus seinem Umfeld zu erschließen. Du bist umgeben von energetischen Tankstellen, seien es hohe Bäume, deren Energie du geschenkt bekommst, sei es ein kurzer Aufenthalt an der Sonne oder ein Kraftort, den du kennst, eine sanfte Vollmondnacht, das Meer ... Die Möglichkeiten, natürliche Energien zu tanken, sind vielfach. Mache sie dir bewusst und nimm sie in dir auf, indem du dir visualisierst, wie die Energien auf dich übergehen und dich nachhaltig aufladen. Abgrenzung bedarf es von nun an nur noch in Situationen des Ärgers, in Situationen, in denen du deine eigene Mitte verlierst. Dies sind Energiefresser, sie machen dich schwächer, vielleicht sogar leer, also grenze dich in diesen und ähnlichen Situationen ab. Geübte spirituelle Wesen unter euch werden auch ohne merkbare Abgrenzung Lichtschutzschilde hochziehen können, um sich effizient zu schützen.

Erforschung des Weltalls

Wir sprachen schon über den Mond, die Sterne, das Universum. Findest du nicht, dass wir seit vielen Jahren in unserer Entwicklung stehengeblieben sind, wo es darum geht, das Weltall bemannt zu erforschen?

Im Verhältnis zur menschlichen Entwicklung liegt ihr noch immer gut in der Zeit, jedoch im Verhältnis der zunehmenden Geschwindigkeit, wie Dinge entwickelt und erforscht werden, habt ihr euch eindeutig verlangsamt. Die Reduktion der Geschwindigkeit lässt sich jedoch ganz gut erklären. Ihr Menschen habt in den vergangenen Jahren die Internationale Raumstation errichtet und in der Zwischenzeit zahlreiche Tests über sie laufen lassen. Viele dieser Tests dienen künftigen Raumfahrten, wo es darum geht, über viele Monate und Jahre unterwegs zu sein. Die Internationale Raumstation ist für alle Raumfahrer ein kalkulierbares Risiko, sie sind maximal ein halbes Jahr, vielleicht ein dreiviertel Jahr von ihren Familien getrennt, das ist nichts gegen die Trennungszeiten, die künftigen Raumfahrern bevorstehen. Und das ist auch der Knackpunkt, der bisher in den Medien nie thematisiert wurde. Sehr wenige Menschen sind dazu bereit, ihre Familien, ihr Leben auf so lange Zeit aufzugeben. Davon abgesehen sind alle zukünftigen Missionen, in denen es darum geht, noch weiter hinauszufahren, sehr unsichere Missionen. Früher waren die Menschen eher bereit, etwas zu riskieren, heute soll das Risiko berechenbar sein.

Im Vergleich zu anderen Lebensformen außerhalb des Einflussbereiches des Menschen ist der technische Entwicklungsstand der Erde ein sehr einfacher. Daher ist es noch so schwierig, weiter in das Weltall vorzustoßen. Mit kleinen technischen Vehikeln, Sonden, Weltraumteleskopen, gelingt euch ein kleiner Einblick, aber all diese Mittel sind so, als würdet ihr eine Wohnung durch das Schlüsselloch betrachten wollen. Ihr werdet nur einen kleinen Bruchteil der Wohnung erkennen, und es wird eure Vorstellung über die Wohnung meist verfälschen. Ihr wisst zu wenig über das komplexe Weltall, über all das, was sich hinter dem Schlüsselloch versteckt, durch das ihr es betrachtet.

Es werden in nicht langer Zeit sehr intelligente Roboter gebaut werden, die Rechenleistungen eurer Computer werden sich um ein Vielfaches beschleunigen, verbessern, sie werden nochmals kompakter werden. Auch die künftigen Raketenantriebe werden verfeinert, verbessert, raffinierter und stärker. Die erste große Erkundung des Weltalls wird nicht durch den Menschen selbst, sondern durch die erwähnten Roboter erfolgen, Hochleistungsroboter, die bereits über einen guten Ansatz von erster künstlicher Intelligenz verfügen.

Längerfristig wird die Erde die Rolle einnehmen, die einzelne Kontinente der Erde einnehmen. Das heißt, es werden externe Besiedelungen stattfinden, keinesfalls in Sichtnähe zur Erde, es wird einen regen Besucheraustausch, einen Tourismus zwischen den unterschiedlichen Planeten geben. Die Erde wird in ihrer Größe und Wichtigkeit zu einer Art „Kontinent" schrumpfen.

Teils werden es Planeten sein, die über die Qualitäten der Erde verfügen, teils werden sie erst vom Menschen bewohnbar gemacht. Dies sind jedoch Zukunftsszenarien, die nicht ihr, nicht eure Kinder und auch nicht die Generation danach erleben wird. Es wird sehr lange dauern und manchen wird es so vorkommen, als würde nichts vorangehen. Und doch passiert in kleinen Dingen sehr viel, Errungenschaften, die allmählich zu einem Ganzen, zu einem Großen zusammengesetzt werden. Es wird plötzlich sehr viel Entwicklungsdynamik sichtbar werden und selbst dann wird es noch einmal Jahre dauern, bis bewohnbare Planeten gefunden werden, bis eine Infrastruktur aufgebaut ist und vieles mehr.

Ihr Menschen wart ja schon einmal sehr weit in eurer Entwicklung und werdet es wieder sein. Aber es wird wie damals auch eine Zeit von Fortschritt und Rückschlägen zugleich geben. Die Gier einiger Menschen wird in Rückschritten, Rückschlägen enden, spirituelle Wissenschaftler, Menschen des Lichts werden diese wieder in Fortschritt zu verwandeln wissen. Es ist auch dann, wie es schon immer war, ein Wechselspiel zwischen Licht und Schatten, Gut und Böse.

Unsere Schwingungsanhebung

Ist es nicht so, dass im Verlauf der Jahre unsere Schwingungsebene angehoben wird und allein durch sie die eigentliche Entwicklungsgeschwindigkeit zunimmt?

In der Regel ist es tatsächlich so, dass ihr in eine immer höhere Schwingung kommt. Damit lernt ihr Grenzen zu überwinden, Grenzen nicht mehr als solche zu sehen, sie nicht mehr als solche zu akzeptieren. Ihr denkt somit bedeutend weiter und versucht euch an Dingen, die ihr vor wenigen Jahren nie bedacht habt. Aber ich gebe zu bedenken, dass es bereits sehr hoch schwingende Kulturen unter euch gab, und sie gingen wieder zugrunde, weil sie es nicht verstanden haben, ihre Schwingungsebenen auf eine solide Basis zu stellen. Sie haben es nicht verstanden, sich weiterzuentwickeln. Plötzlich befanden sie sich wieder in niederen Instinkten und machten innerhalb weniger Jahre mehr Rückschritte, als sie Energie in den Fortschritt investierten.

Es ist also keine selbstverständliche Entwicklungsspirale, die sich hier auftut. Nur weil es einmal nach oben ging, geht es nicht automatisch immerzu nach oben. Diese Entwicklung muss erarbeitet werden. Es ist wie mit dem menschlichen Körper, würde man ihm nichts zu trinken oder zu essen zuführen, würde er zugrunde gehen. Genauso verhält es sich mit der Spirale der Schwingungserhöhung. Lasse ich mich gehen und investiere nichts in meine Spiritualität, in mein Lernziel, werde ich stagnieren. Auf diese Art sind ganze Völker in eine Stagnation gefallen und verspielten, was sie hatten. Auf diese Weise sind ganze Welten untergegangen, weil sie dachten, es geht alles von allein und ganz ohne Mühen. Ihr seid stets angehalten euch weiterzuentwickeln, ihr seid stets angehalten an eurer persönlichen, spirituellen Entwicklung zu arbeiten und sie nicht aus eurem ureigenen Fokus zu nehmen.

Um auf die Frage noch einmal zurückzukommen, richtig wäre es, dass mit einer fortschreitenden Schwingungserhöhung die Entwicklungen immer kompakter, immer rascher werden und sich die Erkenntnisse einem rascher erschließen. Fortschritt kann beschleunigt werden, sobald sich das gesamte menschliche Potenzial zu einem Interessenspotenzial zusammenschließt und im Interesse aller forscht, im Interesse der gemeinsamen Schwingungserhöhung forscht und wirkt. Eine gemeinschaftliche Schwingungserhöhung schafft ihr ausschließlich, wenn genügend Vertrauen vorhanden ist. Solange aber noch Einzelne an ihren Ego-Ergebnissen arbeiten, wird das Vertrauen nicht das Maß erreichen, das für den Fortschritt und für die kollektive Schwingungserhöhung notwendig ist.

Beschleunigung und Entschleunigung der Zeit

Hängt mit der Erhöhung der Schwingungsfrequenz auch der immer raschere Zeitverlauf zusammen? Wir haben das Gefühl, als würde uns die Zeit immer schneller durch die Finger rinnen.

Das eine hat tatsächlich mit dem anderen zu tun. Die Schwingungsfrequenz erhöht sich und wirkt sich auf euer subjektives Empfinden tatsächlich so aus, als würde die Zeit immer rascher verfliegen. Verschiebungen erkennt ihr allein daran, dass die Menschen immer älter werden, dass die Menschen, die heute siebzig Jahre alt sind mit denen vor vielleicht zwanzig Jahren nicht vergleichbar sind. Auch das hat, neben der besseren Ernährung und der besseren Versorgung, unter anderem auch mit der erhöhten Schwingungsfrequenz zu tun. Mit jeder Erhöhung wird sich auch das Alter der Menschen erhöhen. Mit jeder Erhöhung wird es euch so vorkommen, als verrinne die Zeit noch etwas schneller.

Ihr habt die Macht, die Zeit zu entschleunigen. Die Entschleunigung geschieht natürlich ohne Einflussnahme auf die Schwingungsfrequenz, denn es wäre nichts gewonnen, wenn ihr euch in der Schwingung hinuntermoduliert, um die Zeit anzuhalten. Wie entschleunige ich meinen Zeitverlauf? Ihr plant bewusst täglich immer wieder Leerläufe ein. Am einfachsten gelingt euch das vielleicht an den Wochenenden, aber auch an den Abenden während der Woche, Tagesetappen, die mit nichts befüllt sind, die absolut leer sind und in denen ihr keine Aktivität setzt, außer Tätigkeiten, die mit Muße passieren. Ihr sollt in dieser Zeit auch nicht meditativ abheben, dies würde keinesfalls zu einer Entschleunigung eurer Zeit führen, sondern die Zeit mindestens so schnell vergehen lassen wie zuvor. Bleibt bewusst und bleibt in eurem Wirkungsbereich. Lenkt euch nicht ab, sondern absolviert eine bewusst durchgeführte Tätigkeit, die nicht zur Zeitvertreibung gewählt wurde, denn auch damit würdet ihr sie, wie es das Wort bereits ankündigt, „antreiben".

Und doch gibt es für euch eine Meditation zur Zeitentschleunigung. Es reicht, wenn ihr sie hin und wieder, aber mit einer gewissen Regelmäßigkeit anwendet und es ist nicht nötig, ewig lang in dieser Meditation zu verharren.

Anleitung zur Zeitentschleunigung

Nimm eine bequeme Meditationsposition ein, sitzend oder liegend. Du lässt deinen Alltag hinter dir und besinnst dich immer mehr auf deinen Kern, auf dein heiliges Inneres und ziehst dich in ihn zurück. Angenehme Ausgeglichenheit und Ruhe zieht in dir ein, du atmest tief, regelmäßig und ruhig.

Nun stellst du dir Episoden aus deinem Leben vor, aus der aktuellen Woche, aus der vergangenen Woche und siehst, wie rasch sich alles bewegt, wie die Zeit von Stress angereichert doch war. Nun gibt es mehrere Möglichkeiten, die Zeit zu entschleunigen, und du hast die Möglichkeit, dir deine Methode auszusuchen. Du visualisierst dir deine Zeit, die dich umgibt, und forderst sie klar und deutlich auf, sich zu verlangsamen. Du forderst sie auf, dich mehr tun zu lassen, als du jetzt in der Lage bist. Du forderst sie auf, für dich langsamer zu vergehen, sie soll für dich gehaltvoll angereichert sein und dir Freude bereiten. – Alles, was dir wichtig ist, erwähnst du nun in dieser Meditation. Die Erwähnungen können ruhig nonverbal geschehen, schließlich ruhst du ja tief in dir und bist mit dir und deiner persönlichen Zeit allein.

Eine weitere Möglichkeit ist die Visualisierung der Erde. Du erkennst, wie sich auf ihr alles sehr schnell bewegt. Nun nimmst du Einfluss auf die Bewegungsgeschwindigkeit und beginnst, die Abläufe auf ihr zu verlangsamen. – Statt der Erde kannst du auch eine Uhr nehmen, eine Uhr, deren Zeiger sich sehr rasch bewegen. Du wirkst auf sie ein und sie werden immer langsamer. Das heißt, es wird bei jeder der Übungen der Geschwindigkeit ihre Energie entzogen, sie wird langsamer und neigt sich dem Stillstand zu, jedoch ohne stillzustehen.

Du wirst sehr rasch merken, dass es so wirkt, als würde sich für dich die Zeit verlangsamen lassen. Plötzlich ist es dir möglich, in derselben Zeit viel mehr zu tun. Der Tag verfügt nach wie vor über die gleiche Anzahl an Stunden und doch bringst du mehr in ihm unter und fühlst dich weniger gehetzt. Es ist meist ein subjektiver Eindruck wie die Zeit für einen vergeht und durch diese Meditation wird dieser Umstand genutzt und die Zeit effektiv für dich entschleunigt.

Das morphogenetische Feld

Das morphogenetische Feld und die Frage seiner Existenz gibt uns viele Fragezeichen auf. Möchtest du uns dazu etwas mitteilen?

Natürlich möchte ich euch zum morphogenetischen Feld etwas erzählen. Der Reihe nach, damit auch tatsächlich alle mit diesem Begriff etwas anzufangen wissen. Unter dem morphogenetischen Feld verstehen wir ein allumfassendes Bewusstseinsfeld, und damit ist die Basis ganz gut erklärt. Das morphogenetische Feld stellt ihr euch vor wie eine eigene, pulsierende Aura für das kollektive Bewusstsein. Es gibt keinen eigenen Ort dafür und doch ist es vorhanden, es ist nicht zu sehen, auch von uns nicht. Aber wenn ihr das morphogenetische Feld sucht, dann findet ihr es am besten ein gutes Stück über euren Köpfen. Dort ist es immer zu finden, egal ob man auf einem Berg steht, in einer Höhle oder am Meer. Daher meinte ich auch, dass es keinen eigenen Ort für das morphogenetische Feld gäbe, weil es sich eurem Standort anpasst, man könnte es allerdings auch als einen flexiblen Ort bezeichnen. Existenzielles in Worte zu kleiden, bedeutet oft, Grenzen zu berühren.

Das morphogenetische Feld ist wie ein Zentralarchiv jeden Wissens, dem vergangenen, dem gegenwärtigen und dem zukünftigen. Es ist wie ein immenser Datenhighway, der nur darauf wartet, angezapft zu werden. Jeder hat Zutritt zum morphogenetischen Feld und kann sich am unendlichen Wissen bedienen. Bei manchen ist es dann eine Art Ahnung, die sich als vollkommen richtig entpuppt, andere sprechen plötzlich in einer Fremdsprache, die sie vorher nicht kannten. Über das morphogenetische Feld ist alles möglich. Wenn unterschiedliche Wissenschaftler nahezu gleichzeitig zu neuen Erkenntnissen in der Forschung kommen, dann hatten sie ihre Informationsquellen meist aus diesem Feld. Aber auch Komponisten und Maler bedienen sich aus dieser Quelle. Jeder Mensch, der auf der Suche nach Antworten ist, landet irgendwann, wenn er vom Glück geleitet ist, im morphogenetischen Feld und findet hier unendliches Antwortpotenzial.

Kaum jemand versteht es, sich auf Dauer in dieses ungeheuer aufschlussreiche Archiv einzuklinken. Es passiert meist nur durch Zufälle und ehe man sich versieht, ist man wieder draußen und von den ehemals sprudelnden Erkenntnissen abgeschnitten. Die Frage, die sich stellt, ist, wie kann das morphogenetische Feld dauerhaft genutzt werden? Gibt es eine Möglichkeit, sich bewusst einzuklinken, um bewusst damit zu arbeiten, oder ist es ein Ding der Unmöglichkeit? Ist es möglich, den Zugang zum morphogenetischen Feld immer wieder zu reproduzieren, oder sind es unterschiedliche Zugänge und ist es daher unmöglich, sich einen klaren, korrekten Schlüssel zum Archiv des großen Wissens anzufertigen?

Wäre es so einfach, in das morphogenetische Feld vorzudringen, würden es sicherlich viel mehr Menschen nützen. Es gibt bis heute nur Empfehlungen, wie man am ehesten den Zutritt zur größten Datenbank der Menschheit bekommt, denn die Bedingungen verändern sich immer ein wenig. Daher bedarf es großer Klarheit, großer Hartnäckigkeit und zahlreicher Versuche, um sich einzuklinken. Warum ist der Zutritt so labil gestaltet? Warum verändern sich die Gegebenheiten immer wieder? Es ist ein Schutzsystem, denn das morphogenetische Feld möchte sich nicht ausbeuten lassen, es möchte keinesfalls von „falschen" Personen missbraucht werden. Schattenmenschen soll der Zutritt verwehrt bleiben, und daher ist es so schwierig, dauerhaften Zugang zu finden, zum Nachteil auch für Lichtmenschen.

Wenn wir aufgestiegenen Meister mit euch kommunizieren, dann haben wir jederzeit Zugriffsmöglichkeit auf das morphogenetische Feld. Unser Wissen ist zwar sehr groß, genährt durch unendliche Leben, und doch ist es nicht unendlich. Ein Stück näher an das unendliche Wissen kommen wir, indem wir uns des universellen Wissensarchivs bedienen und uns dort zu jeder Stunde einklinken können. Uns ist der Schlüssel zum morphogenetischen Feld niemals verwehrt, wir sind ein Teil von ihm, es ist ein Teil von uns.

Nun werdet ihr mich zu Recht fragen, wie ihr euch Zutritt verschaffen könnt. Wie schon erwähnt, es ist schwierig und es gelingt euch am ehesten über einen meditativen Bewusstseinszustand, und es wird zu Beginn meist ein intuitiver Zugang sein.

Anleitung zum Einklinken in das morphogenetische Feld

Nimm eine bequeme Sitz- oder Liegeposition ein und entfliehe ein wenig deinem Alltag, beruhige deine Gedanken und gehe in deine innere Ruhe. Konzentriere dich, sobald du still bist, auf die ungefähre Lage des morphogenetischen Feldes. Stelle dir vor, dass es sich ein gutes Stück über dir befindet, etwa zweimal die ausgestreckte Hand. Dort in etwa befindet es sich für dich.

Nun stell deine Frage in Richtung des morphogenetischen Feldes. Du stellst die Frage, hörst hinein, was kommt, stellst die Frage nach einer Weile noch einmal und wartest erneut auf eine Antwort. Dabei besinnst du dich immer wieder der Lage des Feldes, aber ganz ohne dich zu verkrampfen. Es MUSS keine Antwort kommen. Es kann durchaus auch sein, dass du an einem Tag „nur" eine angenehme Meditation hast, ganz ohne

Antworten, aber vielleicht schon mit intuitiven Eindrücken. Das sind die ersten Schritte im morphogenetischen Feld. Wie ich eingangs erwähnte, bedarf es einiger Geduld, den Zugang zum unendlichen Wissensarchiv zu finden. Diese Geduld musst du aufbringen.

Wenn du Antworten erhältst, dann hast du die Möglichkeit nachzufragen. Die Antworten kommen in Sätzen, in Ahnungen, in Bildern, in Filmen. Sobald sie kommen, hast du den Zutritt vollständig geschafft. Nütze die Zeit und stelle weitere Fragen, gehe in eine aktive Kommunikation mit dem morphogenetischen Feld und vertraue darauf, was du hereinbekommst. Mit etwas Übung wird die Erkenntnisgewinnung aus dem morphogenetischen Feld klarer sprudeln, so, als würdest du eine dir bekannte, irdische Informationsquelle nützen.

Wichtig erscheint mir der Hinweis, dass ihr dem, was ihr bekommt, vertraut. Stellt euch bitte keinesfalls mitten in den sprudelnden Antworten die Frage, ob das jetzt aus dem morphogenetischen Feld stammt oder ob ihr das seid, die Informationen von euch selbst kommen. Gerade durch Selbstzweifel werdet ihr natürlich immer wieder aus dem Feld geworfen. Ihr behindert sozusagen die Energie und unterbrecht die Übertragung. Daher ist es wichtig, dass ihr es einfach geschehen lasst. Erst nach der Sitzung könnte ihr euch all den Fragen stellen, die im Selbstzweifel euch so spontan überkommen. Ich weiß, dass sich die meisten von euch dem nicht verschließen können. Ich erlebe es ja selbst hier bei diesem Projekt, dass ich Inhalte durchgebe und merke, wie der Channel den Inhalt bezweifelt und sich plötzlich sein Ego meldet und die Frage stellt, ob man das jetzt so übernehmen kann, oder ob das nicht zu „verrückt" sei.

(Franziskus lacht und tippt mir dabei einmal kräftig auf die Schulter. Und ich weiß genau, welchen Teil des Manuskripts es betrifft. EINMAL war ich tatsächlich sehr irritiert über die Ausführungen und stellte offen die Frage, ob das, was von ihm durchkam, den Tatsachen entsprach oder ob es gerade pure Fantasie sei. Entschuldige Franziskus, auch ich bin nur ein Mensch, aber ich stehe im tiefen Vertrauen zu dir.)

Kehren wir zurück zum morphogenetischen Feld. Es handelt sich um eine der schwierigsten Übungen überhaupt, sich in das Feld einzuklinken. Ihr braucht dazu Geduld, Konzentration, Vertrauen und natürlich auch ein wenig Zeit. Versucht es einfach immer wieder und gerade am Beginn könnte es sein, dass ihr nur Fragmente an Antworten bekommt. Dann bearbeitet diese Fragmente am Ende der Meditation und versucht, damit zu für euch gültigen Antworten zu kommen. Die Geduld lohnt sich am Ende, denn es ist jedes Mal ein außergewöhnliches Erlebnis, in dieser großen Datenbank des kollektiven Bewusstseins eingeklinkt zu sein und Antworten, Erkenntnisse, ungewöhnliche Einblicke zu erhalten. Durch das morphogenetische Feld ist es möglich, sehr rasch unendliche Schritte in der eigenen Entwicklung zu machen. Zum Teil wird es euch an ein intelligentes Fernrohr erinnern, eure Sicht wird erweitert, viele Welten werden sich euch dadurch öffnen.

Kollektivbewusstsein

Wie steht es um unser Kollektivbewusstsein? Wir sind, wie wir hörten, über das morphongenetische Feld alle miteinander verbunden. Welche Verantwortung oder welche Möglichkeiten eröffnen sich uns damit?

Das morphogenetische Feld ist nur die Datenbank, das Zentralarchiv unseres Wissens und es unterscheidet sich in wesentlichen Dingen von der globalen Einheit, dem Kollektivbewusstsein. Denn während der Inhalt des morphogenetischen Feldes immer mehr wird, ganz egal, wie es dem Menschen geht, ist das Kollektivbewusstsein ein „lebendes" Objekt, es wird hell, dunkel, dehnt sich aus, wird kleiner und so weiter. Was sind die Bestandteile des kollektiven Bewusstseins? Seelenanteile aller Menschen auf Erden, Seelenanteile aller aufgestiegenen MeisterInnen, Seelenanteile aller Tiere, aller spirituellen Wesen auf

Erden. Hellfühlige Menschen, sensible Menschen haben meist eine sehr gute Verbindung zum kollektiven Bewusstsein. Es sind die Tage, an denen es ihnen nicht gut geht und sie an und für sich keinen Grund dazu hätten, dass es mit ihrem „Feeling" nach unten geht. Sie nehmen eine Reaktion des kollektiven Bewusstseins wahr und oftmals ist es für sie regelrecht zermürbend. Umgekehrt profitieren sie davon, wenn es um die Energien des Kollektivbewusstseins gut steht, denn auch diesen „Überschuss" erhalten sie postwendend zugestellt.

Wenn man um das Kollektivbewusstsein weiß, ist man ihm nicht bedingungslos „ausgeliefert". Es gibt durchaus Abgrenzungsmöglichkeiten, um sich vor Tiefs aus dem Kollektiv zu schützen. Natürlich funktioniert es nicht auf Dauer, denn gäbe es eine Periode eines kollektiven Tiefs über viele Monate, dann würde unweigerlich jeder irgendwann mit diesem Tief in Berührung kommen. Daher ist es so wichtig, seinen Aufgaben nachzukommen. Wie erwähnt, wir alle befinden uns in diesem Kollektivbewusstsein, wir alle tragen hierfür eine Verantwortung und sollen dieser unbedingt nachkommen. Jeder Einzelne von uns kann mit seiner Energie, mit seinem heiligen Wesen, durch seine Achtsamkeit, durch seine unendliche Herzensliebe dazu beitragen, dass das kollektive Bewusstsein täglich genährt wird und energetisch angehoben wird. Und es ist nichts leichter, als das kollektive Bewusstsein „bei Laune" zu halten, denn wenn wir es nähren, wenn wir danach trachten, die Schwingung ständig zu erhöhen, dann kommt es einem schnurrenden Motor gleich und es wird nahezu von allein „fahren". Wenn wir es jedoch vernachlässigen und die Schwingungstendenz nach unten zeigt, demnach mehr Energie aus dem Kollektivbewusstsein abals zufließt, dann kommt es jeweils einem Kraftakt gleich, es zumindest wieder in ein Wachstumsmoment zu bringen. Wenn ihr versucht, in ein kaltes Haus Wärme zu bringen, dann kann es ein Akt sein, der Tage beansprucht. Wenn hingegen das Haus fürsorglich vorgeheizt ist, dann wird jede Kältespitze mühelos abzufangen sein. Es geht mir immer wieder um die

Aufmerksamkeit, die ihr nicht nur nach innen richtet, sondern auch nach außen. Durch Aufmerksamkeit kann in der Regel nichts übersehen werden.

Nährt das Kollektivbewusstsein mit eurer Energie und tragt dazu bei, dass es nicht nur der Erde, seinen Mitbewohnern, sondern letztlich euch selbst gut geht. Segnet täglich die Erde und alle ihre Bewohner, segnet täglich das kollektive Bewusstsein und führt ihm Teile eurer Energien zu. Damit verrichtet ihr wertvolle Dienste und macht euch zu wichtigen Dienern des geistigen Kollektivs.

Vertrauen

Franziskus, ich wurde unlängst zum Thema „Vertrauen" befragt. Dieses Thema möchte ich dir gerne weitergeben und dich um deine Gedanken dazu bitten.

Vertrauen ist vielfach, Vertrauen ist vielfältig. Für manche unter euch handelt es sich schon um Vertrauen, sich mit jemandem privat zu treffen. Andere würden sagen, es wäre dann ein Vertrauen vorhanden, wenn ich demjenigen den eigenen Haustürschlüssel übergeben kann, ohne mir Sorgen machen zu müssen. Vertrauen sehe ich weniger auf der materiellen als auf der immateriellen Ebene. Vertrauen ist, wenn ich jemandem mein Herz öffnen kann. Vertrauen ist auch, wenn ich von jemandem seine tiefsten Geheimnisse anvertraut bekomme, ganz ohne Effekthascherei.

Vertrauen zu jemandem zu haben, ist beinahe so etwas, wie mit der eigenen, gespiegelten Seele zu sprechen, barrierefreier Austausch, ohne Fallstricke, ohne Hintergedanken, ohne falsche Erwartungen. Wenn ich mich in der Gegenwart meines Gesprächspartners fallen lassen kann, ist es wohl ein Ausdruck des vorhandenen Vertrauens. Wenn mein Herz das meines Gegenübers hört und dabei wohltuenden Gleichklang feststellen kann, dann ist es ebenso ein Ausdruck des vorhandenen Vertrauens.

Vertrauen zu erkennen ist einerseits sehr klar und andererseits doch wiederum nicht. Maskerade gibt sich gern als vertraulich aus und wenn man dahinterschaut, blickt einem die Berechnung ins Gesicht. Daher ist es gestattet, am Vertrauen anzuklopfen, um zu sehen, was dahintersteckt. Vertrauen darf eindeutig hinterfragt werden, um sich der Qualität sicher zu sein. Und dieser Vorgang wird keinesfalls als Misstrauen zu werten sein, außer er wiederholt sich fortwährend bei ein und derselben Person.

Jemandem sein Vertrauen entgegenzubringen, ist, wie diese Person in den persönlichen Adelsstand zu erheben. Sie ist damit etwas Besonderes. Zieht Vertrauen Verpflichtungen nach sich? Wenn Vertrauen nur ausgesprochen wird, um sein Gegenüber in die Pflicht zu nehmen, dann ist es das Vertrauen nicht wert. Ausgesprochenes Vertrauen soll ohne Verpflichtung sein, ausgesprochenes Vertrauen bedarf keiner übersteigerten Erwartungshaltung. Derjenige, der Vertrauen sät, soll keinesfalls Anerkennung oder Ähnliches ernten wollen. Vertrauen zu schenken soll ein Akt der Selbstlosigkeit sein, ohne komplizierte, zwischenmenschliche Verknüpfungen. Vertrauen wird ausgesprochen, wenn eine gemeinsame vertrauliche Basis vorhanden ist. Vertrauen wird entzogen, wenn eine ehemals gemeinsame Basis schwindet oder nicht mehr vorhanden ist. Vertrauen darf jedoch nicht aufgebaut werden, um damit Ernte einzufahren. Ist der Ansatz des Vertrauens ein selbstloser und vor allem einer ohne Forderungen, sehe ich darin einen lichtvollen Versuch einer hehren Verbindung.

Vertrauen ist ein filigranes Wesen und kein Lasttier, und du tust gut daran, es mit Umsicht zu pflegen.

Erwartungen und Erwartungshaltung

Wie steht es um „Erwartungen" und „Erwartungshaltung"?

Erwartungsfrei zu sein bedeutet für viele, auf Grund von schlechten Erfahrungen und damit verbundener Frustrationen resigniert zu haben. Es ist keinesfalls die Erwartungsfreiheit, die ich meine. Früchte der Resignation schmecken meist bitter und entsprechen keiner Ernte, die ihr anstreben solltet. Die Erwartungsfreiheit, die ich meine, ist jene, die vorhanden ist aus einer zufriedenen Betrachtungsweise, vergleichbar mit dem Verhalten von Eltern, die ihre Kinder beim Spiel betrachten. So ähnlich betrachtet ihr in eurer Erwartungsfreiheit euer Leben. Erwartungsfrei zu sein bedeutet, nicht ohne Pläne oder ohne Ehrgeiz zu sein. Es ist vielmehr eine spirituelle Entwicklungsebene, die Sinn ergibt, die logische Konsequenz einer Steigerung im Umgang mit sich selbst, mit seinem Leben.

Was nützt es, Erwartungen zu haben und sich in ihnen zu verheddern? Was nützt es, Erwartungen zu haben und dabei sein Leben voller Missmut und Unzufriedenheit zu betrachten? Erwartungen an sich, sein Leben, seine Umwelt zu haben, heißt nichts anderes, als in permanenten Forderungen zu stehen. In Forderungen zu sich, seinem Leben, seiner Umwelt. Bekomme ich, was ich fordere, bin ich kurzfristig zufrieden, werde aber bald weitere Forderungen stellen. So beginnt ein Kreislauf der, wie ich es schon erwähnte, unzufrieden sein lässt.

Die Erwartungshaltung soll aktuell überprüft werden. Es heißt keinesfalls, dass Erwartungshaltungen nicht legitim wären, vielmehr sind Erwartungshaltungen laufend zu überprüfen und zu hinterfragen. Es steht niemandem zu, andere mit seiner persönlichen Erwartungshaltung unter Druck zu setzen, andere nach seinen Erwartungshaltungen leben zu lassen. Nicht jeder hat die Möglichkeit, sich Erwartungshaltungen „von außen" entgegenzusetzen. Nicht jeder hat die Möglichkeit, sich manipulativen Spiegelungen von Erwartungshaltungen zu entziehen.

Erwartung und Erwartungshaltung sollen in einem heiligen, weißen Licht der Selbstlosigkeit stehen. Wenn es dir gelingt, dich deiner Erwartung und deiner Erwartungshaltung zwanglos zu nähern, bist du in deiner spirituellen Entwicklung einen guten Schritt weiter. Zwanglosigkeit in das Thema einfließen zu lassen, ist also der wahre Kern, auf den es schließlich ankommt. Wenn ich etwas krampfhaft versuche festzuhalten, wird es mir irgendwann entgleiten. Wenn ich davon überzeugt bin, dass ich es auslassen kann, wird es mir nicht entgleiten, es wird bei mir bleiben, dann habe ich die Übung gemeistert. So verhält es sich mit den Themen Erwartung und Erwartungshaltung.

Menschsein

Franziskus, deine Ausführungen klingen ja schon wie nach der Königsdisziplin. Wie Mensch darf man sein, um sich spirituell noch zu entwickeln?

Viele glauben, sie dürfen nicht mehr Mensch sein, wenn sie sich spirituell entwickeln möchten. Ich fordere euch auf, Mensch zu bleiben UND euch spirituell zu entwickeln. Ich möchte aus euch keinesfalls Mönche machen, ihr sollt weltliche Menschen bleiben, ihr sollt ihr selbst sein. Bleibt so, wie ihr seid, aber lasst die Spiritualität im hohen Maß durch euch und in euch fließen. Es ist schon so, dass mit dem jeweiligen Grad der Spiritualität in euch eine Art Reifung einhergeht. Aber ihr werdet keineswegs „entmenschlicht", bleibt, wie ihr seid, und geht euren Weg in kleinen, bedächtigen Schritten. Die Veränderungen werden von euch vielleicht sogar weniger wahrgenommen als von Personen, die euch umgeben. Es sind aber gefällige Veränderungen, Veränderungen, die als wohltuend erlebt werden, keinesfalls als abgehoben.

Ich weiß, dass ich manchmal mit meinen Ausführungen in eine Art „Königsdisziplin" gleite, das hängt damit zusammen, dass ich weit öfter unter uns aufgestiegenen Meistern kommuniziere als mit euch Menschen. Daher kann es vorkommen, dass ich zu wenig simplifiziere und mich in einem Meisterdialog verfange. (Franziskus ist hörbar vergnügt.) ABER, nichts von dem, was ich euch zu sagen habe, werdet ihr nicht verstehen, da habe ich keine Sorge. Je höher die Decke, umso mehr müsst ihr euch strecken, umso glanzvoller werden eure Fortschritte sein. In Kommunikation mit der geistigen Welt zu treten ist immer so etwas wie eine Meisterklasse, begleitet durch die „Königsdisziplin". Ich kann natürlich verstehen, dass es ab und zu auch anstrengt.

Ein Hinweis ist mir wichtig. Viele von euch antworten auf eine Erhöhung ihrer Schwingung, mit einem höheren Grad an Spiritualität und geistiger Reife, oft mit einem Rückzug. Der Rückzug erklärt sich daraus, dass es oft nicht einfach ist, sich mit den unterschiedlichsten Schwingungen von außen auseinanderzusetzen. Es ist für manche wie ein fortwährender Abwehrkampf, der ermüdet und immense Kräfte kostet. Ich möchte nicht, dass ihr euch mit der Steigerung eurer Schwingung von den Menschen zurückzieht. Vielmehr möchte ich, dass ihr an euren Strategien arbeitet, um euch nicht angreifbar zu machen, um euch zu stärken. Jeder Einzelne von euch hat auch ein wenig die Verpflichtung, mit seiner spirituellen Reife mitzuhalten, sich um andere „draußen" zu kümmern. Jeder von euch soll ein Entwicklungshelfer sein für Menschen, die ihren Weg nicht allein finden, die sichtlich jemanden benötigen, der ihnen weiterhilft.

Es ist ein Teilaspekt der Entwicklung, sich anderen Menschen anzunehmen, um ihnen zu helfen. Dabei ist es euch überlassen, ob ihr zu jungen Menschen, älteren, armen, kranken oder schwachen Menschen tendiert oder zu Personen aus eurem Freundeskreis. Wichtig ist, dass ihr euch nicht zurückzieht und auch für andere verfügbar seid. Es ist ein Teil des spirituellen, heiligen Weges, auch für andere Menschen Entwicklungshelfer zu sein. Dauerhafter Rückzug wäre mit einer dicken, für Licht und Luft undurchlässigen Decke zu vergleichen, die ihr über euch zieht. Ihr würdet mit der Zeit vieles in euch ersticken und sehr bald in eurem Tun, eurer Spiritualität stagnieren. Die Öffnung nach außen und AUCH für andere da zu sein initiiert einen hoch energetischen, spirituellen Kreislauf, von dem ihr euch nicht entfernen sollt.

Was passiert weiter, wenn ihr euch ausschließlich auf euch konzentriert und für niemanden erreichbar seid? Wenn ihr in eurem Abwehrmechanismus so schwach seid, dass euch nur ein Rückzug übrig bleibt? Es wird eine gute Zeit funktionieren, ihr werdet auch keine Probleme darin haben, euch weiterzuentwickeln. Eines Tages jedoch wird in euch ein hohes Maß an Einsamkeit aufsteigen, denn ihr seid ausschließlich auf euch konzentriert. Eines Tages werden persönliche Defizite bemerkbar, die euch erschauern lassen und euch beunruhigen. Spätestens dann merkt ihr, dass ihr einen wichtigen Aspekt der spirituellen Schule übersehen habt. Davor möchte ich euch bewahren und euch schon heute darauf aufmerksam machen.

Schützt euch vor äußeren Einflüssen, die euch nicht guttun, aber versteckt euch nicht vor den anderen. Lasst sie an eurer Spiritualität, an eurer Person teilhaben und gebt ihnen durch euch unaufdringliche Wegweisung.

Freundeskreis und Partner

Hier möchte ich gleich anknüpfen und auf den Freundeskreis zu sprechen kommen. Darf ich dich um einige Gedanken diesbezüglich bitten?

Für jene unter euch, die keine eigene Familie haben, ist der Freundeskreis ein Teil der „Ur-Familie". Umso wichtiger ist er, umso wichtiger ist seine Zusammensetzung. Aus meiner Sicht soll niemand von euch einzelgängerisch leben, sondern sich in Gemeinschaften treffen, auch wenn es kleine, überschaubare Gemeinschaften sind. Sie sind wichtig, um sich selbst zu spiegeln, befreit vom eigenen Ego, sie sind wichtig für Impulse von außen. Für jene unter euch, die eine eigene Familie haben, sind Freunde meist zweitrangig, wenn sie überhaupt einer Wertung unterzogen werden. Weit wichtiger werden sie, wenn die Kinder außer Haus sind, wenn die eigene Person wieder deutlich in den Vordergrund rückt und wenn es wieder um einen selbst geht, befreit von etwaigem Alltagsballast durch Kinder, Haushalt und vielem mehr.

Der innere Freundeskreis soll sorgfältig ausgesucht sein, er soll noch sorgfältiger gepflegt sein. Gute Freunde sind wie rare Pflanzen, sie gehören gepflegt und gehegt. Und doch vergehen auch Freundschaften immer wieder und sind nicht wieder zu beleben. Wer glaubt, Freundschaften sind für eine Ewigkeit geschlossen, der kann irren. Natürlich gibt es auch solche, und sie sind wahre Glücksgriffe, aber die Regel ist, dass jede Zeit ihre Freunde hat. Die Regel ist, dass jeder Weg seine Freunde hat. Die Regel ist, dass Freundschaften wie Seilschaften sind für einen intensiven gemeinsamen Weg, und wenn er gegangen ist, löst sich die Seilschaft wieder auf. Manchmal wird sie auf Zuruf erneut formiert und man geht weitere gemeinsame Touren. Oft begegnet man sich nicht wieder oder stellt fest, dass vom alten Glanz der Freundschaft kaum mehr etwas vorhanden ist. Freundschaften sind so zart wie partnerschaftliche Beziehungen und sie sollten dementsprechend mit Umsicht behandelt werden. Sie sind ein praktischer Spiegel für jeden, der im besagten Freundeskreis integriert ist.

Ein ausgewogener Freundeskreis ist wie ein gelungenes Bild. Es sollen Personen darin enthalten sein, die einem in der spirituellen, lichtvollen Entwicklung behilflich sein können, Lehrer, durch die du dich weiterbilden kannst. Aber auch Spaßmacher sollen nicht fehlen, denn ein Freundeskreis muss keinesfalls eine konspirative Blase sein, in der es ausschließlich um Fortentwicklung geht. Es darf auch gescherzt und gelacht werden. Es soll ein „Ältester" und ein „Jüngerer" darin enthalten sein. Beachte die Ausgewogenheit, denn je einseitiger dein Freundeskreis ist, umso einseitiger ist deine künftige Entwicklung. Bemühe dich um Ausgewogenheit und lasse diese sich auch in deinem Freundeskreis wiederfinden. In deinem Freundeskreis sollen dich ausschließlich Menschen umgeben, denen du dich im Vertrauen hingeben kannst. Misstrauen, Missgunst, dererlei hat in einem Freundeskreis nichts zu suchen. Es sollen Treffen, ganz ohne Schutzinstallationen möglich sein, voller Aufrichtigkeit und Ehrlichkeit. Im Freundeskreis einzutauchen soll dir ein Gefühl von geistiger, spiritueller Wellness verleihen, ein Hochgefühl, Bestätigung, Freude. Ein guter Freundeskreis soll dich durch holprige Lebensphasen tragen, wie du deine Freunde durch ihre holprigen Lebensphasen trägst.

Manche meinen, sie hätten mehr Feinde als Freunde, mehr Menschen in ihrem Umfeld, die ihnen schaden wollen, als solche, die zu ihnen stehen würden.

Hier empfehle ich eine dringende Bestandsaufnahme. Es entspricht keinesfalls der Norm, dass man von Feinden und von Menschen umzingelt ist, die einem Böses wollen. Die geistige Welt vertritt sehr stark das „Sender-Empfänger-Prinzip", das heißt, was ich aussende, kommt wieder zurück. Was sende ich aus, wenn ich von Menschen umgeben bin, die mir nur Schaden zufügen wollen? Was sende ich aus, wenn ich von Menschen umgeben bin, die mir inniger Feind sein wollen? Hier geht es um die eigene Gedankenhygiene, um das, was ich denke und tief in meine Umwelt aussende. Was ist mit mir los, wenn ich Feindschaften sammle, Feindseligkeit signalisiere? Es bedarf einer ordentlichen Zäsur und in gewisser Weise eines Neubeginns, um mich und meine Persönlichkeit neu zu formieren.

Feindseligkeiten entspringen aus niederen Instinkten, denn ist man spirituell, geistig gut entwickelt, belebt man sein Umfeld mit höher schwingendem Gut. Dementsprechend gesellen sich meist ausschließlich höher schwingende Menschen in das persönliche Umfeld. Da darf auf das „Sender-Empfänger-Prinzip" vertraut werden. Was ich sende, werde ich empfangen, in den allermeisten Fällen ist es so und nicht anders.

Manche Beziehung aber schlägt in pure Feindseligkeit um, man hat sich nichts mehr zu sagen und will sich schaden. Es wird viel Porzellan dabei zerschlagen. Dies ist ein trauriges Kapitel mancher Beziehungsarbeit. Was ist passiert, dass Partner von glühender Verehrung in blanken Hass, in blanke Verachtung kippen? Wie viele Warnungen wurden bis dahin übersehen und wie wenig hatte man sich und seinen Partner in den vergangenen Zeiten im Blickpunkt? Es bedarf großer Blindheit, eine Beziehung derartig an die Wand zu fahren, es bedarf großer Unaufmerksamkeit, es so weit kommen zu lassen. Hätte man nicht zuvor bereits im Guten entscheiden können auseinanderzugehen? Muss es immer weiter bergab gehen, um sich anschließend nachhaltig zu verletzen, um alles, was einmal war, zu ruinieren?

In manchen Partnerschaften dienen der Alltag, die Betrieblichkeit, die Kinder als Kitt und gibt es ihn nicht mehr in der gewohnten Form, brechen unberechenbare Krater auf und verselbständigen sich. Der Kitt hält nicht mehr, alles bricht auf, alles bricht auseinander. Damit kann in der Regel keiner der Partner umgehen und jeder der beiden versucht aus seinem Ego-Stand heraus festzustellen, dass ihn keine Schuld trifft, dass er nichts dafür könne. Damit wird unendlichem Streit Tür und Tor geöffnet. Vernünftiger wäre es gewesen, noch in guten Zeiten auseinanderzugehen, sich in Liebe und Zuneigung zu lösen, vielleicht freundschaftlich verbunden zu bleiben, aber sich die Freiheit zu schenken. Leider sind die Egos wesentlich größer und vermeiden ein Auseinandergehen im Guten. Es wird festgehalten an alten, traditionellen Beziehungswerten, so lange, bis alles ruiniert ist.

Selbstverständlich gibt es Loslösungsrituale, selbstverständlich gibt es Hilfen, die in ähnlichen Situationen unterstützend und auf gesegnete Art wirken.

Anleitung zur Loslösung

Wenn die Fronten verhärtet sind, sich keine konstruktiven Gespräche führen lassen, ist es höchste Zeit, ein wenig in den spirituellen Zauberkasten zu greifen und die Loslösung, die Entkrampfung zu unterstützen. Es geht ganz einfach und bedarf keines großen Wissens.

Du nimmst ein Foto deines Partners, entzündest Weihrauch und räucherst fein säuberlich das Foto deines Partners von beiden Seiten.

Die Affirmation dazu lautet:

(VORNAME DES PARTNERS) SO WIE DICH DER WEIHRAUCH NUN UMSCHMIEGT UND GLEICHZEITIG WIEDER VON DIR ABLÄSST, SO LÖST SICH UNSERE VERFAHRENE SITUATION. ALLES WIRD WEICHER, ALLES LÖST SICH AUF. WIR GEHEN IN EINVERSTÄNDNIS AUSEINANDER UND KÖNNEN EINANDER DABEI MIT GROSSEM VERSTÄNDNIS SOWIE VERTRAUEN IN UNSERE AUGEN BLICKEN.

SO WIE DICH DER WEIHRAUCH NUN UMSCHMIEGT UND GLEICHZEITIG WIEDER VON DIR ABLÄSST, SO LÖST SICH UNSERE VERFAHRENE SITUATION, WIR KÖNNEN JETZT IN ALLER STILLE, IN ALLER RUHE AUSEINANDERGEHEN. DANKE.

Jeder von euch hat Prüfungen zu bestehen, viele befinden sich in Partnerschaften, die alles andere als einfach zu leben sind. So wie sich Partnerschaften lösen lassen, sind sie durch ähnlich einfache Mittel mit mehr Leichtigkeit anzureichern. Es ist euch erlaubt, eigene Affirmationen zu erstellen und sie in den jeweiligen Situationen anzuwenden.

Holprige Lebensphasen

Franziskus, das ist ein wichtiges Stichwort. Wieso ist das Leben für mache mit so vielen Prüfungen verbunden, wieso gibt es die von dir zitierten „holprigen Lebensphasen", wie-

so gibt es Krankheit und Verzweiflung? Was sollen oder können wir uns daraus mitnehmen?

Manche von euch hören und lesen immer wieder, dass schwierige Lebensphasen meist Phasen des Lernens, Phasen der Entwicklung sind. Natürlich sind sie das auch, aber es brauchte sie nicht zu geben, denn lernen könnt ihr auch in so genannten guten Zeiten. Ihr seid in guten Phasen zwar meist mit vielerlei Dingen abgelenkt und die Entwicklung geht oft in kleinsten Schritten vor sich, aber es bedarf keinerlei Krankheit oder anderer Schwierigkeiten dazu. Es ist ein Trugschluss zu glauben, dass nur aus Schmerz und Pein Entwicklung entsteht. In diesen Phasen sind die Gepeinigten so sehr auf sich fixiert und auf mancherlei Art so reduziert, dass es einfacher ist, sie zu erreichen. In diesen unangenehmen Zeiten lernen sie rascher, um das Gelernte meist nach der Gesundung ebenso rasch wieder zu vergessen.

Zu einem sehr großen Prozentsatz sind schwierige Lebensphasen hausgemacht, weil die Entwicklung dorthin unbeachtet blieb oder nicht ernst genommen wurde. Wenn es dann einmal gehörig „holpert", sind sehr starke Bemühungen nötig, um aus den Problemen wieder herauszukommen. Daher ist es wichtig, einen ausgeglichenen, guten Freundeskreis zu haben, der einem beisteht. Wenn mehrere Menschen gleichzeitig an einer Sache arbeiten, wird ein Ergebnis rascher erzielt, als wenn man sich allein daran versucht.

Lass dich in schwierigen Lebenssituationen nicht hängen. Aktiviere deine Selbstheilungskräfte, aktiviere deine Lebenskräfte und lass dir dabei helfen, den besseren Weg zu finden, um von dort aus weiterzugehen. Zentriere dich und besinne dich deiner Mitte, deines Kerns, deiner Seele und arbeite aus deiner Mitte heraus an einer Besserung der Situation, an einer Besserung deiner Gesundheit und deines Lebensweges.

Wenn ich an einem Abschnitt meines Lebensweges angekommen bin, aufgeben möchte und der Verzweiflung, einer Todessehnsucht ausgeliefert bin, scheine ich in einer Sackgasse zu stecken. In diesem Augenblick ist es auch eine Sackgasse, in die ich mich nur verlaufen konnte, weil ich zuvor unachtsam war, einige Warnhinweise übersehen habe und meinen Weg, ungeachtet der Hinweise, fortgesetzt habe. Daher ist Reflexion so wichtig. Wenn ich meinen Weg zumindest alle paar Tage mit Aufmerksamkeit betrachte, dann werde ich mich kaum verirren und keinen falschen Weg wie den der Krankheit und Verzweiflung einschlagen. Befinde ich mich erst einmal in der Sackgasse, bedarf es einiger Anstrengung und Zeit, wieder zum Ausgangsort zurückzukehren. Aber selbst in diesen Phasen ist es wichtig, Hilfe von außen annehmen zu können. Mit innerer Einsicht und äußerer Hilfe gelingt es wesentlich leichter, eine erfolgreiche Kurskorrektur vorzunehmen. Bedenkt dabei, wie lange der Weg in die Irre gedauert hat, und erwartet nicht eine Kurskorrektur innerhalb kürzerer Zeit. Ein monatelanger Hinweg wird auf dem Rückweg kaum kürzer sein. Vieles wird bekannt vorkommen, aber der Weg ist in seiner Länge derselbe.

Natürlich sind nicht alle Krankheiten, die über einen herfallen, hausgemacht, aber einige davon sind es. Die gilt es, von vornherein nicht entstehen zu lassen. Dazu gehört besagte Selbstreflexion und Aufmerksamkeit nach Innen. Oft werde ich gefragt, warum können wir krank werden, welche Aufgabe steckt dahinter? Dazu gibt es keine allgemein gültige Antwort, denn die Antwort ist in jedem einzelnen Fall eine andere. Es gibt kein Raster, kein gültiges Muster, alles geschieht sehr individuell und ist genau so auch zu betrachten, zu analysieren. Es gibt zwar jene wenigen Fälle, in denen sich die betroffene Seele genau diese Erfahrung ausgesucht hat. Aber auch hier gibt es kein Muster, kein Raster, keine Musterantworten für das Warum. Und selbst wenn die Seele das besagte Erlebnis durchleben möchte, ist es für die menschliche Ratio, die um die Seele herum aufgebaut ist, kein Trost, denn die Ratio wird am

Leben hängen und nicht durch die Krankheit möglicherweise in den Übergang gehen wollen. Hier gibt es eine oft unüberbrückbare Schere zwischen der Seele, ihrem Wissen und der menschlichen Ratio. Eine Schere, die sich kaum schließen lässt.

Seht euch in eurem Umfeld um, manchen scheint das Glück immer hold, manche wiederum müssen wohl auf der Verliererstraße unterwegs sein, so viel Unglück sammelt sich in ihrem Leben an. Habt ihr euch schon einmal gefragt, womit das zusammenhängt? Warum gibt es Menschen, die beinahe unentwegt über eine bemerkenswert positive Ausstrahlung verfügen, und warum ziehen andere nur Missgeschick an? Es ist, wie ich es soeben formuliert habe, eine Anziehung. Ich ziehe an, jeder zieht an und es hängt zum Großteil damit zusammen, was ich aussende. Denn was ich aussende, kommt zu mir zurück. Sende ich Ängstlichkeit aus, wird mich Ängstlichkeit erreichen. Sende ich Freude und starke Energie aus, wird mich Freude und starke Energie erreichen. Es ist das, was von manchen von euch „Spiegelgesetz" genannt wird. Was ihr hinausspiegelt, kommt wieder zurück. Daher ist es so wichtig, sich täglich bewusst zu machen, was man nach draußen sendet, denn es wird genau so wieder zurückkommen. Daher ist es so wichtig, bewusst und aufmerksam zu leben, dann bedarf es weniger Korrekturarbeit.

Wenn ich permanent Unglück habe, krank bin, auf keinen grünen Zweig komme, dann muss ich mich „umprogrammieren". Ich muss mir bewusst machen, was ich bisher täglich ausgesandt habe, und muss genau hier mit einer Korrektur ansetzen, um Sinnvolles zu senden. Ist es nicht im persönlichen Umgang ebenso? Wenn ihr lacht, erntet ihr freundliche Gesichter, wenn ihr böse seid, wird niemand zurücklächeln. So verhält es sich mit allem, was ihr von euch gebt, mit allem, was ihr aussendet. Werdet euch dessen bewusst und denkt an die Ernte. Nicht alles, was zurückkommt, möchte man ernten, aber es bleibt einem nicht erspart, denn es präsentiert sich einem unweigerlich und bleibt so lange stehen, bis man davon Kenntnis und Erkenntnis genommen hat.

Es bedarf grundsätzlich keiner Zäsur, wenn diese nicht notwendig ist. Frei von Zäsur zu sein heißt, bewusst zu leben, achtsam zu leben, sich dessen bewusst zu sein, wo man welche Fußabdrücke hinterlässt. Nahezu jeder einzelne Gedanke ist es wert, überprüft zu werden. Zäsur bedarf es ausschließlich, wenn nicht bewusst und klug gelenkt wird. Wenn ein Kapitän sein Schiff fahren lässt, ohne den Kurs selbst zu bestimmen, müsste er ab einem bestimmten Zeitpunk eine Korrektur setzen, um zum vorgesehenen Kurs zurückzukehren. Wenn ihr euch eures Weges bewusst seid und nahezu jeden einzelnen Schritt bewusst setzt, bedarf es keiner Zäsur, kaum einer Kurskorrektur, denn ihr werdet von eurem Kurs selten abkommen.

Es ist so einfach, findet ihr nicht?

Atomenergie ja oder nein

Franziskus, die Energiegewinnung ist seit jeher eines der wichtigsten Anliegen der Menschheit. Darf ich dich um deine Ansichten und um die der geistigen Welt bitten? Beginnen wir mit der Atomenergie.

Eine sehr wichtige Frage. Die Atomenergie und ihre Kraftwerke dienten ausschließlich dazu, in neue Dimensionen der Wissenschaft vordringen zu können. Insofern ist es falsch, die Atomenergie als solches zu verdammen. Es wurde nur verabsäumt, in der Entwicklung weiterzugehen, denn dann hätte es der Kraftwerke nicht bedurft. Jedes einzelne Atomkraftwerk auf eurer Erde ist in Wahrheit veraltet, nicht mehr zeitgemäß, weder in seiner Technik noch in den Kosten im Verhältnis zum Nutzen. Die Profitgier der Atomlobby verhinderte jedoch, dass der nächste noch viel wichtigere Schritt jemals getan wurde. Erst seit einigen Jahren quillt da und dort aus den wissenschaftlichen Töpfen das Wissen über die zukünftigen Technologien hervor.

Das Wissen konnte einfach nicht mehr von mächtigen Lobbys zurückgehalten werden. Es ist an der Zeit, sich von Atomkraftwerken zu verabschieden, es gibt reinere Möglichkeiten der Energiegewinnung. Möglichkeiten, in denen Kosten und Nutzen in einem intelligenten Zusammenhang stehen. Die Menschheit sollte daran denken, aus dieser veralteten Technologie der Atomkraftwerke auszusteigen, und ihr soll ihr dabei mit euren bekundeten Ansichten Unterstützung sein.

Kraftwerke der Zukunft

Wie sieht die Zukunft der Kraftwerke und der Energiegewinnung aus?

Ihr befindet euch bereits in einem ersten Teil der Zukunft, denn sie hat die Gegenwart längst erreicht. Jede Energiegewinnung, die sich der unerschöpflichen Ressourcen der Erde und des Universums bedient, ist der richtige Weg. Es müssen unbedingt mehr finanzielle Mittel für Wind-, Sonnenenergie und Erdwärmekraftwerke bereitgestellt werden, ihr nennt sie „erneuerbare Energien". Sie weisen euch den richtigen Weg und sind unerschöpflich. Sie werden von den vorhandenen Atomkonzernen nur zurückgehalten, weil sie in ihrer Technik, in ihrem Betrieb so einfach sind und man darauf kein Monopol bauen kann. Hier geht es um Macht, Einfluss und Geld.

Natürlich befindet ihr euch erst am Beginn der großen Entwicklungen, denn es wird nicht mehr lange dauern, und es wird eine Art Perpetuum Mobile erfunden. Mit den neuen Technologien ist es sehr leicht, aus erneuerbaren Ressourcen sehr günstig Energien für jeden zur Verfügung zu stellen. Selbst die Ölkonzerne brechen bereits in ihren Strukturen auf und widmen sich diesem Thema, weil sie zur Kenntnis nehmen müssen, dass es vernünftiger ist, sich den neuen Technologien zuzuwenden, um auch in Zukunft noch Bestand zu haben. Wenn wir noch ein Stückchen weiter in die Zukunft blicken, dann werden kleine

Kristalle über hohe Wirkungsweisen verfügen. Von ihnen profitiert die Wirtschaft und jeder einzelne Haushalt in hohem Maß.

Das Klima der Erde

Das Klima der Erde wird immer wieder mit der Energiegewinnung, mit dem Energieverbrauch und unserem Umgang mit den Ressourcen der Erde in Zusammenhang gebracht.

So wie ich die Erde und ihre Menschheit in eine höhere Schwingungsebene eintreten sehe, wird auch der Zustand der Erde im Wesentlichen in eine höhere Schwingungsebene gelangen. Dies heißt jedoch nicht, dass es dann keine Naturkatastrophen mehr gäbe. Natürlich sind diese durch die höhere Schwingungsebene nicht zu verhindern, das wäre viel zu einfach und zu kurz gegriffen. Es wird in einzelnen Regionen der Erde zu großen Klimaverschiebungen kommen. Einzelne Regionen der Erde werden nahezu unbewohnbar, aber im Grunde sind sie es jetzt schon, nur halten es die Bewohner noch aus und darben in einem armseligen Leben vor sich hin. Man sollte sich ihrer annehmen und sie aufnehmen, denn es wird nicht besser werden. Nicht zu ihren Lebzeiten, denn erst zwei Generationen später wird der Mensch über das Potenzial verfügen, Brachland in fruchtbares Land, unerträgliche Hitze in erträgliche Temperaturen umzuwandeln.

Global gesehen wird das Klima nur unwesentlich ansteigen, der prognostizierte, signifikante Anstieg wird nicht eintreffen, jedoch, wie ich es bereits erwähnte, wird es in einzelnen Regionen zu Klimaverschiebungen kommen.

Es ist mir noch ein wichtiges Anliegen, euch auf eure Möglichkeiten aufmerksam zu machen. Auch das Klima der Erde befindet sich als Teil des Kollektivbewusstseins in euch. Daher habt ihr täglich die Möglichkeit, in kurzen Sequenzen eure Energien in das Klima zu investieren, eure heilenden, nährenden Gedanken dem Klima zu widmen. Ihr seid ein Teil des Ganzen, das Ganze ist ein Teil von euch.

Internet und Socialnetworks

Wie sieht die geistige Welt moderne Kommunikationsmittel wie das Internet oder die beliebten Socialnetworks im Internet?

Wir sehen das Internet durchaus als logische Entwicklung eurer Kommunikation und betrachten es als eine sehr positive Kommunikationsmöglichkeit. Nie konnte man auf so einfache Art so viele Menschen für seine Anliegen erreichen. Nie war es so einfach, Gleichgesinnte weltweit zu finden. Das Internet lässt alle Grenzen dieser Welt fallen und macht es möglich, von einer Sekunde auf die andere, rund um den Erdball zu kommunizieren. Es ist ein Segen und Belastung zugleich. Denn wenn es Menschen gibt, die reales Leben vergessen, weil sie im irrealen Leben des Internets hängenbleiben, dann finden wir das äußerst bedenklich. Viele vergessen ihr Leben, ihren Körper und sind ausschließlich vergeistigt im Internet wiederzufinden. Es ist wichtig für Eltern, auf ihre Kinder zu achten, damit sie den Anschluss an ihr reales Leben nicht verlieren.

Für viele ist das Leben in der virtuellen Welt aufregender, spannender, einfacher als das Leben draußen. Es kann sich zu einer Sucht entwickeln, sich dem realen Leben zu entziehen und sich dem Internet mit Haut und Haaren hinzugeben. Wenn ihr eine Suchttendenz erkennt, solltet ihr eingreifen und die Nutzung des Internets limitieren. Die Folgen des „Internetmissbrauchs" sind noch unabsehbar, aber wenn ich meinem Körper keine Bedeutung beimesse und mir mein virtuelles Leben wichtiger ist, dann wird sich mein Körper irgendwann melden und auflösen.

Das Internet birgt große Chancen für jeden, für jedes Anliegen, aber es führt auch zur Vereinsamung, denn es ist leichter, sich virtuell ein paar Kommunikationsbrocken hinzuwerfen, als sich für ein oder zwei Stunden im realen Leben zu treffen und ein kompaktes Gespräch zu führen. Wie jede Sache auf eurer Welt, verlangt auch das Internet nach einer intelligenten Nutzung und nach Verantwortung.

Mit den Socialnetworks, wie ihr sie nennt, verhält es sich ebenso. Es ist plötzlich so einfach geworden, Freunde zu finden, aber sind es tatsächlich Freunde? Ist es nicht meist ein oberflächlicher Kontakt, wo es nicht auffällt, wenn man längere Zeit keinen Kontakt zueinander hatte? Andererseits ist es gerade durch Socialnetworks sehr einfach geworden, alte Freunde wiederzufinden oder Mitstreiter für seine Ideen.

Ein wenig erwacht in diesen Netzwerken auch etwas Ähnliches wie eine virtuelle Volksdemokratie, die auf Zuruf funktioniert und sich sehr schnell für gewisse Anliegen formiert. Oft finden diese Prozesse aber ausschließlich im Internet statt und finden niemals den Weg in die reale Welt.

Nach kurzer Zeit werden sich politische Netzwerke, die auf besagten Socialnetworks basieren, auch in der realen Welt wiederfinden. Der Weg wird ein umgekehrter sein, nicht aus der realen Welt ins Internet, sondern aus der virtuellen Welt in die Realität. Es werden sich vermehrt Menschen finden, die ihre Welt verändern möchten, die mit dem Angebot der Politik unzufrieden sind, die politische Systeme verändern und Fortschritt wollen und Freigeistigkeit suchen. Sie werden sich im Internet finden und formieren und zu einem neuen kulturellen Politbeitrag sowie zu Veränderung führen.

Kreativität

Kreative behaupten oft „dem Himmel" näher zu sein. Wie wichtig ist es, unsere Kreativität auszuleben, uns dem Kreativen hinzugeben?

Ich würde mir wünschen, wenn jeder, der diese Zeilen liest, imstande ist, seine Kreativität auszuleben. Einerseits gibt es kaum etwas Schöneres, als sich von allem zu befreien und im „Flow" zu sein, das ist der Zustand vollkommener Losgelöstheit, entkoppelt von aller irdischen Schwere. Im „Flow" zu sein bedeutet, auf vielen Wellen zu schwimmen, sich frei zu fühlen, in seinem Tun zu versinken. Im kreativen Tun beginnen eure Energien zu fließen, Blockaden werden aufgelöst, Energien fließen. Kreativität ist oft mit einer Gesundung verbunden. Nicht umsonst werden kreative Techniken auch in Therapien verwendet. Sich seiner Kreativität hinzugeben heißt nichts anderes, als sich den energetischen Strömen zu öffnen, sich zu befreien, sich freizumachen, um für die Energien, die aus dem kreativen Tun entstehen, empfänglich zu sein.

Es geschieht unglaublich viel im Ausleben der Kreativität, denn es ist nicht allein ein künstlerischer Vorgang, es ist ein Sich-Öffnen für den energetischen Prozess. Sich mit der eigenen Kreativität auseinanderzusetzen bedeutet ebenfalls, sich mit den eigenen energetischen Zusammenhängen auseinanderzusetzen.

Befindet man sich im zitierten „Flow", ist man dem Himmel ein wenig näher, denn es handelt sich um einen losgelösten Zustand, ein Zustand, der alles um einen vergessen lässt. Wie gerne bin ich im Wald, an Lichtungen, auf Bergen gesessen und habe Skizzen angefertigt. Im Zeichnen war ich vollkommen bei der Sache und doch nicht da. Ich sah mein zu skizzierendes Gegenüber ganz klar und doch nicht. Ich darf euch auffordern, zeichnet, malt, töpfert, formt, musiziert, es tut euch gut. Ihr beschenkt euch reichlich, wenn ihr eure Kreativität von ganzem Herzen auslebt. Vergesst nicht, euch regelmäßig Zeit dafür zu reservieren, denn sonst bleibt euch für eure so wichtige Kreativität kein Platz mehr. Regelmäßig sich seinem kreativen Ursprung hinzugeben, ist wie regelmäßig zu meditieren. Darum sind Kreative oft dem Himmel ein gutes Stück näher.

Wunscherfüllung

Viele von uns haben Ziele und es geschieht doch immer wieder, dass sehr viel angedacht und wenig davon realisiert wird.

Eingangs gefasste Ziele wieder aus den Augen zu verlieren ist ein gewöhnlicher Prozess, denn selten werden Ziele fixiert, notiert, weiterhin bedacht und belebt. In der Regel wird zwischen unterschiedlichsten Zielen hin und her gesprungen und irgendwie ist man dann verwundert, dass man so viel andenkt und so wenig davon realisiert. Ein Trost darf sein, dass es üblich ist, so zu „funktionieren".

Ziele zu realisieren ist das große Thema, das uns die gesamte Zeit unseres Erdenlebens begleitet. Ziele nicht mehr aus den Augen zu verlieren und sie so sehr zu beleben, dass sie sich realisieren lassen, erfordert je nach Ziel unterschiedlichen Energie- und Zeitaufwand. Wie vermutet ist der Aufwand für große Ziele weitaus größer als für kleine. Viele glauben sehr stark an ihr Ziel und verlieren es immer wieder aus dem Fokus, daher dauert es oft ein halbes Leben, bis es tatsächlich realisiert wird. Das Geheimnis, seine Ziele umzusetzen, ist, sie nicht mehr aus dem persönlichen Fokus zu verlieren und die gefassten Ziele fortwährend mit Energie und Zuversicht zu versorgen. Es ist durchaus auch möglich, mehrere Ziele gleichzeitig zu beleben. Davon rate ich allerdings ab, denn es kompliziert die Sache. Wesentlich einfacher ist es, ein Ziel nach dem anderen aufzuarbeiten.

Anleitung zum energetischen Umgang mit Zielen: So erreichst du deine Ziele

Um ein Ziel zu erreichen, bedarf es Disziplin und Ausdauer. Du notierst dir dein Ziel auf ein Blatt Papier, in einem Satz, ohne Schnörkel. Diesen Satz wiederholst du täglich immer wieder und dabei malst du dir dein Ziel in deiner Fantasie realistisch aus, als hättest du es bereits erreicht. Damit belebst du es und führst ihm Lebensenergie zu. Diesen Vorgang wiederholst du immer und immer wieder.

Wenn du eine kleine Pyramide zu Hause hast, ist es sinnvoll, das Blatt Papier unter die Pyramide zu legen. Wie wir wissen, manifestieren Pyramiden Energie, somit wird der Satz auf dem Blatt Papier zusätzlich durch die Pyramide energetisiert. Das heißt, einerseits belebst du dein Ziel durch die Visualisierung des Zieles und die tägliche Wiederholung dessen, andererseits wird dein Ziel durch die Energie deiner Pyramide mit Energie belebt.

Keine Zweifel sollen in dir aufkommen, du sollst an dein Ziel glauben. Du sollst davon überzeugt sein, dass dein Ziel von dir erreicht wird. Du siehst dich immer wieder am Ziel angekommen und freust dich darüber. Nie, nie, nie, sollst du dein Ziel aus den Augen verlieren. Reichere es mit Energie und deinem Glauben an. Belebe es mit deiner Fantasie und manifestiere es. Bitte täglich das Universum, dass es dir bei der Zielerreichung behilflich sei. Verknüpfe im Gegenzug die Zielerreichung mit einer guten Tat. Wenn du das Ziel erreichst, möchtest du aus dem damit verbundenen Profit auch etwas für eine karitative Organisation tun, so es sich um ein Ziel handelt, das mit einem Profit einhergeht.

Generell ist es für eine Zielerreichung wichtig, einen Kreislauf in Schwung zu bringen. Wenn ich aus meinen Zielen finanzielle Profite erwirtschafte, ist es notwendig, davon auch wieder etwas abzugeben. Es ist wichtig, sein eigenes Ego klein zu halten und auch andere an seinem Leben, an seinem Wohlstand teilhaben zu lassen. Wenn du das einmal befolgst, dann wirst du merken, wie dich das Leben beschenkt, es kommt alles wie von allein – und doch nicht von allein, weil du den Kreislauf mit deinen Taten belebst.

Werden mit der zitierten Methode der Zielerreichung alle Ziele erreicht? Nein, natürlich nicht, das wäre zu einfach, aber sehr viele. Dir wichtige Ziele kannst du damit effektiver, rascher erreichen. Manchmal steht zwischen deinem Wunsch und der Zielerreichung dein Karma und verhindert, dieses von dir fokussierte Ziel zu erreichen. Auch das ist zu akzeptieren und voller Demut hinzunehmen. Es wäre mit Scharlatanerie verbunden zu behaupten, dass ALLE Ziele mit dieser Methode erreichbar wären. Ich müsste mich nicht mehr bemühen, ich müsste nur noch ausschließlich nach der Formel der Zielerreichung leben und würde alles bekommen. Damit würde jede weitere spirituelle Entwicklung verhindert werden. Nein, das wäre zu einfach und würde mich an die Bedienung einer Jukebox erinnern, in die man nur konsequent ein bisschen Geld werfen muss, und sie spielt, was man sich wünscht. Es würde viele in ihrer Stagnation unterstützen, denn sie würden es weidlich ausnützen.

Um persönliche Ziele zu erreichen, bedarf es Fleiß, Wille, geistiger Reinheit. Um persönliche Ziele zu erreichen, bedarf es eines gewissen spirituellen Reichtums, denn ist die Basis in einem geschaffen, wird der nächste Schritt nahezu automatisch folgen. Die Wuscherfüllung deiner Ziele ist also in dir anzulegen. Ihr sagt ja immer „von nichts kommt nichts" und dem ist gerade in diesem Fall nichts hinzuzufügen. Es kann kein Garten existieren ohne Erde. Es kann kein Ziel erfüllt werden, wenn die Basis so überhaupt nicht vorhanden ist. Daher ist bei jedem gefassten Ziel wichtig, auf das Rundherum zu achten, dass es sich um kein Luftschloss handelt, sondern du in dir die Basis dazu bereits geschaffen hast oder dabei bist, sie zu schaffen. Es kann nahezu alles materialisiert werden, vorausgesetzt dein Karma lässt es zu.

Authentische Menschen

Unlängst beschwerte sich eine Freundin bei mir, dass es so wenige authentische Menschen gäbe. Franziskus, möchtest du uns dazu deine Gedanken näherbringen?

In gewisser Weise stimmt es, ihr seid umgeben von Maskenmenschen. Menschen, die sich x-beliebig ihre Maske aufsetzen, je nach Bedarf und Anforderung. Teilweise bringen sie es durch ihre Kleidung zum Ausdruck, teils durch ihr Spiel, sie sind alles, nur nicht authentisch. Und doch werdet ihr merken, dass mit der Erhöhung der Schwingungen, mit der Erhöhung der Spiritualität die Maskenmenschen weniger werden und den authentischen Menschen unter euch mehr Raum geboten wird.

Ist es nicht so, dass Maskenmenschen meist Energiefresser sind? Vielleicht ist euch bereits aufgefallen, dass ihr euch nach Treffen mit ihnen irgendwie leer fühlt, müde, ohne Energien. Das ist einfach erklärt, denn Maskenmenschen bedienen sich nur deshalb ihrer Masken, weil sie ohne Maske schwach wären, zu schwach, um ohne Maske einer Begegnung mit Dritten standzuhalten. So schlüpfen sie in eine x-beliebige Maske, verkleiden sich, treten in der Maske auf und saugen von den sie umgebenden Menschen die Energien, die sie selbst nicht haben. Nachdem sie in der Regel über einen funktionierenden Energiehaushalt nicht oder kaum Bescheid wissen, wiederholt sich das Spiel bis zum Ende ihrer Tage. Davon abgesehen ist das Maskenspiel mit Anstrengungen verbunden, denn diese Menschen müssen sozusagen in einen Fremdkörper schlüpfen, und das kostet zusätzlich Energien.

Authentische Menschen sind zum Großteil weise Menschen, Menschen, die ein gutes Stück weiter fortgeschritten sind als die Maskenmenschen. Daher können sie es sich leisten, authentisch zu sein. Sie verfügen über ihre eigenen Energien und müssen nicht „fremdsaugen", sie wissen um die karmischen Zusammenhänge, sie kennen die Energiegesetze und sind daher sehr autark. Die Zeit der Maskenmenschen ist längst vorüber, sie nehmen Notiz davon, dass ihre Art des Lebens eine, sagen wir „veraltete" Form ist. Sie erkennen nach und nach, dass die neue Form der authentischen Menschen entwicklungstechnisch weiser ist. Immer mehr spirituelle, authentische Menschen entstehen und machen die Maskenmenschen auf ihre Maske aufmerksam. Das passiert über die Medien, genauso über das Internet oder im direkten Gespräch.

Es wäre allerdings träumerisch zu behaupten, dass Maskenmenschen aussterben beziehungsweise alle Maskenmenschen dazu bekehrt werden, auch authentisch zu sein. Es wird immer Maskenmenschen geben, weil es in der Schwäche des Menschen liegt, sich anders zu geben, als er ist. Umso mehr bewundere ich diejenigen unter euch, die es bereits geschafft haben, authentisch zu sein und authentisch zu leben. Wenn ich mich nicht verstellen muss und sein kann, wie ich bin, dann werde ich mich ungebremst, geradlinig entwickeln können.

Wie soll sich um mich ein kräftiger, goldener Energiekörper aufbauen, wie soll sich eine starke, gesunde Aura aufbauen, wenn ich immer in andere Rollen schlüpfen und meine eigene Persönlichkeit, meinen eigenen Kern, mein Innerstes verstecken muss? Darum ist jeder klar im Vorteil, wenn er sein authentisches ICH lebt und sich im Umgang mit anderen Menschen keiner Masken bedienen muss.

Wohnungen energetisch reinigen

Wieso ist es angebracht, von Zeit zu Zeit die Wohnung, das Haus energetisch zu reinigen? In welchen Abständen sollen die Reinigungen durchgeführt werden?

(Franziskus klingt schon am Beginn durch die von mir gestellte Frage sehr belustigt. Vielleicht auch durch den Sprung von den Masken zur Wohnungsreinigung.)

Die Frage belustigt mich tatsächlich ein wenig, denn es würde doch niemals die Frage gestellt werden, wieso eine Wohnung oder ein Haus immer wieder aufgeräumt werden muss, wieso man Staub saugt, aufwischt und so weiter. Genauso wichtig ist es, seine eigenen Räume immer wieder, in aller Liebe, einer energetischen Reinigung zu unterziehen. Zuerst stellt sich die Frage, warum überhaupt eine Reinigung notwendig ist und wie die „Verunreinigung" zustande kommt. Täglich sammelt sich ein wenig mehr an überflüssigen, negativen, negativ beeinflussten Energien an, und diese Energien müssen irgendwann entsorgt und zum Abfließen gebracht werden. Wenn ihr verärgert am Abend aus eurer Arbeit kommt, bringt ihr oft sehr viel an Negativenergien und an verbrauchten Energien mit. Während der Erholungsphase zu Hause ladet ihr sie dort ab, sie werden täglich mehr und irgendwann kippt der Energiehaushalt zu Hause um. Das heißt, ihr findet einerseits keine richtige Erholung mehr, andererseits kommt es zu Streit, zu partnerschaftlichen Problemen, ihr fühlt euch in eurem eigenen Zuhause nicht mehr wohl.

Um zu vermeiden, dass ihr euer Heim energetisch verunreinigt, muss es von Zeit zu Zeit von allen Negativenergien, von allen Verunreinigungen befreit werden. Wenn ihr achtsam genug seid, spürt ihr ganz genau, wann es wieder so weit ist und führt die Reinigung durch, sobald euer Achtsamkeitsradar die ersten gröberen Verunreinigungen wahrnimmt. Wenn ihr euch darauf nicht verlassen könnt oder verlassen wollt, dann empfehle ich euch, in Abständen von je zwei Monaten eure Wohnungen und Häuser zu reinigen. Das ist ein Zeitrahmen, in dem sich genug ansammeln könnte. Geht dabei Schritt für Schritt, wie von mir nachstehend beschrieben, vor.

Anleitung zur energetischen Reinigung von Wohnung und Haus

Ich hoffe, du hast Glühkohle, Weihrauch, eine Räucherschale, denn dies sind Utensilien, die du zur energetischen Reinigung benötigst. Sobald sich der Weihrauch auf der glühenden Kohle befindet und seine Wirkung verbreitet, gehst du jeden Raum deiner Wohnung, deines Hauses damit ab. Du beschreitest jedes Eck und führst die Räucherschale mit deiner Hand deutlich durch das jeweilige Zimmer. Dabei besinnst du dich deiner Aufgabe und formulierst in dir, was du gerade tust, was du gerade vorhast.

Die Affirmation dazu lautet:

ICH REINIGE DICH ZIMMER VON ALLEN NEGATIVEN UND BELASTENDEN ENERGIEN, SO DASS SICH STARKE, SAUBERE, POSITIVE UND LICHTVOLLE ENERGIEN WIEDER AUSBREITEN KÖNNEN. SO SOLL ES SEIN. ICH REINIGE DICH ZIMMER VON ALLEN NEGATIVEN UND BELASTENDEN ENERGIEN.

Wenn du durch alle Räume durchgegangen bist, bist du aufgefordert, die Fenster zu öffnen, denn nur dann kommt ein vollständiger Energieaustausch zustande. Würden die Fenster nicht geöffnet werden, wären die Energien zwar weitaus besser als zuvor, aber ein vollständiger Energieaustausch wäre verhindert worden. Zehn, fünfzehn Minuten gut zu lüften reicht vollkommen.

Statt Glühkohle und Weihrauch wären auch Räucherstäbchen möglich. Sie sollten allerdings guter Qualität sein und circa 10 Stück gleichzeitig glühen, denn mit einem allein ist keine effektive Reinigung durchzuführen.

Magische Orte

Kommen wir ein wenig zur Magie des Lebens, zu magischen Orten, besonderen Orten wie Klöster, die gerade in letzter Zeit eine Renaissance erleben. Eine Woche Urlaub im Klos-

ter pro Jahr steht hoch im Kurs. Inwieweit sind Klöster für dich magische Orte?

Klöster können in mehrfacher Hinsicht magische Orte sein, wobei nicht jedes Kloster mit seinen spirituellen, magischen Werten gleich ist. Klöster sind Kraftorte und die Intensität dieser Kraftorte ist sehr unterschiedlich. Wie bei den meisten Kirchen wurde auch vor dem Bau der Klöster darauf geachtet, dass es tunlichst an einem Ort der Kraft und Ruhe steht. Das ist der erste wichtige Schritt. Der nächste Schritt ist dann der, was durch den Abt, durch die Frater, Pater, Klosterschwestern aus den Klöstern gemacht wird.

Klöster sind weltweit von ihrer spirituellen Identität vergleichbar, auch wenn sie sich von den äußeren Strukturen, der Architektur sehr unterscheiden. Schließlich sieht so manch indisches Kloster anders aus als der Potala Palast in Tibet, der damalige Hauptsitz des Dalai Lama, oder wenn ich mir asiatische Klöster vor Augen halte, die heute noch einfache Hütten oder Häuser sein können, fern jeder Pracht, fern jeder Glorie und doch findet in ihnen ein immenser spiritueller und energetischer Austausch statt.

Gerade die Klöster der katholischen Kirche haben eine große Wandlung hinter sich. Sie waren durchaus nicht immer Stätten des Lichts, Stätten des wahren Glaubens. Zu oft war das Böse in manchen Klöstern eingenistet und ließ es sich dort bei bester Bewirtung gut gehen. Auch in heutiger Zeit stellen manche Klöster eher wirtschaftliche Unternehmungen dar und sind oft fern davon, spirituelle Heilquellen zu sein. Hier würde ich mir manchmal weniger Business und mehr Glaube, einen wesentlich höheren Grad an Spiritualität und des Gebets wünschen.

Einen Urlaub in einem Kloster, ganz egal wo auf dieser Welt, ganz egal in welcher Völkergruppe, kann ich aus tiefstem Herzen empfehlen. Es ist eine Zeit der Einkehr, eine Zeit der Besinnung, des Rückzugs, eine großartige Möglichkeit der Selbstfindung. Die Ablenkungen in einem Kloster sind gering, das heißt, es gibt wenige Möglichkeiten, sich durch Fremdeinflüsse zu betäuben, wie es „draußen" so schön passiert. Wie viel nehmt ihr euch vor und wie wenig davon wird realisiert, weil ihr hin und her gerissen seid von äußeren Ablenkungen, von äußeren Einflüssen. Während eines Besuchs im Kloster sind gerade diese Äußerlichkeiten stark reduziert. In einer spirituellen Klostergemeinschaft gehen die Uhren anders. Es bleibt bedeutend mehr Zeit und Raum für das Wesentliche. Hier erlebt die Zeit noch immer ihre gesamte Einheit, sie ist pur, unverfälscht, unbeeinflusst von äußerlichen Modeerscheinungen. Ihr müsst keinesfalls religiös sein, um einen Klosterurlaub anzustreben, ihr müsst keinesfalls religiös sein, um eine Woche oder länger pro Jahr Zeit in einem Kloster zu verbringen. Hier geht es um höhere Werte als um reine Religiosität.

Gerade Menschen, die sich leer fühlen, ausgebrannt, sinnentleert und ziellos sind, gerade diesen Menschen möchte ich einen Aufenthalt im Kloster innigst ans Herz legen. Wenn ihr euch auf die Energien der Klöster einlasst, wenn ihr die Flamme des Klosters in euer Herz lasst, dann merkt ihr sehr rasch, wie ihr wieder aufgerichtet werdet.

Die Klöster dieser Welt würde ich als die perfekten Reparatureinheiten für Menschen bei der Sinnsuche, für Menschen in der Energiesuche, für jene auf der Suche nach ihrem nächsten spirituellen Aufstieg empfehlen. Nirgendwo habt ihr die Möglichkeit, euch über längere Zeitdistanzen so sehr mit euch, mit eurem Kern, mit eurem Innersten, eurer Seele zu beschäftigen wie in dieser spirituellen, fokussierten Zurückgezogenheit. Überlegt euch vor dem Aufenthalt konkret, wozu er euch dienen soll, was ihr von dem Aufenthalt erwartet, was das Ergebnis sein darf.

Ihr werdet euch nicht von jedem Kloster gleich angezogen fühlen. Sucht euch gewissenhaft eure Stätte des Rückzugs aus. Fühlt hinein und fragt den Ort, ob er euer Platz ist und ob er euch für einen intensiven Kurzurlaub Herberge sein möchte. Je gewissenhafter ihr bei der Auswahl vorgeht, umso höher ist das Ergebnis des Aufenthaltes zu bewerten.

Ich wurde gefragt, ob man sich so etwas wie Klosteratmosphäre zu Hause schaffen könnte, ob es sich also einrichten lässt, die Benefits eines Klosters einfacher zu erhalten. Es ist durchaus möglich, zu Hause zu entschleunigen, den Gang der Zeit deutlich zu verlangsamen. Es ist auch möglich, sich den Tag so zu organisieren, als befände man sich in einem Kloster, mit Stunden der Stille und Andacht, langen Meditationen, ein gewisses Maß an Enthaltsamkeit. Und doch ist es nicht dasselbe, denn mit einem Bein steht man zu Hause immer im Alltag und kann sich ihm nicht wirklich entziehen. Wie schon erwähnt, stehen Klöster meist an besonders aufgeladenen Orten und vor allem durch die spirituelle Gemeinschaft entsteht weitaus mehr, als wenn man auf sich allein gestellt ist. Eine Gemeinschaft versteht es, Energien zu sammeln, zu potenzieren. Dadurch werden Intensitäten erreicht, die als Einzelgänger ausschließlich im Falle eines hohen geistig-spirituellen Entwicklungsstandes erreichbar sind.

Ihr solltet aus vollem Herzen, in größtmöglicher Achtsamkeit bei der Sache sein, dann wird sie auch von Erfolg gekrönt.

Magie von Musik und Gemälden

Die Magie der Musik, die Magie der Bilder, in sehr vielen Dingen steckt Magie und Energie. Es handelt sich um Qualitäten, die oft aus den Werken heraustreten und ihre unmittelbare Umgebung energetisch beeinflussen.

Alles schwingt, in allem steckt Magie, manchmal etwas mehr, dann wieder etwas weniger. Es hängt von der Komplexität des Inhalts ab, wie stark er ist und wie viel von seinen Qualitäten zutage tritt. Klassische Kompositionen sind gute Beispiele für komplexe, magische, energetische Behältnisse. Ich bezeichne die Komposition per se als Behälter, in dem so viel steckt, und wenn die Komposition gespielt wird, tritt nicht nur die Musik aus, sondern auch jedes Mal aufs Neue die gesamte Magie, die gesamte Spiritualität und Energie. Ihr diskutiert oft darüber, ob die komplexen Kompositionen gechannelt wurden. JA, sie wurden von OBEN gesandt. Nicht zu Unrecht behaupteten viele Komponisten, und sie behaupten es noch heute, dass es „nur so durch sie durchfloss". In der Geschwindigkeit, wie manche Kompositionen entstanden sind, war ausschließlich channeln beteiligt, denn die herkömmliche Art und Weise hätte wesentlich länger gedauert. Noch heute wäre es leicht möglich, sich in Mozarts, Beethovens und andere kompositorische Energien einzuklinken, um deren Arbeit wieder aufzunehmen. Mich wundert es direkt ein wenig, dass es noch niemand versucht hat.

Auch aus Bildern kommt unendlich viel Energie. Bilder entstehen durch einen magischen „Flow". Bei ihrer Entstehung wird sehr viel Energie eingespeist, sie wird durch das Bild vervielfältigt und dem Betrachter übermittelt. So wie Musik ihr Umfeld energetisch, magisch, spirituell beeinflusst, tun es auch Gemälde. Dies gilt für positiv besetzte und negative Energien. Nicht alles, was gemalt oder generell künstlerisch geschaffen wird, ist automatisch auf der Lichtseite. Viele Werke sind genährt durch Schatten und seine Auswüchse, selbiges verströmen sie, sobald sie aktiviert werden. Es handelt sich um Werke, Kompositionen, Bilder, die einen oft flüchten lassen, weil man ihre Energien als unangenehm empfindet und kaum auszuhalten imstande ist.

Um künstlerische Werke aufzuladen, bedarf es einer Anbindung nach oben. Bilder, die einen nicht anziehen, die einen „kalt lassen", sind meist ohne den erwähnten „Flow" entstanden und rein technische Werke, ganz ohne doppelten Boden. Sie werden auch niemals in Auktionen Sensationswerte erreichen, weil ihnen ganz einfach die Mystik fehlt, mit der andere Werke aufgeladen, nahezu besetzt sind.

Ich wurde des Öfteren gefragt, ob Pop ebenso gechannelt sein kann, ob Pop ebenso die Energiequalitäten der Klassik erreichen kann. Es ist vollkommen egal, ob die Komposition der Klassik oder dem Pop zugerechnet wird, sehr viele Kompositionen auf beiden Seiten sind gechannelt und auch im Pop gibt es sehr oft den zitierten, energetischen Austausch. Die Musikrichtung ist kaum ausschlaggebend, ob sie mystischer Träger einer Magie ist oder nicht.

Ein Wort noch zur spirituellen Musik im Besonderen, zu gregorianischen Chorälen, Mantras, Musik von Didgeridoos und anderem. In diesen Musikstücken ist spürbar noch mehr Energie, spürbar noch mehr Spiritualität und Magie, als wir es aus der Klassik, aus dem Pop oder woher auch immer kennen. Das ist deshalb so, weil sie sich inhaltlich spirituellen Themen annehmen und zusätzlich von ihren Interpreten nochmals aufgeladen werden. Spirituelle Musik wird mehrfach energetisch, magisch beladen und daher ist sie auch so enorm kraftvoll. Diese Musik schafft es, seine Hörer wieder in ein Gleichgewicht zu bringen und sich beim innigen Zuhören in höhere Schwingungsebenen zu bewegen.

Die Bedeutung von Kerzen

Franziskus, wieso wird bei spirituellen Begegnungen Kerzenlicht eingesetzt, welche Bedeutung hat es aus deiner Sicht?

Auch dies hat mehrere Gründe. Kerzenlicht mildert die Energien des Raumes, das heißt, scharfe, aggressive Energien werden abgesenkt und verträglich gemacht. Umgekehrt werden Räume, in denen es weniger Schwingungen und Energien gibt, über das Kerzenlicht ein wenig erhöht. Kerzenlicht ist magisch, Kerzenlicht reichert einerseits Schwingungen und die Energie des Raumes an und sind sie zu stark, werden sie durch das Kerzenlicht ein wenig transformiert.

Kerzenlicht ist aber auch eine stark besetzte archaische Erfahrung, denn offenes Licht, offenes Feuer lässt Erwartungen steigen, es kommt dadurch zu einer gehobenen Aufmerksamkeit, gleichzeitig auch zu Stille. Die archaischen Muster sagen, wenn es offenes Feuer gibt, Licht aus Spänen, Licht aus Kerzen, dann gibt es dort immer etwas, es findet Aufmerksamkeit statt. Versammlungen, Gespräche, Essen, Trinken, mitunter von allem etwas ist in den archaischen Programmen geladen. Und dieses uralte Muster erzeugt noch heute einen hohen Grad an Aufmerksamkeit und Friedfertigkeit. Nicht umsonst wird bei feierlichen Anlässen sehr gern der Raum abgedunkelt und dem Kerzenlicht überlassen. Es macht jede Feier, jede Zusammenkunft zu etwas Besonderem. Man gibt sich der Magie des Kerzenlichts hin und lässt zu, dass es die Raumenergie auf eine Stufe moduliert, die für diese Gesellschaft die passende, die richtige ist. Kerzen sind wie kleine, intelligente Transformatoren, sie wissen immer automatisch, was dem Betrachter in diesem Augenblick guttut. Nicht umsonst zollt man ihnen bei spirituellen Anlässen, bei Messen, bei Zeremonien, Ritualen, Feiern jeder Art so viel Aufmerksamkeit.

Ihr könnt Kerzen für bestimmte Zwecke aufladen. Landwirte zündeten zum Beispiel früher geweihte Kerzen an, wenn es zu Gewittern kam, wenn sie Angst vor Hagel hatten, Hagel, der ihre Ernte vernichtet hätte können. Dies waren ihre „Gewitterkerzen", dementsprechend aufgeladen waren sie auch, die Aufladung wurde mit dem Entzünden der Kerze erneuert.

Anleitung zum Wunschaufladen von Kerzen

Da sich das Wachs als solches nicht dauerhaft aufladen lässt, funktioniert es ganz einfach über die Kerzenflamme. Wenn du also eine Kerze anzündest, formulierst du im Augenblick des Anzündens deinen Wunsch. Der Wunsch wird von der Flamme, nicht vom Wachs, aus dem die Kerze gegossen wurde, gehalten.

Um den Wunsch zu verstärken, reibst du deine Handflächen aneinander, damit lädst du deine Handchakras auf. Danach hältst du die linke Handfläche links der Flamme, die rechte Handfläche rechts der Flamme und formulierst nochmals, deutlich, in klaren, knappen Sätzen deinen Wunsch. Dann schließt du deine Augen, die Handstellung bleibt dieselbe, und visualisierst für die Flamme deinen Wunsch. Die Visualisierung kann nonverbal geschehen, muss also nicht von Worten begleitet werden.

Anschließend öffnest du die Augen wieder und wiederholst nochmals deinen Wunsch laut und deutlich in Richtung der Flamme. Die Energie deiner Handchakras bleibt dabei nach wie vor auf die Flamme gerichtet. Es ist natürlich nicht notwendig, die Kerze ganz zu verbrennen, und es spielt für die Wunscherfüllung keine Rolle, ob die Kerze eine halbe Stunde brennt oder zwei Stunden. Das Minimum sollte jedoch bei einer halben Stunde liegen.

Sobald ihr die Flamme ausblast, ist die Magie, die Kraft der Kerze erloschen, denn wie schon erwähnt, das Kerzenwachs speichert keine Informationen. Somit kannst du sie, wann immer du sie entzündest, neu besprechen.

Die Farbe und Beschaffenheit der Kerze spielt keine Rolle, auch nicht, ob sie aus Paraffin oder Bienenwachs besteht. Wichtig ist, was ihr aus der Flamme durch eure Energie macht. Ich empfehle, ausschließlich eine Kerze zu aktivieren, nicht mehrere gleichzeitig. Es ist kaum sinnvoll, unterschiedliche Wunschprogramme mit verschiedenen Kerzen zu betreiben. Davon abgesehen entspräche es auch keinesfalls den Intentionen der geistigen Welt.

Zeitmangel

Franziskus, kommen wir zu einem anderen Thema. Ich höre immer wieder, dass sich viele darüber beklagen, sie hätten keine Zeit, ihr Leben wäre mit allen möglichen Verpflichtungen vollgestopft.

Platz im Leben zu machen ist ein altes Thema. Ich begegnete in keinem meiner Leben Menschen, die nicht darüber klagten, dass sie zu viel zu tun hätten, sich nicht auf die wesentlichen Dinge des Lebens konzentrieren könnten und sich von alledem ohnehin überfordert sähen. Ein sich wiederholender Kreislauf, der in dieser Art sicherlich noch viele hundert Jahre bestehen wird. Was in der Problematik übersehen wird, ist der Umstand, dass es sich hier natürlich auch um eine Art TEST handelt. Wer ist denn dafür verantwortlich, wenn sein Leben überladen ist mit mehr oder weniger x-beliebigen Themen? Wer ist denn dafür verantwortlich, wenn er keinen Platz mehr für die ihm wichtigen Dinge findet?

JEDER IST SELBST DAFÜR VERANTWORTLICH, PLATZ IN SEINEM LEBEN ZU SCHAFFFEN. JEDER IST SELBST DAFÜR VERANTWORTLICH, PRIORITÄTEN RICHTIG ZU SETZEN.

Ich sehe euch schmunzeln, und das zu Recht. Was euch beinahe täglich verzweifeln lässt, ist, wenn man es genauer betrachtet, kein ach so komplizierter Akt. Es ist innerhalb kürzester Zeit sehr leicht auf einem Blatt Papier gelistet, was ist mir wichtig, was mache ich den ganzen Tag, womit bin ich in meiner Freizeit zugeschüttet, wo verliere ich die meiste Zeit. Erstellt eine Prioritätenliste und reiht die euch wichtigen Themen der Reihe nach. Daneben schreibt ihr euch auf, womit ihr die meiste Zeit in eurer Freizeit verliert. Was Manager in Firmen betreiben, müsst ihr in eurer Freizeit schaffen, Zeitmanagement, Einteilung, Streichung von überflüssigen Dingen, Streichung von überflüssigen Zeitfressern. Wer sonst, wenn nicht ihr allein, soll euren Tag, eure Beschäftigungsqualitäten beurteilen können? Wer sonst, wenn nicht ihr allein, soll am besten wissen, was wichtig, was unwichtig ist?

Macht Platz in eurem Leben und schafft Raum für die Dinge, die euch wirklich wichtig sind. Kein „Ich komme zu gar nichts" mehr. Schafft Platz in eurem Leben und streicht rigoros Aktivitäten, die Zeit fressen und absolut wertlos sind.

Ermöglicht euch die gesuchte Orientierung. Listet einmal jährlich die Aktivitäten auf, die euch in eurem Leben wichtig sind, daneben die Themen, auf die ihr leichten Herzens verzichten könnt. Ihr müsst sie euch nur bewusst machen, dann habt ihr bereits viel geschafft. Vieles in eurem Leben dient ausschließlich der vermeintlichen Sicherheit, Sicherheit durch Gewohnheit, wie ein Handlauf an der Treppe, die man auch ohne betreten kann. Vieles läuft während des Tages aus purer Gewohnheit ab – weil es schon immer so war. Meist fällt es dann auf, wie viel Zeit vergeudet wurde, für nichts oder nicht viel.

Ambivalenz

Viele sehen Ambivalenz als Orientierungslosigkeit und geben ihr einen negativen Touch. Siehst du das auch so?

Ambivalent zu sein, öfter in beide Richtungen gezogen zu werden, sich nicht festlegen zu können, muss keinesfalls als negativ bewertet werden. Ambivalent zu sein bedeutet, auf der Suche zu sein, verschiedene Möglichkeiten abzuwägen, das eine oder andere abzutesten. Ambivalente Menschen können sehr interessante Gesprächspartner sein, weil sie vieles ausprobieren und meist in der Lage sind, über ihre Erfahrungswerte zu sprechen. Auf der Suche zu sein, um für sich den richtigen Ansatz, den richtigen Weg zu finden, ist keineswegs negativ, denn man spürt, dass es hier noch etwas zu entdecken gibt. In der Ambivalenz liegt nichts anderes als eine Sinnsuche. Menschen auf ihrer Sinnsuche kippen leicht in ambivalentes Verhalten, werden hin und her gerissen, probieren dieses aus und jenes.

Es ist allerdings darauf zu achten, dass nicht die Ambivalenz mich beherrscht, sondern ich meine Ambivalenz. Dass es also ein bewusster Vorgang ist und kein Vorgang der Irritation oder der Verzweiflung. Ambivalent zu sein ist auf Zeit vollkommen in Ordnung, dieser Zustand soll aber dann wieder abgeschlossen werden. Bin ich Zeit meines Lebens ambivalent, wird mich spätestens im Alter die Last meines Lebens erdrücken, denn ich werde das Gefühl und letztlich die Gewissheit nicht mehr los, vieles versucht, aber nichts gemacht zu haben. Daher ist es mir äußerst wichtig, dass Phasen der Ambivalenz durch Phasen der Kontinuität abgelöst werden – dass Aufgaben zu Ende geführt werden. Nur weil ich konzentriert in eine Phase der Kontinuität eintrete, heißt es nicht, dass ich meine Sinnsuche aufgegeben habe. Jetzt gilt es, zuerst einmal etwas abzuschließen, dann darf weitergesucht werden.

Ambivalenz hat immer ihren Platz, in jedem Alter, aber sie soll einen nicht auffressen dürfen. Sie darf als Stimulanz vorhanden sein, als ein Teil, der einen immer ein wenig in Bewegung hält, aber sie darf keinesfalls über Gebühr irritieren, sie darf keinesfalls über Gebühr Besitz von einem ergreifen.

Demut

Welchen Platz soll Demut in unserem Leben einnehmen? Machen wir uns nicht angreifbar, schwächen wir uns nicht anderen gegenüber, wenn wir voller Demut sind?

Wahre Demut war in vergangenen Zeiten ausschließlich den Hohepriestern und wenigen heiligen Frauen, die eher im Verborgenen lebten, vorbehalten. Sie allein verfügten über den Schatz der reinen Demut. Dem „gewöhnlichen Volk" war der Zugang zur hehren Demut versperrt, weil die Angst vor dem Leben, die Angst vor den Herrschern eine so große war, dass diese die Demut fraß. Demut kann ausschließlich in Freiheit gedeihen, Demut wird von Angst, Gier, Neid, Missgunst und anderen negativ besetzten Gefühlsäußerungen blockiert, sie wird radikal von ihnen aufgefressen. Erst wer von negativen Gefühlsäußerungen befreit ist, ist in der Lage, Demut in sich zu entwickeln.

Ihr macht euch keinesfalls angreifbar, wenn die Demut in euch entfaltet ist, denn voll der Demut zu sein bedeutet nicht wehrlos zu sein, bedeutet nicht schwach zu sein. Es bedeutet vielmehr auf einer feineren Sinnesebene zu leben und somit wesentlich mehr zu sehen, zu spüren, zu riechen. Somit seid ihr auch vor Unbill gewappnet und müsst euch nicht fürchten, dass ihr euch verletzlicher gegenüber Dritten macht.

Es ist auch nicht nötig, eure Demut wie einen Orden vor euch herzutragen. Tragt sie in euch, aber nicht vor euch. Der rechte Ort eurer Demut ist euer Herz. In eurem Herzen soll die Demut ihren Platz finden. Von dort aus darf sie wirken und euer Tun, euren Wesenszug positiv beeinflussen.

Der Übergang

Franziskus, es ist nun an der Zeit, nochmals über den Tod zu sprechen oder, wie du es nennst, über den „Übergang". Du hast ihn bereits einige Male, in wechselnden Richtungen, genommen und ich kann dich zu Recht als Weltenwanderer bezeichnen. Darf ich dich um weitere Einblicke über deine Erfahrungen bitten?

Ich bitte euch alle, den Übergang keinesfalls als „Tod" zu bezeichnen. Dies ist ein äußerst einseitiger Ausdruck, der natürlich von Menschen stammt, die nur die Oberfläche betrachten und die Hülle welken sehen. Aus irdischer Sicht kann man diesen Prozess als Tod bezeichnen, denn aus irdischer Sicht welkt die Hülle, das Leben erlischt und zurück bleibt abgestorbene Substanz, ein toter Körper. Wir allerdings betrachten den Vorgang nicht aus der menschlichen dreidimensionalen Perspektive, sondern erfassen ALLES und das in allen Dimensionen.

Der Übergang ist eine mir sehr wichtige Prozedur, die mir speziell in den ersten Malen gehörigen Respekt abverlangte. Mittlerweile sehe ich mich ein klein wenig als Routinier und weiß sehr genau, was mit mir wann geschieht. Dieses Wissen gibt natürlich Sicherheit. So wie euch Erfahrung und Wissen ebenso in allen Lebenslagen Sicherheit vermitteln kann.

Wenn ihr am Ende eures irdischen Lebens den Übergang nehmt, dann wisst ihr bereits in den Tagen davor, dass es bald so weit sein wird. Wir haben schon darüber gesprochen, dass es eine intensive Zeit der Rückschau sein soll, eine intensive Zeit, allen noch offenen Angelegenheiten die Absolution erteilen zu können. Aber auch uns bei jenen zu entschuldigen, wo noch eine Entschuldigung fehlt. Das kann durch herbeigewünschte Seelenfunken geschehen. Es muss keinesfalls die betroffene Person eingeladen werden, vielleicht ist sie auch bereits drüben und könnte daher nicht mehr persönlich erscheinen. Geht gewissenhaft einzelne Lebensetappen durch und macht reinen Tisch.

Für spirituell ungeübte Menschen ist gerade der Zeitpunkt vor dem Übergang eine unangenehme Zeit des quälenden Wartens, vor allem, wenn sie an ihr Bett gebunden sind. Hoch schwingende Menschen, die in ihrer Spiritualität ruhen und sich auf sich, auf ihre Erfahrungen, auf ihre eigene Magie, auf ihre Spiritualität verlassen können, ihnen eröffnet sich in den letzten Tagen eine interessante, neue Welt. Sie werden in ihren Meditationen immer wieder einige Schritte hinübersetzen. Sie werden immer wieder glauben, jetzt ist es so weit und doch gibt es immer wieder den Weg zurück. Warum geht die Seele wieder zurück, obwohl sie schon so viele Schritte in den Übergang setzte? Weil sie nach wie vor mit ihrem Körper, mit ihrem irdischen Leben, mit den Angehörigen, mit den Freunden, mit der Erde als solches verbunden ist. Um den Übergang beschleunigen zu können, muss ich also loslassen und bereit sein zu gehen. Ich muss bereit sein, mein irdisches Leben hinter mir zu lassen. Ich muss bereit sein, das Band zu meinem Körper zu trennen. Ich muss bereit, sein meine Lieben, die zurückbleiben, loszulassen. Ab dem Zeitpunkt, an dem ich bewusst loslassen kann, wird mich eine ungeahnte Leichtigkeit begleiten, und ich werde verhältnismäßig einfach den Übergang nehmen.

Menschen, die sich an ihren irdischen Körper klammern, werden nicht selten von Panik erfasst und kämpfen so lange, bis ihr Lebenslicht erloschen ist, bis die letzten Energiereserven verbraucht sind. Ihnen ist durch fehlendes Wissen ein ruhiger Übergang verwehrt.

Der durch unzählige Publikationen beschriebene weiße Tunnel, von dem Menschen erzählen, die wieder zurück in ihren Körper gehen, weil für sie die Zeit des Übergangs noch nicht gekommen ist, dieser weiße Tunnel existiert so nicht. Er ist vielmehr ein Relikt aus körpereigenen Botenstoffen, die zum Schutz des jeweiligen Menschen ausgeschüttet werden. Sie lassen den weißen Tunnel entstehen, er beruhigt und gibt in gewisser Weise Schutz. Es spielt auch keine Rolle, ob besagter Tunnel vorhanden ist oder nicht. Ist es denn nicht egal, ob ich ein Theater durch einen langen Gang betrete, oder ob ich mich bereits nach der Eingangstüre im Theater befinde? Ich halte es für unwesentlich und sehe es maximal als eine architektonische Kleinigkeit an. Viele werden auch weiterhin den Tunnel sehen, weil sie ihn einfach so programmiert haben, weil er für sie ganz klar dazugehört. Dann soll er auch genau so für sie existieren.

Meine Übergänge nach verschiedenen Leben auf der Erde waren anfangs auch ein wenig von Angst begleitet, Angst zu ersticken, Angst loszulassen, Angst davor, das Leben zu verlieren. Später kam eine „Übergangsroutine" dazu, und ich wusste, dass ich, wie durch einen sanften Sog, aus dem irdischen Körper gezogen werde und dann die Möglichkeit habe, mich nochmals genau umzublicken. Mir bleibt die Entscheidung, ob ich den Übergang ganz nehme oder ob ich noch ein wenig verharre, um zu sehen, was geschieht. Manche können auch hier noch nicht loslassen und müssen noch einige Zeit ihren irdischen Weg gehen. Sie gehen ihn so lange, bis sie sehen, dass sie ihre Lieben nicht mehr erreichen, dass sie hier überflüssig geworden sind. Dann nehmen sie freiwillig den Übergang, und er ist von euch so vorzustellen, wie eine Welt in der Welt. Stellt euch ein Buch vor mit vielen Seiten, jede dieser Seiten ist eine eigene Welt, eine eigene Dimension und doch gehören sie zusammen und sind nur zusammen ein Ganzes. In gewisser Weise gibt es zwischen den verschiedenen Welten eine Durchlässigkeit, die manchmal nur in eine Richtung passierbar ist. Das heißt zum Beispiel, dass Menschen nicht einfach zwischen den Welten pendeln können. Sie schaffen es über Astralreisen in die nächste Dimension, aber nicht weiter. Ist der Körper jedoch abgestreift und der Übergang vollzogen, öffnen sich der Seele weitere neue Welten, aber noch immer nicht alle. Es hängt immer vom Entwicklungsstand der jeweiligen Seele ab, wie weit sie kommt, und es erinnert mich immer ein wenig an ein Schulsystem.

Ich hoffe, ich konnte euch den Übergang ein wenig transparenter machen. Es gäbe noch so viel darüber zu erzählen, aber ich schätze, dass es für euch in diesem Moment noch nicht wirklich von Belang ist. Es wären ja bereits die überübernächsten Schritte.

Entwicklung der Seele im Jenseits

Gibt es nach dem Übergang für die Seele Entwicklung oder findet diese ausschließlich auf der Erde, in einem irdischen Leben statt?

Das ist eine interessante Frage, die mir des Öfteren gestellt wird. Menschen, die sehr auf der Erde verhaftet sind, meinen, dass es ausschließlich hier auf Erden Entwicklung gäbe. Das ist aber nur zum Teil richtig. Natürlich gibt es Erfahrungen, Lernaufgaben, die hier ablaufen und zu erleben sind, aber die Seele fällt nach dem Übergang keinesfalls in einen Winterschlaf. Das heißt die Entwicklung geht weiter, nur nicht im irdischen Sinn, es geht um größere Aufgaben, lichtvollere Gestaltungsmöglichkeiten, da geht es nicht mehr um irdische Themenbereiche.

In vielen Seelen bleibt jedoch die irdische Sehnsucht, sie sind gedanklich „klebengeblieben" und verspüren den innigen Wunsch, wieder zurückzukehren, auch wenn sie es nicht mehr müssten. Und die Durchlässigkeit der Welten erlaubt einen problemlosen Wechsel in diese Richtung. Wir können verhältnismäßig einfach in einen menschlichen und auch nichtmenschlichen Körper inkarnieren. Dazu bedarf es keiner besonderen Bitte an irgendeine übergeordnete Stelle, es gelingt in Eigenverantwortung und in der stillen Sehnsucht, die in einem aufsteigt. Ich war zwar auch mehrmals auf der Erde, aber aus heutiger Sicht weiß ich, dass es nicht unbedingt zusätzlicher Erdenleben bedurft hätte. Es ist ein Trugschluss, die Seelenentwicklung mit dem Fokus Erde zu betrachten, denn wie ich schon erwähnte, es gibt natürlich in der geistigen Welt Entwicklungspotenzial und Entwicklungsmöglichkeiten.

Romantisch finde ich manche Rendezvous von Seelenpärchen. Es wird euch sicherlich schon passiert sein, dass Menschen, mit denen ihr lebt, oder Menschen, denen ihr plötzlich begegnet, euch sehr bekannt vorkommen, so sehr vertraut. Und nicht gerade selten ist es so, dass sich Seelenpärchen nochmals für ein gemeinsames Leben verabreden. Vielleicht diesmal in einer anderen Konstellation, statt Mann-Frau, vielleicht Kind-Mann oder Kind-Frau oder überhaupt als Geschwister oder sehr enge Freunde. Die Kombinationsmöglichkeiten sind vielfältig. Meist erfolgen diese neuerlichen Begegnungen im Aspekt der reinen Zuneigung, manchmal dienen sie auch zur Aufarbeitung von offenen, übersehenen Themen.

Channel-Medien

Franziskus, es gibt viele spirituelle Helfer, Menschen, die channeln, Karten legen, hellsehen und anderes. Möchtest du dazu etwas sagen?

Der Mensch orientiert sich am Menschen. Für viele von euch ist es einfacher, sich an andere Menschen zu wenden, um sie als Stütze, als Hilfe, als Empfänger zu nützen, einerseits, weil es vielleicht bequemer ist, andererseits, weil diese in ihrer Entwicklung einige Meter weiter voraus sind. Nicht jeder, der channelt, ist egobefreit und verfügt über einen reinen Channel, nicht jeder, der Karten legt, legt sie im besten Wissen und Gewissen, nicht jeder, der vorgibt hellzusehen, beherrscht es tatsächlich. Daher seid ihr IMMER aufgefordert, euch eure Helfer sehr genau anzusehen, ihre Qualitäten sehr genau zu überprüfen. Nicht jede Empfehlung aus einem Bekannten- oder Freundeskreis ist auch die richtige für euch. So wie ihr euch nicht gleich bei jedem Arzt, bei jedem Psychotherapeuten wohlfühlt und erst einmal den einen oder anderen ausprobieren müsst, um bei EUREM zu landen, so verhält es sich auch mit spirituellen Helfern. Sie sind auszuprobieren und nur dort, wo ihr ein gutes Gefühl habt, seid ihr richtig aufgehoben. Lasst euch von eurem Herzen leiten, es führt euch genau dorthin, wo ihr auch hingehört.

Perfekt wäre es, wenn jeder von euch an die geistige Welt angebunden ist – wenn es keiner Übersetzer bedarf. Aber dies ist wohl einer meiner Wunschträume, auf deren Realisierung ich noch ein wenig warten muss. Wichtig ist mir, dass ihr euch nicht gänzlich in die Hände von euren Helfern begebt und Abhängigkeiten erzeugt, wo keine sein müssen. Holt euch maximal etwas Unterstützung in Richtungsentscheidungen, um dann allein in voller Selbständigkeit weiterzugehen. Es ist vergleichbar mit einer Gehhilfe, denn wenn der Benutzer der Gehhilfe ausschließlich ihr vertraut und es nicht mehr ohne versucht, wird er von ihr auch nicht wieder loskommen.

Aber oft ist eine Visitation eines Helfers eine zusätzliche Betrachtungsweise, die mögliche Betrachtungsblockaden eurerseits aufzulösen vermag. Es kann durchaus sein, dass sich plötzlich Nebel oder Schleier lüften und ihr nach einer Auskunft eurer Helfer mit einem Mal klarer seht und wisst, wie es weitergeht.

Das Channeln hat sich in den letzten zwanzig, dreißig Jahren ein wenig verändert. Standen früher die hinübergegangenen Verwandten im Mittelpunkt und ging es darum, mit ihnen in neuerlichen Kontakt zu kommen, stehen nun aufgestiegene Meister und ihr Wissen, ihre Weisheit im Mittelpunkt.

Dies hat mit der Veränderung der Schwingungsebene zu tun. Die Fragen an das Leben werden differenzierter, weitläufiger. Man vertraut darauf, dass es den Hinübergegangenen gut geht, dass sie dort angekommen sind, wo sie hingehören. Wir werden auch sehr selten zu Themen dieser Art befragt. Du hast es richtig bemerkt, dass es hier zu einer Entwicklung kam und sehr einfache Themen von durchaus komplexeren abgelöst wurden. Das hat durchaus auch mit der Weiterentwicklung des Wissens zu tun. Der Wissensstand von heute ist eben ein anderer als der vor zwanzig, dreißig Jahren. Daher erübrigen sich manche Fragen, man weiß es einfach.

Früher war alles, verbunden mit dem Übergang, ein großes Rätsel. Heute hat man so seine Bilder diesbezüglich im Kopf, und es tauchen daher automatisch weniger Fragen auf. Früher ging es darum, wie es dem Verwandten oder Freund geht, ob er glücklich ist, ob alles in Ordnung ist. Heute wird darauf vertraut, dass es so ist. Davon abgesehen gibt es heute keine Scheu mehr davor, mit dem geliebten Menschen selbst in Kontakt zu treten. Sich am Abend, vor dem Schlaf mit ihm auf ein Rendezvous zu verabreden oder mit ihm einfach selbst ein Gespräch zu beginnen. Früher waren gerade mit dem Übergang viele Ängste verknüpft, daher bediente man sich gern Medien, „die das beherrschen", um ja nichts falsch zu machen. Man hatte auch Angst, der Liebste könnte erdgebunden bleiben und poltern oder was auch immer. Die Ängste waren unterschiedlichster Struktur.

Heute gibt es eine Aufgeschlossenheit, Mut und Neugierde, man traut sich zu, mit seinen hinübergegangenen Lieben selbst in Kontakt zu treten, sie zu spüren, wenn schon nicht zu hören. Genau zu wissen, wann sie da sind und wann nicht. Es ist sehr erfreulich zuzusehen, wie sich jeder Einzelne von euch darauf einlässt, seine vielen Sinne selbst einzusetzen, selbst Erfahrungen mit drüben zu machen. Das hätte es vor wenigen Jahren in dieser spürbaren Dichte nie gegeben. Wir begrüßen es, wenn die Ängste abnehmen und ihr Kontakte nach drüben sucht und findet. Es darf ein reger Austausch an Information und vielfältigem Wissen sein.

Vorhersagen für die nächsten 20 Jahre

Ich wurde gebeten, für die kommenden 20 Jahre gewisse Vorhersagen zu treffen. Nun, in manchen Bereichen ist es möglich, in vielen jedoch nicht. Denn jede Fortentwicklung hängt ganz davon ab, wie ihr euch energetisch entwickelt, wie sich mit euch euer Umfeld, die Erde und alles darüber hinaus energetisch entwickelt. Es wäre möglich, aus der HEUTIGEN Sicht dazu etwas zu sagen, aber es ist ohne großen Wert, wie eine Wettervorschau auf die kommenden 5 Monate. Es gibt täglich mehrfach die Möglichkeit einer Richtungsänderung, in das Licht, in den Schatten, in die Neutralität. Diese Richtungsänderungen sind nicht vorhersehbar, auch nicht von der geistigen Welt. Es besteht eine Tendenz, Eintreffendes vorherzusagen, wenn die energetische Qualität dem Heute entspricht. Und wenn wir darauf aufbauen, dann ist klar und deutlich feststellbar, dass die Schwingung der Menschheit, der Erde, des gesamten Universums nach oben zeigt. Dass ihr feinstofflicher werdet und eure Entwicklungsschritte in immer rascheren Abfolgen vollzogen werden. Es wird aber auch in 20 Jahren

GUT und BÖSE existieren, und es wird auch in 20 Jahren ein täglicher Kampf zwischen Licht und Schatten stattfinden. Allerdings wird es für jeden Einzelnen wesentlich einfacher werden, sich dem Licht zuzuwenden, weil es selbstverständlicher wird. Man wird nicht mehr von „Esoterikern" sprechen, wenn man Lichtarbeiter meint. Es wird noch einfacher sein, sich in Gemeinschaften zu versammeln und gemeinsame energetische Arbeiten durchzuführen. Dadurch werden die Selbstheilungskräfte aller Erdenthemen einfacher zu aktivieren sein. Sehr kräftige Zirkel werden entstehen und sich in reiner Nächstenliebe, bedingungslos der geistigen, spirituellen Entwicklung der Erde und all ihrer Wesen zur Verfügung stellen.

Das Potenzial jedes Einzelnen wird in 20 Jahren ein wesentlich höheres sein als heute, denn was heute angesät wird, wird dann zur Ernte anstehen. Die Fortschritte zur Selbstheilung, zur Manifestation, zur Nächstenliebe werden groß sein. Seht mit Zuversicht in eure Zukunft und erfreut euch daran, dass ihr BEWUSST seid.

Ein großes Thema wird weiterhin die Ernährung bleiben, denn es wird in Zukunft noch mehr günstiges, künstliches Essen erzeugt werden. Viele werden bedenkenlos zugreifen, weil sie ausschließlich den Preis wahrnehmen und nicht den Inhalt. Umgekehrt wird es eine „Edelvariante" für Menschen geben, die es sich leisten können. Denn sie werden über fertiges, mehr oder weniger rückstandsfreies Essen verfügen und selbst hier wird es wie auch heute zu wiederkehrenden Skandalen kommen. In Zukunft wird die Selbstversorgung eine viel größere Rolle spielen als in den vergangenen 20 Jahren. Es wird auch immer wichtiger werden, seine Produzenten selbst zu kennen, näher im eigenen Umfeld zuzukaufen und weniger Produkte zu nehmen, die aus fernen Ländern importiert wurden. Die Transparenz in der Nahrungsherstellung wird immer wichtiger und immer höher und doch wird es auch in Zukunft lichtlose Manipulatoren geben, die über ihre Machenschaften verdienen.

Der Sonnengesang

Dein „Sonnengesang", Franziskus, entstand ein Jahr vor deinem Übergang und es wird dich vielleicht etwas wundern, er ist nach wie vor existent.

Wie war ich damals bereits müde, ich war krank, halb blind und körperlich allgemein sehr verbraucht. Ich erwachte eines Morgens und hatte plötzlich den „Sonnengesang" bei mir. Ich bat einen meiner Begleiter, ihn für mich zu notieren, um damit meinen Übergang einzuleiten. So rasch ging es dann doch nicht, auch ich musste meinen Weg erst zu Ende gehen. Es waren zwar nur noch wenige Monate, aber mit der Niederschrift des „Sonnengesangs" war mein Leben hier auf Erden noch nicht beendet. Auch ich hatte einige Momente aus der Vergangenheit, die es noch zu ordnen galt, die ich spirituell reinigte, wie ich zuvor aus tiefstem Herzen erkannte.

Ich ließ mich in den letzten Monaten meines Daseins immer wieder auf eine Wiese bringen und wurde eins mit der Natur und mit ihren Bewohnern. Tage unterhielt ich mich mit einzelnen Grashalmen, mit Bäumen, mit den Vögeln, aber auch mit den Menschen, die mich besuchten und von mir Rat hören wollten. Sehr spät war mir bewusst, dass ich meinen Körper Zeit meines Lebens zu sehr geschunden und ihm viel zu wenig Augenmerk geschenkt hatte. Mein Ende war das Resultat daraus. Daher bin ich heute in der Lage, euch zu sagen, liebt euren Körper und seht nach ihm, bewegt ihn, pflegt ihn, tut ihm Gutes, denn er ist das irdische Gefäß eurer kostbaren Seele.

„Sonnengesang" von Franziskus von Assisi (aus dem Jahr 1225)

Du höchster, mächtigster, guter Herr,
dir sind die Lieder des Lobes,
Ruhm und Ehre und jeglicher Dank geweiht;
dir nur gebühren sie, Höchster,
und keiner der Menschen ist würdig,
dich nur zu nennen.

Gelobt seiest du, Herr,
mit allen Wesen, die du geschaffen,
der edlen Herrin vor allem, Schwester Sonne,
die uns den Tag herauf führt
und Licht mit ihren Strahlen, die Schöne, spendet;
gar prächtig in mächtigem Glanze:
Dein Gleichnis ist sie, Erhabener.

Gelobt seiest du, Herr,
durch Bruder Mond und die Sterne.
Durch Dich funkeln sie am Himmelsbogen
und leuchten köstlich und schön.

Gelobt seiest du, Herr,
durch Bruder Wind und Luft
und Wolke und Wetter,
die sanft oder streng, nach deinem Willen,
die Wesen leiten, die durch dich sind.
Gelobt seiest du, Herr,
durch Schwester Quelle:
Wie ist sie nütze in ihrer Demut,
wie köstlich und keusch!

Gelobt seiest du, Herr,
durch Bruder Feuer,
durch den du zur Nacht uns leuchtest.
schön und freundlich ist er am wohligen Herde,
mächtig als lodernder Brand.

Gelobt seiest du, Herr,
durch unsere Schwester, die Mutter Erde,
die gütig und stark uns trägt
und mancherlei Frucht uns bietet,
mit farbigen Blumen und Flur.

Gelobt seiest du, Herr,
durch die, die vergeben um deiner Liebe willen
und Pein und Trübsal geduldig tragen.
Selig, die es überwinden im Frieden:
du, Höchster, wirst sie belohnen.

Gelobt seiest du, Herr,
durch unseren Bruder, den leiblichen Tod;
ihm kann kein lebender Mensch entrinnen.
Wehe denen, die sterben in schweren Sünden!
Selig, die er in deinem heiligsten Willen findet!
Denn sie versehrt nicht der zweite Tod.
Lobet und preiset den Herrn!
Danket und dient ihm in großer Demut!

Nachwort

Ich traf mich im Channel beinahe täglich mit Franziskus von Assisi. Anfangs war die Verbindung noch eine etwas lose, unverbindliche, die sich über die unzähligen Tage unserer Begegnungen außerordentlich manifestierte. Dies führte oft so weit, dass Franziskus mir Sätze oder Ideen für weitere Themenbereiche sagte, obwohl ich nicht am Computer saß. Ich musste schmunzeln und ich weiß nicht, wie oft ich mich in Cafés oder Kaufhäusern mit Franziskus unterhielt und mich für seine Aktivität bedankte, ihn jedoch gleichzeitig bat, noch etwas Geduld zu haben, bis ich zu Hause bin.

Manche Abschnitte seines Diktats waren für mich so spannend, weil mein Körper so gar nicht mehr in meiner persönlichen Wahrnehmung stand, der Channel überlagerte alles. Selbst hier wurde ich von Franziskus umsorgt, er trieb mich immer wieder von Zeit zu Zeit vom Computer auf, damit ich mir etwas zu trinken oder essen holen sollte.

Franziskus bittet mich außerdem, Sie darauf aufmerksam zu machen, dass ihm das Gendern wichtig ist, und er jeweils Frauen und Männer in seinen Ausführungen anspricht.

Ihr Peter Beck

Duane Elgin

Das Lebende Universum

Woher wir kommen - Wohin wir gehen

ISBN 978-3-941435-04-9, 248 Seiten, Euro 18,50

Das Universum ist bewusst. Alles, was existiert, beeinflusst auf positive oder negative Weile das Universum. Und es reagiert darauf.

Barbara Wren

Selbstheilung durch Lichtenergie

Die Kraft der Körperzellen stärken

ISBN 978-3-941435-5-6, 220 Seiten, Euro 16,50

Nur mit gesunden Zellen ist der Körper fähig, Licht und Nahrung aufzunehmen und gesund zu bleiben. Wie man das auf natürliche und einfache Weise erreicht, erklärt dieses Buch.

Jürgen Majewski

Die Welt im Wandel

12 Schlüssel für einen Bewusstseinssprung

ISBN 978-3-9414315-03-2,162 Seiten, Euro 14,90

Aktuelle Botschaften aus den geistigen Welten zum jetzigen und künftigen Zustand der Erde und ihrer Bewohner.

Mike Lingenfelter & David Frei

Der Engel an meiner Seite

Die wahre Geschichte eines Hundes, der einen Menschen rettete

ISBN 978-3-941435-97-7, 200 Seiten, Euro 18,50

Eine berührende wahre Geschichte. Hund Cody erhielt als erster Nichtmensch die Medaille eines Lebensretters.